G. Rumler / P. Deitenbeck

Eigentlich nichts Besonderes

Paul Deitenbeck erzählt
von Begegnungen und Erfahrungen

R. BROCKHAUS VERLAG WUPPERTAL

ABCteam

Bücher, die dieses Zeichen tragen, wollen die Botschaft von Jesus Christus in unserer Zeit glaubhaft bezeugen.

Das ABCteam-Programm umfaßt:
— ABCteam-Taschenbücher
— ABCteam-Paperbacks mit den Sonderreihen:
  Glauben und Denken (G+D) und Werkbücher (W)
— ABCteam-Jugendbücher (J)
— ABCteam-Geschenkbände

ABCteam-Bücher erscheinen in folgenden Verlagen:
Aussaat Verlag Wuppertal / R. Brockhaus Verlag Wuppertal
Brunnen Verlag Gießen / Bundes-Verlag Witten
Christliches Verlagshaus Stuttgart / Oncken Verlag Wuppertal
Schriftenmissions-Verlag Gladbeck

ABCteam-Bücher kann jede Buchhandlung besorgen.

Umschlaggestaltung: Ralf Rudolph, Ratingen
Umschlagfoto: Foto Hoeppner, Lüdenscheid
Druck: Herm. Weck, Solingen

ISBN 3-417-12630-4

Meiner getreuen Hildegard
und unseren Töchtern
Magdalene und Monika

VORWORT

Dieses Buch geht wesentlich auf zwei Faktoren zurück, die außerhalb meines Einflußbereichs liegen: auf das beständige Mahnen des Verlegers Rolf Brockhaus, die in langjährigem Dienst gesammelten Erfahrungen nicht für mich zu behalten, und auf die Tatsache, daß sich schließlich jemand bereit fand, dieses Buch zu schreiben.

Für mich ist das wichtig; denn zu den Leitsätzen meines Lebens gehört, daß ich mir nicht selbst die Tür aufmache; in die meisten Aufgaben, die ich in meinem Leben wahrzunehmen hatte, bin ich von Gott ohne mein Zutun hineingeschoben worden.

Die Übereinstimmung mit meinem Co-Autor hat es ermöglicht, dieses Buch in der ersten Person zu schreiben, ohne seine dialogische Entstehung zu leugnen. Dadurch mag sich an manchen Stellen, vor allem in den Einführungen zu den einzelnen Kapiteln, eine kritische Distanz finden, die über den Rahmen des Autobiographischen hinausgeht; das ist bewußt gewollt.

In diesem Buch wurden Episoden, Erfahrungen und Begegnungen unter dem Aspekt des Menschlichen am Christsein zusammengetragen. In dieser Auswahl, die auf jede Vollständigkeit verzichtet, liegt zugleich die Abgrenzung zur Autobiographie. Die gewählte Arbeitsweise macht es unmöglich, die Anteile beider Autoren nachträglich zu entflechten. Ich bin darüber froh; denn es erlaubt mir, mich ganz dazu zu bekennen und dennoch hinter das eigene Erlebnis, die eigene Erfahrung zurückzutreten.

Lüdenscheid, im Herbst 1978 — Paul Deitenbeck

INHALT

Worthstraße 49

Zur Einführung

Ich sitze in seinem kleinen Arbeitszimmer in dem hellgrünen, ein wenig schmalbrüstig geratenen Haus in der Nähe der Kreuzkirche, und mit dieser Feststellung sind wir eigentlich schon mitten im Leben des Paul Deitenbeck: Lange Jahre war es ein still gehegter, immer wieder vor Gott gebrachter Wunsch des Vaters, daß der Sohn Paul eines Tages als Pfarrer in dieses Haus einziehen sollte; eine Kirche gab es damals in der Gegend noch nicht, aber der, dem der Vater seinen Wunsch vortrug, konnte wohl auch das regeln. Nach dem Zweiten Weltkrieg hat sich diese Bitte auf geheimnisvolle Weise erfüllt: Der aus der Kriegsgefangenschaft zurückgekehrte Sohn wurde nach Lüdenscheid berufen.

Dem Begriff des Geheimnisvollen werden wir in diesem Buch immer wieder begegnen; er ist zu einer sachgemäßen Beschreibung der Dinge und Vorgänge, die im Leben Paul Deitenbecks Bedeutung haben, unerläßlich. Aber er hat nichts Mystisches oder spukhaft Gespenstisches an sich, sondern ist einfach Ausdruck jener Zurückhaltung, die nicht versucht, den Schleier zu lüften, der sich über Wege und Führungen Gottes breitet.

Das Arbeitszimmer ist klein und überfüllt wie Noahs Arche. An den Wänden reichen prallgefüllte Bücherregale bis an die Decke, und obwohl ich sie nie einer eingehenden Prüfung unterzog, weiß ich nach den hinter uns liegenden Gesprächen, daß die Werke Luthers und die Schriften der pietistischen Väter einen wesentlichen Platz darin einnehmen.

Neben den Büchern sind es die Bilder, die diesem Raum das Gepräge geben. Sie hängen auf jedem Flecken freier Wand, stehen auf Borden und Schränken. Portraits ehrwürdiger Väter schauen den Besucher prüfend an, Schnappschüsse halten persönliche Begegnungen und Szenen aus der volksmissionarischen Arbeit fest.

Bücher und Bilder machen deutlich, daß in diesem Raum ein Mann zu Hause ist, der mit seiner Geschichte lebt. Er versteht sie als Geschichte Gottes mit dem Menschen Paul Deitenbeck. Und weil Geschichte Gottes mit dem Menschen immer in der Konkretion, in der Verleiblichung deutlich wird, spielen die menschlichen Begegnungen in diesem Leben eine so bedeutende Rolle.

Der mit Papieren überhäufte Schreibtisch steht am Fenster, aber für Pfeife und Tabakdose findet sich immer noch ein freies Eck. Durchs Fenster erkennt man am Horizont die bewaldeten Berge des Sauerlandes; es muß gut tun, beim Nachdenken über den Predigttext da hinzuschauen, aber eigentlich fällt der Blick auf die Straße: auf eine alltägliche Straße mit alltäglichen Menschen. Der weite Horizont und menschliche Alltäglichkeit — sie umschreiben die innere Spannung im Leben dieses Mannes.

Mein Platz ist in der gegenüberliegenden Fensternische, und jedesmal steht da, wenn ich eintrete, die Kaffeekanne und das mit Schinken belegte Schwarzbrot. Ich komme nie auf den Gedanken, es nur als bloße Höflichkeit zu empfinden; es ist ein Zeichen des Willkommenseins.

Zwischen uns steht nur der Schreibtisch und manchmal der »fromme« Hund Hasko, der seinen Anspruch auf freundliche Begrüßung geduldig, aber zielstrebig anmeldet.

Der Mann hinter dem Schreibtisch hat in den zurückliegenden Jahrzehnten in der Gemeinde Gottes Spuren hinterlassen: in Deutschland und darüber hinaus. Viele kennen ihn, wie er taschentuchschwenkend Großveranstaltungen im Missionszelt oder in der Dortmunder Westfalenhalle leitet, und das hat ihm durchaus nicht nur Lob und Anerkennung eingetragen. Manchmal hat man es ihm übel vermerkt, wenn er versuchte, den »reichen Hansen« ärmer und damit die Kasse des Reiches Gottes ein wenig voller zu machen, aber »gereut« hat ihn das genauso wenig wie Luther.

Nicht selten war es ihm gegeben, am Ende einer Tagung, auf der viel geredet worden war, das Entscheidende zu sagen: Jesus Christus so in unsere menschlichen Situationen hineinzustellen, als wäre er leibhaftig unter uns gekreuzigt.

Jetzt aber sind wir weder im Großzelt im Essener Stadion »Montagsloch«, noch im Berliner Olympiastadion. Die Entfernung beträgt zwei Meter, und das heißt Naheinstellung: da werden die Falten sichtbar, die das Leben gegraben hat. Da ist der Mensch nichts als Mensch — und gerade darin trifft ihn die Barmherzigkeit.

Ich bemühe mich, diesen Raum so deutlich zu beschreiben, weil er der Ort der Handlung ist, der Schauplatz, an dem dieses Buch entsteht. Ein Mann erzählt über den Schreibtisch hinweg: von Begegnungen, Erlebnissen und Erfahrungen. »Das Licht der Gnade Gottes kann sich im Deckel einer Konservendose ebenso spiegeln wie in einem Kronleuchter«, sagt er. Und damit wäre über die Zielsetzung dieses Buches fast alles gesagt.

Je länger der Mann hinter dem Schreibtisch erzählt, um so mehr kommen die Bücher in den Regalen und die Bilder an den Wänden wieder ins Blickfeld; denn von Erkenntnissen und Lebensweisheit, von Erfahrungen und Begegnungen ist die Rede. Von der Sonne der Barmherzigkeit Gottes, die sich auch in den Dekkeln erbärmlicher Konservendosen spiegelt.

Vielleicht läßt sich ein bestimmtes Stück Geschichte des Reiches Gottes gar nicht anders einfangen als in Episoden, Begegnungen und Anekdoten. Das gilt sicher nicht für die großen Linien der Kirchengeschichte, für die Geschichte der Theologie, der großen Kirchenpolitik. Aber es könnte für jenen Teil der Geschichte des Reiches Gottes gelten, der sich mit den Geschicken seiner Leute befaßt: mit den persönlichen Details, den tausend Kleinigkeiten, aus denen sich unser Leben zusammensetzt und an denen sich entscheidet, ob man es als glaubwürdig empfindet oder nicht.

Es wird eine bunt gewürfelte Geschichte bleiben, bruchstückhaft, unzureichend geordnet. Es ist gar nicht so einfach, die Heiligen Gottes in eine halbwegs befriedigende Ordnung zu bringen. Aber ich werte das als Ausdruck des Lebens; denn auch die »Heiligen Gottes« bleiben immer am Anfang, sind immer im Werden und nie im Gewordensein. Man weiß im voraus nicht, was sie morgen tun und wie sich Gottes Handeln übermorgen in ihrem Leben ausprägen wird.

Mit Sicherheit enthält dieses Buch Episoden, die sich ebensogut oder besser in andere Kapitel hätten einordnen lassen. Vermutlich gibt es immer noch eine weitere Möglichkeit, die wir gar nicht sehen, eben weil wir am Anfang sind, Werdende und keine Gewordenen. Deshalb bleibt unser Leben voller Überraschungen: Wir entdecken sie bei anderen, aber glücklicherweise auch bei uns selbst. Sie sind ein wichtiges Thema dieses Buches: die Überraschungen Gottes im Leben des Menschen.

Am bereits geschilderten Schreibtisch entscheidet sich schließlich auch die Art der Entstehung dieses Buches. Der dahinter sitzt, erzählt; der davor zeichnet auf, versucht zu ordnen, mit der ihm zur Verfügung stehenden Distanz den indirekten Dialog einfließen zu lassen. Sein Bemühen aber ist, die Stimme des Erzählers auch im Buch so lebendig, frisch und warm zu erhalten, wie sie im Leben ist. Die Stimme eines Menschen — die Stimme eines Christen.

G. R.

1. Kapitel

Im Kinderwagen zur Allianzversammlung

Kindheitserinnerungen

Mein Vater, der Werkmeister Gustav Deitenbeck, arbeitete viele Jahre in einer Lüdenscheider Fabrik, bevor er nach dem Tod seines Bruders in dessen kleinen Betrieb eintrat.

Ein Arbeiter, der sich in der Zeit vor dem Ersten Weltkrieg offen als Christ zu erkennen gab, hatte mitunter keinen leichten Stand. Auch mein Vater wurde von seinen Arbeitskameraden immer wieder gehänselt und verspottet, weil er sich offen zu Jesus Christus bekannte. 19 Jahre lang hat er das durchgehalten und sich dabei immer bemüht, seinen Kollegen ein guter Kamerad zu sein. Wenn sie in Verlegenheit waren oder Sorgen hatten, wandten sie sich nicht selten an den Mann, den sie zu anderer Zeit gern zur Zielscheibe ihres Spottes machten. Ging in der Fabrik ein Gerücht um, dann hieß es: »Wenn du wissen willst, ob es wahr ist, dann frag' den Gustav Deitenbeck.«

Es gehörte zu den Pflichten des jungen Werkmeisters, in einem bestimmten Wohnhaus nach dem Rechten zu sehen und fällige Reparaturen auszuführen. Das Dienstmädchen, das dort den Haushalt versah, stammte aus einer Bergarbeiterfamilie im Ruhrgebiet. Die Leitungsrohre in diesem Haus müssen wohl besonders schadhaft gewesen sein, und den Wasserhähnen war offensichtlich das Tropfen nicht abzugewöhnen, denn der junge Mann mußte sich immer wieder damit beschäftigen.

Hatte er nach getaner Arbeit Haus und Keller verlassen, so fand das Dienstmädchen einen Apfel oder ein anderes kleines Angebinde auf der Treppe. Es dauerte eine Weile, bis sie den Werkmeister mit diesen Aufmerksamkeiten in Verbindung brachte; aber sie tat es rechtzeitig, bevor alle Reparaturen ausgeführt waren. Durch den jungen Werkmeister erhielt das Mädchen aus dem Ruhrgebiet dann auch den entscheidenden Anstoß zum Glauben an Christus. Später wurde sie Frau Deitenbeck.

Der kleine Paul erblickte als ihr viertes Kind das Licht Lüdenscheids. Mit der Tatsache, daß es mich gab, verband sich für meine Eltern schon nach wenigen Wochen ein einschneidendes geistliches Erlebnis; sie haben es mir später oft erzählt.

Als wenige Wochen alter Säugling bekam ich Brechdurchfall, eine damals gefährliche Kinderkrankheit. Der Arzt hatte den bleichen kleinen Wurm bereits aufgegeben, als mein Vater im Nebenzimmer niederkniete und Gott um das Leben des Sohnes bat, den er ihm erst vor so kurzer Zeit geschenkt hatte. Und tatsächlich kam wieder Leben in den kleinen Körper. Die Töne, die ich daraufhin von mir gab, waren sicher nicht sehr melodisch; für meine Eltern dürften sie trotzdem die schönste Musik gewesen sein. — So stand die Erfahrung, daß Gott auf Gebet antwortet, schon sehr früh über meinem Leben.

Der kleine P. D.

Das erste Verkehrsmittel, das mich zu christlichen Veranstaltungen brachte, war der Kinderwagen. Fröhlich und unbekümmert wurde der kleine Paul in Allianzveranstaltungen und Missionszelte hineingeschoben. Die ersten Kontakte zu Allianz und Zeltmission bahnten sich an, als ich noch Strampelhöschen trug. Ob ich damals schon auf meine Art mitgesungen habe oder ein stiller, zufriedener Zuhörer war, geht aus der Familienchronik leider nicht hervor.

Viel wichtiger für meine Entwicklung in jenen Jahren war die unbeschwerte Atmosphäre des Elternhauses. Vater und Mutter waren kindlich gläubige Menschen, die fröhlich aus ihrem Glauben lebten. Sie beteten mit uns Kindern, aber sie haben mich nie bedrängt — etwa in der Art: »Bekehre dich, oder ich schieße!« Und ich bin ihnen dafür bis heute dankbar.

Am Heiligabend galt bei uns das ungeschriebene Gesetz, daß der Jüngste als erster das Weihnachtszimmer betreten durfte; die anderen folgten in der vom Alter strikt vorgegebenen Reihenfolge, den Abschluß bildete mein Vater. Und wenn er, der Wortkarge, sich zu der Bemerkung: »Und jetzt kommt meine Wenigkeit« entschloß, so war das mehr als ein Scherz; er war in der Tat ein bescheidener Mann.

Entscheidend für meine eigene Entwicklung wurde das christliche Vorbild meiner Eltern, meiner älteren Geschwister Robert, Karl und Lydia und der Männer und Frauen aus der landeskirchlichen Gemeinschaft »Philadelphia«. In mir entstand so etwas wie Heimweh: Ich wollte auch so glauben können, so natürlich aus dem Glauben leben, so in der Bibel Bescheid wissen, so gelassen und glaubensheiter sein, wie ich es bei ihnen allen gesehen hatte.

Mein ältester Bruder Robert ist im Osten gefallen, mein Bruder Karl wurde Lehrer und betätigte sich daneben schriftstellerisch; meine Schwester Lydia starb mit 42 Jahren. Wir drei Brüder galten zu dieser Zeit alle als vermißt. Damals war es, wie so oft, meine Mutter, die in ihrer stillen Art Freunde und Familienangehörige tröstete. Immer wieder zitierte sie jenen Glaubenssatz, der ihre Lebenshaltung vielleicht am deutlichsten kennzeichnet: »Unser Gott macht keine Fehler!«

Onkel Robert

Was wäre meine Kindkeit ohne meinen Onkel Robert gewesen, einen der führenden Männer der Sauerländer Erweckungsbewegung. Kurz nach meiner Geburt ist er am Bett meiner Mutter niedergekniet und hat mein Leben dem Dienst im Reich Gottes anbefohlen. Gott hatte schon früh Menschen zur Hand, die darum besorgt waren, das Leben des Paul Deitenbeck in bestimmte Bahnen zu lenken.

Schon als junger Mann besuchte Onkel Robert die Glaubenskonferenzen in Bad Blankenburg. Dort begegnete er Männern wie Ernst Modersohn, Samuel Keller und Alfred Christlieb und lud sie zu Evangelisationen in die Lüdenscheider Schützenhalle ein. Auf seine Initiative hin schlug auch Jakob Vetter schon früh sein

Missionszelt in Lüdenscheid auf; das zweite Zelt der Deutschen Zeltmission wurde 1905 sogar in Lüdenscheid eingeweiht.

Ich erinnere mich noch daran, wie meine Eltern bei diesen Zeltveranstaltungen mitarbeiteten. Zusammen mit anderen Mitgliedern unserer landeskirchlichen Gemeinschaft waren sie das, was wir heute »Seelsorgehelfer« nennen. Im Anschluß an die Zeltversammlungen sprachen sie mit den Besuchern, die noch Fragen hatten. Nach solchen Zelteinsätzen verzeichnete unsere Gemeinschaft dann jeweils 30 bis 40 neue Mitglieder.

Sonderbusse und Pkw-Abholdienste kannte man damals noch nicht. Mangels anderer Möglichkeiten folgte man dem apostolischen Vorbild: »per pedes apostolorum« — »mit den Füßen der Apostel« bewegten sich, wie zur Zeit der ersten Christen, alle Gemeindeglieder durch die Straßen. In Scharen zogen die Menschen auf dem Heimweg durch die Stadt und sangen dabei die Lieder, die sie im Zelt gelernt hatten.

Manchen Gruppen blieb viel Zeit zum Singen, denn der Rückweg in ihre abgelegenen Dörfer war weit. Auch tagsüber konnte man in jenen Tagen aus den Fenstern der Fabriken Heilslieder hören. Ein Lied, das wir damals oft sangen, ist mir im Gedächtnis geblieben: »Im Himmel ist ein Plätzle für di und mi, für di und mi, und willst du an das Plätzle, so komm, bekehre di.«

Aber nicht nur auf den Straßen und in den Fabriken, auch bei uns zu Hause wurde viel gesungen. Nachmittags, wenn der Vater und die älteren Brüder noch in der Fabrik waren, stimmte die Mutter so manches Lied an, und meine Schwester sang die zweite Stimme dazu. So wurde ich schon als Bub mit dem Erbe des erwecklichen Liedguts vertraut, das mein Leben und meinen Dienst wesentlich prägen sollte.

Onkel Robert blieb Junggeselle. Einmal, so hat er es jedenfalls seiner Schwester, meiner Tante, erzählt, habe er nachts geträumt, daß er sich verlobt hätte — und das habe ihm gereicht. Er ist aber wohl auch deshalb ledig geblieben, um zum Dienst für Christus ganz frei zu sein.

Er war Kaufmann und hat später eine kleine Fabrik aufgebaut. In seinem Büro hing das damals bekannte Bild vom 1000jährigen

Reich, das Löwe und Lamm friedlich nebeneinander darstellt. In den Kontobüchern seiner Firma stand auf dem Titelblatt »Mit Gott«, und das war mehr als eine Phrase; denn der Onkel sah seinen Beruf als Dienst unter Gottes Augen an.

In der Familie erzählt man sich, daß er bemüht war, jede freie Minute auszunutzen; so hatte er den täglichen Gang von und zur Fabrik zur Lektüre bestimmt. Das gelang ihm mit folgendem Trick: Er ging so, daß er den einen Fuß auf den erhöhten Bürgersteig setzte, den anderen auf den Straßenrand. So fand er den Weg, ohne die Augen allzuoft von seinem Lesestoff abwenden zu müssen.

Als in seiner Umgebung einige Leute Christen geworden waren, mietete er eine Etagenwohnung und richtete sie für die Bedürfnisse einer christlichen Gemeinschaft ein. Ein gemischter Chor und ein Missions-Nähverein entstanden. Als die Wohnung zu eng wurde, begann man auf eigene Kosten das Vereinshaus Immanuel zu bauen, das 1905 eingeweiht wurde. Dieses Gemeindehaus ist für viele Jahre auch meine Glaubensherberge gewesen. Onkel Robert gründete auch den Blaukreuz-Verein und den CVJM. So viel kann ein einzelner Mann für seine Umgebung bedeuten.

Ich muß noch etwas bei dem guten Onkel Robert verweilen. Er war von dem brennenden Wunsch erfüllt, die Gute Nachricht von Jesus an andere weiterzugeben. Dabei gehörte er nicht zu den Leuten, die andere mit geistlichen Gesprächen oder evangelistischen Appellen überfallen, und doch fand er immer wieder die Gelegenheit, dem anderen deutlich zu machen, daß auch er »einen persönlichen Heiland« brauche.

Manche Menschen haben durch Robert Deitenbeck den entscheidenden Anstoß zum Glauben bekommen, darunter Vater Leporin, der dann über 50 Jahre Vorsitzender des Lüdenscheider Blaukreuz-Vereins gewesen ist, und der Schleifermeister Kaspar Moos. Das war ein Komiker, der seinesgleichen suchte; bis zu seiner Bekehrung war er bei der Heimatbühne »Allotria« aufgetreten. Nach verschiedenen Gesprächen mit Onkel Robert wurde er Christ und vollzog eine Kehrtwendung um 180 Grad — was keinesfalls heißt, daß er seinen Humor verloren hätte.

Schleifermeister Moos und die Frauenemanzipation

Kaspar Moos war Missionar, wo er ging und stand: auf der Straße, auf dem Markt, später im Omnibus und in der Bahn. In seiner freien Zeit ging er viel über Land, besuchte die einzelnen Gehöfte oder die Arbeiter, die beim Bau der Verse-Talsperre beschäftigt waren, verteilte Traktate und führte Gespräche. Wenn ich ihn traf, klopfte er oft auf seine Rocktasche und sagte: »Ich habe immer Munition bei mir«; er meinte die christlichen Verteilblätter, die er stets bei sich trug.

Natürlich entwickelte ein Mann wie Kaspar Moos auch bei der Bibelauslegung seine eigenen Gedanken. Sie hatten mit Schultheologie nicht viel gemein, sondern waren geprägt von der schlichten Art der Arbeiter und Bauern, mit denen er seine Glaubensgespräche führte. So pflegte er zu sagen: »Christus & Co, das taugt nichts« — und drückte damit auf seine Weise aus, daß schief liegt, wer zu Jesus als Heilsvoraussetzung noch etwas hinzufügen will.

Damals waren die klugen Leute, die später unter dem Stichwort »Emanzipation der Frau« gewiß viel, aber nicht nur Richtiges zu sagen wußten, noch nicht geboren. Der Schleifermeister Moos löste für sich das Problem der Stellung der Frau mittels einer Volksexegese, der man zumindest Originalität nicht absprechen kann: Die Frau, so etwa argumentierte er, soll das Herz des Mannes sein, denn sie ist aus seiner Rippe, und das heißt aus der Herzgegend gemacht. Wäre sie aus seinen Füßen geschaffen, so würde sie den Mann dauernd treten. Hätte Gott als Grundstoff der Frau aber gar ein Stück vom Kopf des Mannes genommen, so wäre die Frau diesem geistig vermutlich überlegen. Aber weder von geschwungenen Pantoffeln, noch von biedere Männergedanken überflügelndem Frauengeist hielt der fromme Kaspar Moos sonderlich viel. Als Mann evangelisierte er vorwiegend unter Männern, eine gute Sitte, die uns heute ein wenig aus dem Blickfeld geraten zu sein scheint. Dem guten Kaspar ist dadurch vielleicht manche Gefährdung erspart geblieben.

Anläßlich seiner Goldenen Hochzeit traf sich eine ganze Schar von Leuten, denen er auf dem Weg zum Glauben an Jesus geholfen hatte. Es waren viele gestandene Männer aus der Gemeinschaft und aus dem Blauen Kreuz darunter. Ich empfand das fröhliche Familienfest wie ein Stück Erntedank.

Moos wohnte in der Heedfelder Straße. Als er eines Abends gegen halb elf aus der Bibelstunde kam und eben die Haustür aufschließen wollte, sah er auf der Straße einen Betrunkenen dahertorkeln und fallen. Er half ihm wieder auf die Beine und fragte ihn, wo er denn wohne. »In Hülscheid«, lallte der andere. Wenn man gut ausschreitet, braucht man bis dahin etwa eine Stunde. Der Mann, der aus der Bibelstunde kam, faßte den Betrunkenen beim Arm und brachte ihn — mal zog er ihn — mal sank er hin — nach Hause. Es war 3 Uhr morgens, als Kaspar Moos die eigene Haustür wieder erreichte; um 6 Uhr begann sein neuer Arbeitstag. Ich weiß nicht, ob ich das getan hätte; aber hier wird für mich ein Stück wahrer Gottesdienst sichtbar.

»Lange Haare sind gut für den Winter«

Wir wohnten damals, ich war noch ein kleiner Junge, in einem Mietshaus in einer stillen Nebenstraße. Das Haus gehörte einem Schornsteinfegermeister, der im Erdgeschoß wohnte und auf uns Kinder einen tiefen Eindruck machte. Rußig-schwarz kam er meist abends gegen 6 nach Hause und stieg als erstes in die Badewanne. Wenn wir hinter dem Haus spielten, hörten wir ihn durchs geöffnete Badezimmer fröhlich pfeifen.

Zu dieser bewußt katholischen Familie unterhielten wir ein gut nachbarliches Verhältnis. Wir Kinder waren unzertrennlich, musizierten gemeinsam, verübten im Garten und auf der Straße aber auch Streiche, über die unsere Eltern weniger beglückt waren.

Mich pflegte der Schornsteinfeger, auf meinen Vornamen anspielend, gerne ein wenig zu hänseln. »Paulus schrieb an die Korinther, lange Haare sind gut für den Winter«, rief er durchs offene Zimmerfenster, wenn er mich im Garten sah oder wenn er mir auf der Straße begegnete.

Einmal war der Schornsteinfeger von der Leiter gestürzt und mit lebensgefährlichen Verletzungen ins Krankenhaus eingeliefert worden. Als am Abend die Krise eintrat, wurde mein Vater gerufen, obwohl er evangelisch war. Er hat über dem Kranken gebetet, und am anderen Morgen war die Wende da; es ging wieder bergauf. Der Verletzte wurde völlig gesund und konnte später seinen Beruf wieder ausüben. Ärztliche Betreuung und Glaubensgebet — man muß das nicht unbedingt auseinanderdividieren und die Anteile in Prozenten ausrechnen wollen.

Verpaßte Glanzleistungen: die Schulzeit

In die Schule ging ich manchmal gern, und manchmal, weil ich mußte. Glanzleistungen, die der Nachwelt erhalten bleiben müßten, habe weder ich in der Schule, noch hat sie die Schule an mir vollbracht. Bis heute nicht vergessen aber habe ich, daß unser Lehrer eines Tages zu uns sagte: »Ihr müßt vor jeder Schwester die Mütze abnehmen und sie grüßen, auch wenn ihr sie nicht kennt; denn sie lebt ein Leben im Dienst des Nächsten.« Es gab zu jener Zeit praktisch nur diakonische Schwestern, und ich habe mir die Ehrfurcht vor dem Dienst der Diakonisse bis heute erhalten; auch heute noch grüße ich jede Schwester, ob ich sie kenne oder nicht.

Später bekam ich lange Hosen, eine neue Schultasche und wurde aufs Gymnasium geschickt. Zu jener Zeit gehörten originelle Lehrertypen gewissermaßen zum Lehrplan jeder höheren Schule, und die Lüdenscheider bildete da keine Ausnahme.

Eines Tages hatten wir Religionsunterricht, und der Schulrat war angesagt. Unser Lehrer wollte mit dem Stoff nicht vor Eintreffen des wichtigen Mannes beginnen und erzählte deshalb, von uns Schülern begierig aufgenommen, Lüdenscheider Alltagsgeschichten. Als es an die Tür klopfte, brach er jäh ab, hob die Stimme und begann in gehobenem, dozierendem Tonfall: »Das also ist die Innere Mission, meine Herren.« Die Tür ging auf — herein aber traten nicht der Schulrat und seine Begleiter, sondern die auswärts wohnenden Schüler, die sich aus irgendeinem Grunde verspätet hatten.

Unser Zeichenlehrer, redlich bemüht, uns ein wenig Kunstverstand und Kunstfertigkeit beizubringen, liebte die schriftliche Formulierung, und zwar vor allem in Gestalt ebenso pointierter wie manchmal ausführlicher Klassenbucheintragungen, die wir mit Wonne auswendig lernten. Da hieß es dann etwa: »Als ich mit meiner Zeichenklasse die Sauerfelder Straße hinunterging, kam uns ein Mädchen vom Lyzeum entgegen. Sofort setzte bei meinen Schülern ein lebhaftes Huhu-Rufen ein. Als ich mit meinen mehrmaligen Ermahnungen, dieses Gerufe einzustellen, nicht durchdrang, sah ich mich gezwungen, meine Truppe zurückzuziehen.«

Einmal sollten wir Früchte zeichnen, und zwar nach zu diesem Zweck mitgebrachten natürlichen Vorbildern. Ein Schüler präsentierte sich als stolzer Besitzer einer Banane; er aß sie genüßlich und legte lediglich die Schale auf den Tisch. Prompt ahndete der Lehrer solche Missetat mit der Klassenbucheintragung: »Pieper ißt sein Modell auf.«

Schließlich wurden wir für würdig befunden, malerische Winkel Alt-Lüdenscheids an Ort und Stelle zu skizzieren. Eine dieser romantischen Ecken erhielt durch eine in der Nähe gelegene Konditorei besonderen Reiz. Natürlich war es uns verboten, diese während des Unterrichts zu betreten, aber einer hatte es doch fertiggebracht, sich unbemerkt fortzustehlen, eine Tüte voll Gebäck zu erstehen und mit dieser, auf der Suche nach einer besonders eindrucksvollen Perspektive, ein im 1. Stockwerk gelegenes Fenster zu erreichen. Der Böse aber warf von diesem erhöhten Standpunkt aus nun nicht mit Blicken, sondern mit Plätzchen um sich, wobei wir anderen, die wir im Schweiße unseres Angesichts die Zeichenblöcke bearbeiteten, uns als im doppelten Sinne dankbare Zielscheiben anboten, denn die Plätzchen waren gut.

Es kam, wie es kommen mußte: Eins der zuckerbäckerischen Meisterwerke traf den vorbeigehenden Zeichenlehrer auf den Kopf, und zwar vermutlich ein wenig schmerzhaft, denn seine Künstlermähne hatte bereits — wenn auch sicher nicht, um dem listigen Schützen das Zielen zu erleichtern — einer stattlichen Glatze weichen müssen. Der also Gequälte schrieb daraufhin ins Klassenbuch: »Müller wirft seinem Zeichenlehrer ein Gebilde aus Kuchenteig auf den Kopf.«

In der Oberstufe unterrichtete uns Studienrat Borchers in Deutsch und Religion. Er hat mir die grundlegenden Schritte selbständigen Denkens beigebracht, und zwar so, daß sie mich nicht von meinem Christsein wegführten, sondern dieses im Gegenteil vertieften. Unter seiner Anleitung wurde Wilhelm Raabe mein Lieblingsdichter; bei Borchers habe ich auch ganze Partien aus Goethes Faust auswendig gelernt. Und als mein Vater vor dem Abitur in die Schule kam, um sich zu erkundigen, zu welchem Beruf sein Sprößling denn wohl Veranlagung zeige, da war es Studienrat Borchers, der ihm den Rat gab: »Lassen Sie ihn Pastor werden; denn bei ihm blickt in jedem Aufsatz der Glaube durch.«

Theorie und Praxis

Daß in meinem Leben der Glaube zunehmend »durchzublicken« begann, verdanke ich aber nicht nur Akademikern wie Studienrat Borchers, sondern neben vielen anderen auch dem Schuhmachermeister Fritz Klein. Er arbeitete im CVJM und in der landeskirchlichen Gemeinschaft mit und war ein Mann, der in der Bibel Bescheid wußte. Als Oberschüler und später als Student habe ich oft in seiner Werkstatt gesessen. Während er kleine Holznägel in frisch aufgelegte Schuhsohlen schlug, unterhielten wir uns über den Glauben. Das war biblische Unterweisung ohne aufgeschlagene Bibel, ohne laut gesprochene Gebete. Wenn er meine Fragen beantwortet hatte, zog er einen anderen Stiefel auf den Leisten, und ich war entlassen. Irgendwie hatte die Werkstatt für mich von Anfang an ihren Platz neben Schulklasse und Hörsaal; die Praxis behauptete neben der Theorie ihren Anspruch.

So hat es sich ergeben, daß ich Pfarrer wurde, ohne daß sich für mich damit ein besonderes Berufungserlebnis verband. Trotzdem würde ich heute, stünde ich erneut vor der Wahl, ohne Zögern den gleichen Beruf ergreifen; denn es ist für mich mehr als Beruf, ich bin darin nicht nur glücklich, sondern ich darf darin aufgehen.

Mit dieser persönlichen Erfahrung habe ich schon manchem helfen können, der vergeblich auf ein spezielles Berufungserlebnis gewartet hatte. Es muß nicht sein.

Natürlich gibt es auch besondere Berufungserlebnisse, aber man darf sie nicht zum Schema machen. Bei mir ging alles seinen ganz natürlichen Weg: Der Lehrer war dafür, auch mein alter Konfirmator redete zu. So ergab sich als Anschlußgleis nach dem Abitur das Theologiestudium gewissermaßen von selbst. Ich packte meine Gedanken und meine paar Habseligkeiten zusammen und ging nach Münster.

2. Kapitel

»Entscheidend ist, daß Gott für uns ist«

Studentenzeit in Münster und Tübingen

Damit eröffnete sich für mich eine neue Welt. Ich bezog eine Studentenbude in der Gralstraße in Münster und lernte die DCSV, die Deutsche Christliche Studentenvereinigung, kennen. Wir hatten unsere eigenen Bibelstunden, und an den Samstagen gingen wir in die Universitätskliniken zum Kurrendesingen.

In Münster brachten die Kommilitonen dem Studenten Deitenbeck bei, was er unter Budenzauber zu verstehen hatte. Als ich eines Abends nach Hause kam, war mein ganzes Bettzeug weg. Verdutzt und hilflos starrte ich auf die blanke Matratze, die von allem, was mir nachts lieb und teuer war, allein übriggeblieben war, vermutlich weil das Zimmer für Objekte dieser Größenordnung keine geeigneten Verstecke bot. Nach und nach fand ich dann Kissen, Laken und Decken wieder und ließ mich erleichtert ins frisch gemachte Bett fallen. Aber die Freude war von kurzer Dauer: um 11 Uhr schreckte mich ein Wecker aus dem Schlaf, und dieses neckische Spiel wiederholte sich alle Stunden, bis morgens um 3 Uhr. Nicht weniger als fünf Wecker hatten die Brüder hinter dem Ofenrohr versteckt und jeweils um eine Stunde später eingestellt. Spätestens um 3 Uhr begriff ich dann, was die Stunde geschlagen hatte.

In Münster wie in Tübingen habe ich eine unbeschwerte Studentenzeit erlebt. Gemeinsam unternahmen wir viele Wanderungen. In Tübingen schlenderten wir manchmal abends noch zum Neckar hinunter, stiegen in einen der dort liegenden Kähne und sangen in der hereinbrechenden Nacht auf dem Fluß die alten Handwerks-, Wander- und Liebeslieder.

In die Studienjahre fallen aber auch entscheidende Begegnungen mit Männern, die mein Christsein und meinen späteren Dienst geprägt haben.

Otto Schmitz: »Entscheidend ist, daß Gott für uns ist.«

Zu ihnen gehörte Professor Otto Schmitz in Münster, ein Mann mit einem goldenen Humor, der aber auch bereit war, die eigene Haut zu Markte zu tragen. Als der westfälische Präses Koch eine eigene Bekenntnissynode ausrief, stellte sich Schmitz sofort an seine Seite und wurde als Universitätsprofessor natürlich prompt seines Amtes enthoben. Als wir Studenten von der DCSV die Nachricht von seiner Entlassung erhielten, zogen wir noch am gleichen Abend vor seine Wohnung und sangen ihm ein Lied. Er kam zur Tür, und seine Stimme schwankte etwas, als er zu uns sagte: »Ich halte es mit dem Wort: ›Gott, dein Weg ist heilig‹.«

Obwohl er bereits entlassen war, hielt er uns zum Semesterabschluß noch einen Abendmahlsgottesdienst. Er sprach über Römer 8, 31: »Ist Gott für uns, wer mag wider uns sein?« und begann seine Predigt mit den Worten: »Das Entscheidende ist nicht, daß wir für Gott sind; entscheidend ist, daß Gott für uns ist.« Dieser Satz, in jener bestimmten Situation gesprochen, hat sich mir bis heute eingeprägt.

Otto Schmitz war Lehrer und Seelsorger in einer Person. »Man merkt es einem Studenten an, ob er mit dem Herzen dabei ist«, erklärte er manchmal im Seminar, »auch wenn er nur den griechischen Urtext vorlesen muß.« Wer in seine Sprechstunde kam, wurde immer wieder auch auf die persönlichen Belange angesprochen: »Haben Sie eine nette Bude?« — »Ist Ihre Wirtin nett zu Ihnen? Spendiert Sie Ihnen sonntags schon mal einen Pudding oder einen Kaffee und ein Stück Kuchen?« Auch die Frage nach dem körperlichen Wohlbefinden vergaß Schmitz nicht.

Am 1. Advent waren wir Studenten von der DCSV abends immer in seine Familie eingeladen. Jeder bekam einen Teller mit Gebäck — Studenten hatten ja immer Hunger —, einen Apfel und ein kleines Kärtchen. Otto Schmitz las eine Geschichte vor und hielt eine kurze Andacht. Im Wohnzimmer hing als großer Holzspruch das Bibelwort: »Dieser nimmt die Sünder an und ißt mit ihnen.« Damit hatte der Theologe Schmitz uns eigentlich alles gesagt, was er zu sagen hatte.

Noch einen anderen Satz, den ich bei ihm gehört habe, werde ich nie vergessen: »Es gibt eine Berufung durch die Kirchenleitung und eine Berufung durch den Heiligen Geist; und das Schönste ist, wenn beides zusammenfällt.«

Grützmacher: die Pfeife im apostolischen Zeitalter

Professor Grützmacher las Kirchengeschichte und war ein wackerer Pfeifenraucher. Morgens in der zweiten Vorlesung wandte er sich einmal an einen Studenten: »Ach, Herr Kommilitone, würden Sie mir bitte freundlicherweise meine Pfeife holen? Ich habe sie im apostolischen Zeitalter liegengelassen.« (Er hatte in der ersten Kollegstunde in einem anderen Hörsaal Frühe Kirchengeschichte gelesen.) Und er hat es — mit und ohne Pfeife — verstanden, uns die großen Gestalten der Kirchengeschichte nahezubringen. Meine besondere Liebe für die Väter des Glaubens verdanke ich nicht zuletzt ihm.

Apropos Pfeife: Paul Humburg — obwohl selbst einer guten Zigarre nicht abgeneigt — knöpfte sich einmal seine Theologiestudenten vor: »Liebe Brüder, eure Finger sprechen eine deutlichere Sprache als eure Rede.« Besagte Finger waren nämlich zum Teil gelb vom Zigarettenrauchen. Paul Humburg fügte hinzu: »Stellt euch vor, ihr sollt der Gemeinde das Abendmahl austeilen und haltet den Kelch in solchen verrauchten Pfoten. Meint ihr, das würde die Andacht der Gemeindeglieder fördern?«

Paul Humburg: »Duldet keine unklaren Verhältnisse«

Ich bin Paul Humburg während meiner Studentenzeit selbst begegnet. Besonders eindrücklich waren seine Auslegungen über den älteren Bruder im Gleichnis vom Verlorenen Sohn. Er charakterisierte jenen als fromm, aber nicht froh. Manchmal habe ich den Eindruck, der Verlorene Sohn verfüge auch heute noch über eine stattliche Verwandtschaft. Humburg hat über dieses Gleichnis später das Buch »Die ganz große Liebe« geschrieben.

Überhaupt waren Humburgs Predigten von einem ungeheuren Ernst gekennzeichnet. Er liebte am Abend das gesellige Gespräch, aber wenn er den Eindruck hatte, dabei zuviel gescherzt zu haben, konnte er sagen: »Jetzt bin ich wohl etwas in den Witzgeist geraten.« Für ihn gab es da eine Grenze, und er achtete sehr darauf, daß er sie nicht überschritt.

Humburg besaß ein feines Gespür für die gegenseitigen Beziehungen unter Christen. Eine seiner Mahnungen an die Mitglieder von Kirchenvorständen, Presbyterien und sonstigen Leitungsgremien lautete: »Brüder, duldet keine unklaren Verhältnisse.« Es lag ihm besonders daran, daß es zwischen den Mitgliedern solcher Gremien keine unausgesprochenen Differenzen gab: alles sollte durchsichtig und klar sein.

Reinald von Thadden: von der DCSV bis zum Kirchentag

In jenen Jahren lernte ich auch Reinald von Thadden kennen, der mehrere Jahre Vorsitzender der DCSV war und später Präsident des Deutschen Evangelischen Kirchentags wurde. Als wir einmal im Wartesaal des Bahnhofs von Münster mit ihm zusammensaßen, erzählte er aus seiner Heimat Trieglaff, wo schon seine Vorfahren mehrere Rittergüter besaßen. Damals war es üblich, daß die Leute, die auf dem Gut arbeiteten, sich am Verhalten des Gutsherrn orientierten. Ging dieser mit seiner Frau zum Gottesdienst, so folgten die Leute seinem Beispiel. Blieb er fern, so nahmen Knechte und Mägde das gleiche Recht für sich in Anspruch.

Beeindruckend war nicht nur die großzügige Gastfreundschaft, mit der von Thadden sein Haus zur Verfügung stellte, sondern vor allem sein praktisches Christsein. Dadurch wurde dieser Mann zu einer Stütze des erwecklichen Lebens in Pommern. Er folgte damit der pietistischen Tradition der Familie; durch einen seiner Vorfahren soll Bismarck den entscheidenden Anstoß zum Glauben bekommen haben.

Später hat uns von Thadden in Lüdenscheid mehrmals besucht und mir dabei auch das Projekt des Kirchentags, das ihn damals beschäftigte, erklärt. Er verstand ihn als eine Laienbewegung innerhalb der evangelischen Christenheit, die auch auf die praktischen Fragen, mit denen der Christ in seinem Alltag konfrontiert wird, eingehen sollte.

Walter Michaelis: der Mann, der uns nicht warten ließ

Anläßlich einer Studentenfreizeit lernte ich Walter Michaelis, den langjährigen Präses des Gnadauer Verbandes, kennen. Wir Studenten waren damals bei ihm eingeladen, standen bescheiden an der Haustür und schellten. Nun konnte man vom Treppenabsatz aus genau ins Arbeitszimmer von Michaelis sehen: er saß am Schreibtisch und schrieb einen Brief, doch sobald die Glocke ertönte, legte er den Federhalter weg und kam sofort an die Tür, um uns zu öffnen. Die gleiche Beobachtung habe ich bei späteren Begegnungen mit Michaelis immer wieder gemacht. Er war geistlich nüchtern und ein Mann innerer Vornehmheit; sein Takt gebot ihm, immer sofort für den anderen da zu sein.

Wenn wir nach Veranstaltungen mit Michaelis zusammensaßen, erzählte er gern von den verschiedenen Erweckungsbewegungen, besonders aus Ostfriesland, wo er sie zum Teil selbst miterlebt hatte. »Erweckungen«, erklärte er dann, »werden manchmal durch jahrelanges Beten treuer christlicher Gruppen ausgelöst. Sie können sich aber auch da ereignen, wo gar nicht gebetet worden ist; sie können unerwartet wie ein Naturereignis eintreten, wie ein Blitz aus heiterem Himmel einschlagen.« Darum dürfe man nie den Schluß ziehen, daß eine Zeit ohne Erweckung auf eine Generation ohne Glauben zurückzuführen sei. Umgekehrt sei eine Erweckung nie das Verdienst einer besonders gläubigen Gemeinde.

Gott ist es, der Erweckung schenkt, und er kann sie wie ein Gewitter über uns hereinbrechen lassen. Deshalb gibt es dafür keine ablesbaren oder vorherbestimmbaren Gesetzmäßigkeiten, auch haben wir nie das Recht, geistliche Zensuren zu verteilen und dabei Erweckungsgebiete besser zu benoten als Gegenden, in denen es nur bescheidene erweckliche Ansätze oder gar keine Erweckungen gegeben hat.

Entscheidende Begegnungen mit Karl Heim

Von allen meinen theologischen Lehrern hat mich Karl Heim am stärksten beeindruckt. Das hängt damit zusammen, daß er es war, der mir den letzten Anstoß gab, mein Christsein, das im Laufe der Jahre gewachsen war, nun definitiv, mit dem Entscheidungsbewußtsein des jungen Mannes, »festzumachen«.

Es begann mit einer Predigt Heims über das Gleichnis vom Armen Lazarus in der vollbesetzten Tübinger Stiftskirche. Heim sprach ruhig, keineswegs impulsiv, fast hatte man den Eindruck, daß er seine Predigt ablas. Trotzdem ging von seinen Worten eine starke Kraft aus. Man sagt, Heim habe sich jeweils von Samstagmittag an eingeschlossen, um sich auf den Gottesdienst am Sonntag vorzubereiten.

Die Predigt, von der ich spreche, begann etwa mit dem Satz: »Die Lebensbeschreibungen, die wir in Büchern lesen, hören da auf, wo die Geschichte unseres Textes anfängt.« — Damit hatte er sofort die Aufmerksamkeit der Zuhörer gewonnen. Im Verlauf des Gottesdienstes entschloß ich mich, diesen Mann aufzusuchen und mit ihm zu sprechen.

Heim hielt seine Seminar-Sprechstunden damals im neuen Universitätsgebäude. Eine solche Gelegenheit wollte ich nutzen, doch als ich ankam, warteten bereits acht Studenten vor mir auf ein Gespräch mit dem Professor. Ich dachte: Hoffentlich macht er Schluß, bevor du dran bist. Man wird in solchen Situationen ja oft von sehr zwiespältigen Gefühlen befallen; viele Menschen sind nie unsicherer und wankelmütiger gewesen als in dem Augenblick, wo es galt, sich für Christus zu entscheiden. Aber dann war der Weg vor mir frei; ich klopfte an und trat ein.

Heim erwartete zunächst, daß ich über ein theologisches Problem mit ihm sprechen wollte. Aber ich stieß hervor: »Ich möchte endgültig Ernst machen mit Jesus. Ich möchte persönlich glauben.« Dann erzählte ich ihm von meiner Kindheit, meinen gläubigen Eltern, von den Erfahrungen, aber auch von den Zweifeln der letzten Jahre.

Heim hörte mir ruhig zu.

Dann sagte er nur: »Da können Sie aber sehr dankbar sein. Sie brauchen nichts weiter zu tun, als Ihr Leben mit allem, was Sie sind und haben, an Jesus auszuliefern, ganz kindlich und schlicht. Und dann stellen Sie sich unter die Führung Jesu.«

Kein Appell, kein Gebet, keine Aufforderung, selbst zu beten, nichts. Heim gab mir nur die Hand und sagte: »Auf Wiedersehen!«

Ich kehrte geradewegs in meine Studentenbude zurück, kniete nieder und weinte vor Freude. Meine Eltern merkten anschließend an den Briefen, daß mit mir eine Veränderung vorgegangen sein mußte. Und auch die Kommilitonen fragten: »Was ist eigentlich los mit dir?«

So bin ich zum Glauben an Jesus Christus gekommen: ohne jedes Drängen, ohne formellen Akt. Niemand hat zu mir gesagt: »Jetzt mußt du niederknien und beten« — obwohl ich es bestimmt getan hätte. Ein Mann, bei dem ich spürte, daß er ein Priester war, gab mir die Hand. Das war alles. Für mich ist dies ein eindrückliches Beispiel dafür geworden, daß es für die innere Umkehr eines Menschen, für seine Heimkehr zu Gott keine Schablonen und Formeln gibt. Gott hat unendlich viele Möglichkeiten, mit einem Menschen zu handeln und ihm zu begegnen, und wir haben ihm nicht vorzuschreiben, welche er im Einzelfall jeweils anzuwenden hat.

Offener Abend bei Adolf Schlatter

Adolf Schlatter hielt, als ich in Tübingen studierte, keine regelmäßigen Vorlesungen mehr. Aber montags war bei Schlatters Offener Abend. Für 28 Studenten war Platz. Schlatters Tochter Dorothee hatte das Amt des Pförtners inne und zählte ab; wer zu spät dran war, mußte umkehren.

Die gute Dorothee — wenn einer von uns sich einmal besonders in Schale geworfen hatte, brummte Schlatter: »Du willst wohl meiner Dörthe den Hof machen, wie?«

Offener Abend — das bedeutete zwanglose Gespräche bei einer Tasse Tee. Schlatter reichte eine Kiste Zigarren herum, aber wir Studenten zögerten anfangs und wußten nicht so recht, wie wir uns verhalten sollten. Schlatter sah sich prüfend im Kreis um. »Na, dann will ich mal der erschte schein, der schündigt«, meinte er in seinem schweizerischen Dialekt.

Damit war der Zeremonie Genüge getan. Jetzt forderte er uns zum Gespräch heraus: »Nun schießt mal los!« Und dann wurden alle möglichen Fragen diskutiert und erörtert. Schlatter, von Statur ein kleiner Mann, konnte dabei so impulsiv werden, daß er auf einen Fragesteller losging und ihn am Kragen packte. Pünktlich um Viertel vor zehn aber zog er seine Uhr, sagte: »Gute Nacht, meine Herren, jetzt ist es Zeit, ins Bett zu gehen«, und stand auf. Was blieb uns anderes übrig, als seinem Beispiel zu folgen und das Feld zu räumen.

Es ist bekannt, daß Schlatter auf sein Äußeres wenig Wert legte. An ihm ist gewiß kein Schneider reich geworden. Als er einmal in nicht eben gesellschaftsfähigem Aufzug in sein Haus an der Olgastraße zurückkehrte, begegnete ihm auf der Treppe ein von oben herabkommender Bettler und gab ihm den kollegialen Rat: »Du brauchst gar nicht erst hinaufzugehen, der Alte ist sowieso nicht da!«

An Schlatters 80. Geburtstag veranstalteten wir zu mehreren 100 Theologiestudenten einen Fackelzug vor seinem Haus. Der Sprecher der theologischen Fachschaft gab dem Wunsch Ausdruck, der Herr Professor möge uns noch viele Jahre erhalten bleiben. Worauf Schlatter prompt entgegnete: »Noch vier Schemeschter!«

Schlatter hat es dann doch noch ein wenig länger auf dieser Erde ausgehalten und mit über 80 Jahren seine wertvollsten Kommentare geschrieben. Er war ein impulsiver Mann, der in seinen Vorlesungen, wenn ihm danach zumute war, längere griechische Texte auswendig zitierte. Eins aber hat er uns immer wieder eingeprägt: »Auf den Seh-Akt kommt es an!« Wir sollten lernen, einen Text in seiner Gesamtheit zu betrachten, das Besondere eines Abschnitts, den Skopus, das Proprium des Textes zu entdecken.

Diese Mahnung ist auf meine eigene Bibelauslegung und auf meine Predigt nicht ohne Einfluß geblieben. Ich bemühe mich, der Versuchung zu entgehen, den jeweiligen Text gewissermaßen als ein Stück Rasen anzusehen, auf dem man von Grasbüschel zu Grasbüschel hüpft und erbauliche oder orthodoxe Richtigkeiten von sich gibt. Vielmehr möchte ich als ein selbst vom Text Betroffener das Besondere dieses Textes überraschend anders sagen — damit es andere neu hören und verstehen, ganz neu für sich in Anspruch nehmen können. Darin liegt für mich ein wichtiges Geheimnis der Predigt, und ich erbitte mir immer neu, daß mir dies gelingt.

3. Kapitel

Die erste Predigt ohne Konzept

Vikariatszeit in Lüdenscheid, Berlin und Bielefeld

Nach bestandenem Examen trat ich mein erstes Vikariat bei Pastor Walter Baudert in Lüdenscheid an, einem frommen, fröhlichen, kindlich gläubigen Mann, der später Bischof der Brüdergemeine wurde.

Einmal nahm er mich — ich war noch nicht lange bei ihm — während der Woche beiseite: »Weißt du, am Sonntag wird Pastor N. im Gottesdienst sein, und der ist immer überaus kritisch. Bete doch bitte dafür, daß mich das nicht befangen macht.« — Das hat mich, den jungen Vikar, damals tief beeindruckt und zugleich ermutigt: daß auch ein gestandener Mann noch mit solchen Problemen zu kämpfen hatte, und daß er einen jungen Hüpfer wie mich daran teilhaben ließ. Später habe ich dann — wie jeder Prediger — selbst erfahren, wie sehr man durch die Art, wie einzelne zuhören, durch Aufmerksamkeit, Verschlossenheit oder Skepsis inspiriert oder gehemmt werden kann; und daß man sich dann vor der Predigt freibeten muß: »Herr, hilf mir, daß ich trotzdem unbefangen bleibe.«

Die veränderte Liturgie

An einem anderen Sonntag hatte Baudert den Gottesdienst in der Christuskirche zu halten. Während der Vorbereitung in der Sakristei wurde ihm plötzlich deutlich, daß er die Liturgie vor dem »Halleluja« abändern sollte. Er wählte als neuen Text: »Heile du mich, Herr, so werde ich heil. Hilf du mir, so wird mir geholfen.« Nach dem Gottesdienst geschah nichts, und Baudert begann sich zu fragen, ob er da einer falschen inneren Stimme gefolgt sei. — Am nächsten Morgen sprach ihn eine schwarz gekleidete Dame, die Tochter eines Akademikers, an. Sie sei ihm eine Erklärung schuldig, sagte sie, und erzählte ihm dann: »Ich war gestern drauf und dran, mir das Leben zu nehmen. Da hörte ich die Glocken der Christuskirche läuten und dachte: Na, da kannst du ja vorher nochmal reingehen. Und dann hat ein Satz in diesem Gottesdienst mein Leben auf ein ganz neues Fundament gestellt. Nämlich das Wort vor dem ›Halleluja‹: ›Heile mich, Herr, so werde ich heil. Hilf du mir, so ist mir geholfen.‹«

Geheimnisvolle Berufung nach Lüdenscheid

Auch sein Weg nach Lüdenscheid war durch eine solche geheimnisvolle Führung gekennzeichnet. Baudert, der zur Brüdergemeine gehörte, hatte einmal Dienst in einer Landeskirche tun wollen und auf eine entsprechende Meldung Anfragen von drei Gemeinden erhalten, darunter auch von Lüdenscheid. Nun schilderte er drei Freunden unabhängig voneinander brieflich seine Situation. Er nannte ihnen die drei Gemeinden, die ihn gerufen hatten, und bat die Freunde, ihm nach innerer Rückfrage bei Gott zu raten, für welche Gemeinde er sich entscheiden solle. Daraufhin antworteten alle drei Freunde unabhängig voneinander: für Lüdenscheid. Für Baudert war dies Zeichen und Bestätigung.

Seine Einführungspredigt in Lüdenscheid habe ich als junger Student miterlebt. Er sprach über das Wort aus dem Römerbrief: »Ich weiß aber, wenn ich zu euch komme, daß ich mit dem vollen Segen Christi kommen werde« (Kap. 15, 29). Erst wenn man um die Bestätigung des Weges nach Lüdenscheid durch die drei Freunde weiß, wird deutlich, daß die Wahl eines solchen Textes nichts mit hochmütiger Selbstüberschätzung zu tun hat, sondern Ausdruck kindlichen Vertrauens ist: Wenn ich dahin gehe, wo Gott mich haben will, darf ich auch mit der Einlösung aller seiner Zusagen rechnen.

Dieser schlichte Glaube kennzeichnete auch Bauderts Arbeit in der Gemeinde. Wenn wir gemeinsam Krankenbesuche machten, hatte er meist einen Stoß Schriften oder Verteilblätter bei sich.

Reichte dann die letzte Schrift gerade noch für den letzten Krankenbesuch, so dankte er Gott dafür; nicht in einem feierlichen Gebet, sondern mit den einfachen Worten: »Wie schön, daß Gott es so eingerichtet hat, daß ich gerade diese Anzahl Blätter bei mir hatte!«

An jedem Freitagabend trafen wir uns bei Baudert als kleiner Kreis zur Vorbereitung des Sonntagsgottesdienstes. Baudert las den Predigttext vor, dann wurde gebetet. Es folgten 10 Minuten stillen Nachdenkens, dann sollte jeder seine Gedanken zum Text äußern. Am Sonntag fanden wir manches von diesen Anregungen in der Predigt wieder.

Die erste eigene Predigt

Dann nahte unausweichlich der Tag, an dem ich als Vikar selbst meine erste Predigt zu halten hatte. Mir war, als würde Lüdenscheid von einem — zumindest lokalen — Erdbeben erschüttert, aber es stellte sich heraus, daß lediglich stark in Mitleidenschaft gezogene Partien der eigenen unteren Gliedmaßen für das Schwanken verantwortlich waren. Nach dem gemeinsamen Gebet in der Sakristei sagte Baudert zu mir: »Ich werde zuhören wie ein Kind.« Und mit diesem kleinen Satz hat er mir ein großes Stück der mich damals bedrückenden Last abgenommen.

Nun mußte ich mich entscheiden, ob ich mit oder ohne Konzept auf die Kanzel steigen wollte. Ich dachte, nun sei schon alles egal; entweder kam ich noch einmal lebend von diesem Podest herunter, oder das Unglück nahm so oder so seinen Lauf. Also habe ich das Konzept unten gelassen, und für mich war das schon ein Wagnis; denn ich hatte bis dahin jeden wie ein achtes Weltwunder angestaunt, der auch nur drei Sätze hintereinander frei sprach.

Mein Predigttext war der Bericht von der Heilung des mondsüchtigen Jungen. Es gelang mir, mich bis zum Amen durchzukämpfen. Ich kletterte von der Kanzel herunter, heil und unbeschädigt auch ich, die Erde verschlang mich nicht, nicht einmal die Gemeinde wendete sich von mir ab.

Das Bäffchen

Als Baudert noch Landesjugendpfarrer in Thüringen war, hatte er an einem unfreundlichen, düsteren Novembersonntag dreimal Gottesdienst zu halten, den letzten am späten Nachmittag in einer Zweiggemeinde, die keinen eigenen Pfarrer besaß.

Frau Baudert war mit dem Fahrrad an jenen dritten Predigtort geeilt; in der Thermosflasche hatte sie ihrem Mann heißen Kakao mitgebracht. Bereits im Talar, gönnte er sich den wohlverdienten warmen Schluck. Er tat ihm gut; weniger dagegen seinem weißen Bäffchen, auf das dabei etwas von der süßbraunen Flüssigkeit heruntertropfte. Baudert versuchte es abzuwischen, der Kakao erwies sich als stärker. Ein Ersatzbäffchen war nicht zur Hand.

Aber Baudert rechnete in seinem kindlichen Glauben damit, daß Gott ihm selbst in dieser mißlichen Situation irgendwie helfen könne. Zunächst war die Sache ja nicht so schlimm; denn während der Liturgie stand er in sicherer Entfernung von der Gemeinde. Also verließ er die schützende Sakristei und trat vor den Altar. Es blieb ihm auch keine andere Wahl, denn die Gemeinde sang bereits den letzten Vers des Eingangsliedes. Noch einmal bat Baudert Gott um Hilfe, denn auf seine Ansprache folgte das Abendmahl, und da spätestens mußte das bekleckerte Bäffchen die Gemeindeglieder in ihrer Andacht stören.

Baudert begann zu sprechen, langsamer als gewöhnlich, schließlich demonstrierte er der Gemeinde, daß man den Schlußgedanken einer Predigt unter verschiedenen Gesichtspunkten zeit- und gewinnbringend betrachten konnte. Irgendwie mußte Gott doch eingreifen! Auf einmal hörte er ein leises Geräusch, ein kaum wahrnehmbares »sssssst«. Aber für ihn war es das Zeichen; nun wußte er, daß er »Amen« sagen konnte.

Er wendete sich zum Altar um und sah, daß sich von der Decke ein kleiner Stuckbrocken gelöst hatte; mitten auf der Bibel lag er. Und was das Wasser nicht geschafft hatte, das brachte die Mischung aus Gips und Kalk zustande. Baudert strich damit über den Kakaofleck, und nun war er für unvoreingenommene

Beobachter kaum noch zu erkennen. Baudert erzählte später, er habe auf diese Weise die Erfahrung gemacht, daß Gott im Umgang mit seinen Leuten durchaus auch Humor erkennen lasse.

Krankenheilung

Baudert gehörte zu den Leuten, die viel mit Gott erlebt haben. Sein jüngster Sohn Roland litt an einer Nierenschrumpfung, der die Ärzte hilflos gegenüberstanden. Da hörte Baudert, daß in der »Rettungsarche« von Möttlingen ein Vater Stanger, wie vor ihm Blumhardt, durch Gebet unter Handauflegung Kranke heilte. Baudert zog seinen kranken Jungen warm an, packte ihn in Decken, die zugleich dazu dienten, die entstellenden Wasserödeme an Gesicht und Körper des Kindes zu verdecken, und schickte ihn mit seiner Frau nach Möttlingen.

In Möttlingen wurde dem Kranken keine Diät verordnet. Er könne ruhig etwas Suppe essen, erlaubte man ihm. Dann hat Vater Stanger wiederholt über ihm gebetet.

Nach vierzehn Tagen wurde der Junge entlassen.

Baudert fuhr Frau und Kind ein Stück entgegen. Aus dem Eisenbahnabteil sprang ein völlig gesunder Junge auf ihn zu. Er ist heute Pfarrer in der Brüdergemeine in Holland. Die Kinderärztin, die ihn damals behandelt hatte, wurde durch dieses Erlebnis Christin.

Zu Weihnachten schenkte Baudert seinem jungen Vikar eine Zigarre. Der Vers, den er mir dazu widmete, schilderte die Freuden und Leiden eines Vikars, von der Frauenhilfe bis zum Krankenhausbesuch, und endete: »... der darf nach alter Christen Brauch, auch machen einen guten Rauch.« Man muß es zugeben: er eignete sich besser für das Papier, in das die Zigarre eingewickelt war, als für das Losungsbüchlein, in dem Baudert noch heute mit vielen Liedversen vertreten ist.

Remissio peccatorum

In jener Zeit begegnete ich auch Professor Schniewind, der um seines Bekenntnisses zu Jesus willen von Ostpreußen zwangsversetzt worden war. Ich sprach damals als junger Vikar viel über den Ernst, mit dem ein Christ sich um die rechte Nachfolge zu bemühen habe. Nach einem Pfarrkonvent standen wir noch an dem bekannten »Betheleck« zusammen, da wandte sich Schniewind mir zu und meinte: »Sie sprechen viel von Heiligung und vom Wachstum im Glauben, mein Lieber, und das ist alles schön und richtig. Aber wissen Sie, was das Größte ist? — Remissio peccatorum = die Vergebung der Sünden.« Und dabei traten ihm Tränen in die Augen.

Dieser Mann hat nach dem Krieg gehungert und manches persönliche Opfer gebracht, um Studenten zu helfen. Er hat Besuche gemacht und Reisen unternommen, um sie zu unterstützen. Aber das Wichtigste für ihn war: die Vergebung der Sünden. Schniewind hat für die geistliche Zurüstung von Pfarrern und Studenten unsagbar viel getan.

1936 bekam ich durch eine Jugendleiterin Erich Schnepels Buch »Briefe aus dem Berliner Osten« in die Hand. Dieser Bericht aus der Berliner Stadtmission las sich wie ein Stück Apostelgeschichte im 20. Jahrhundert. Ich war derart gepackt, daß ich das Buch sofort Pastor Baudert zeigte. Wir ließen uns gleich 30 Exemplare kommen. Und auch das sollte sich als eine geheimnisvolle Vorbereitung von Gott erweisen.

Bei Erich Schnepel im Berliner Osten

Wenig später wurde ich als Mitglied der Bekennenden Kirche zur Teilnahme an einem katechetischen Seminar nach Berlin berufen. Es fand zwar im westlichen Stadtteil, in der Handjerystraße statt, aber natürlich besuchte ich von dort aus öfters die Gemeinde der Stadtmission im Osten der Stadt. Ich lernte ihre Gottesdienste kennen, nahm an ihren Bibelstunden teil. Bis dann Erich Schnepel mit der Frage auf mich zutrat: »Warum wollen Sie eigentlich nicht Vikar bei uns werden?«

So ging wieder eine Tür auf. Wie bei Baudert, so wurde ich auch hier durch den Bruderrat berufen. Als ich Monate vorher Schnepels Buch las, hatte ich nicht ahnen können, daß diese Stadt mein nächster Arbeitsplatz sein würde.

Es war nicht nur Arbeitsplatz, sondern vor allem Lehrstelle, die ihresgleichen sucht: denn hier lernte ich das Paradigma, das Musterbeispiel einer lebendigen Gemeinde kennen. Gestandene Väter und Mütter im Glauben, urwüchsig und originell, waren ihre geistlichen Stützen. Wir haben Gottesdienste, Bibelstunden und Arbeitsgemeinschaften miteinander gehalten. Schnepel hielt regelmäßig auch kirchengeschichtliche Vorträge, aus denen später seine Bücher zur Kirchengeschichte entstanden sind. Ihm ging es darum, zu missionieren und gleichzeitig den Christen zur Mündigkeit zu verhelfen.

Am Sonntagmorgen stand Straßenmission auf dem Dienstplan. Es gab im Berliner Osten riesige Wohnblocks mit vielen Innenhöfen zwischen den Gebäudetrakten, dort haben wir gesungen. Manchmal warfen die Leute uns Geldstücke herunter, manchmal gaben sie Blumentöpfen den Vorzug. Nach dem Singen luden wir dann zu den Veranstaltungen der Stadtmission ein.

Es hielt uns aber nicht nur in der Stadt, wir zogen auch auf die Dörfer hinaus. Dadurch sind in der Mark Brandenburg verschiedene Hauskreise entstanden; so wirkten die geistlichen Anstöße der Stadtmission über das eigentliche Stadtgebiet hinaus.

Gussow: Pastorenfreizeit

In Gussow in der Mark war unser Freizeitzentrum; hier wurden auch Freizeiten für Pfarrer gehalten. Einmal, es waren etwa 120 Pfarrer und Pfarrfrauen zusammengekommen, herrschte in den ersten Tagen eine merkwürdig beklommene Atmosphäre. Professor Köberle war als Referent dabei, und wir haben viel gebetet. Dann kam plötzlich der Durchbruch, mit einemmal wehte eine ganz andere Luft. Jetzt spürte man förmlich, wie das biblische Wort aufgenommen wurde. Und das alles unter Pfarrern!

Später erfuhren wir, daß Erich Schnepel vergessen hatte, sich bei einer Gebetsstunde in der Stadt abzumelden. Die Gemeindeglieder sagten sich, daß sie schließlich auch ohne Schnepel beten könnten, und taten es an diesem Abend besonders für jene Pastorenfreizeit. Am nächsten Morgen war bei uns in Gussow die Luft rein.

Eine ganze Reihe von Pfarrern bekannte am Schluß dieser Freizeit, daß sie hier den eigentlichen Anstoß zum Glauben erhalten hätten. Einer gestand, daß er sich zunächst fürchterlich über das Lied geärgert hätte:

Ich sing es laut in die Welt hinein,
ich hab dich, ich hab dich lieb.
Ja, Herr, ich will dein Eigentum sein,
daß ich es bleibe, gib.

Am Schluß sang er es als persönliches Bekenntnis.

Während einer Bibelarbeit von Erich Schnepel stand plötzlich ein Auslandspfarrer auf, der in einem skandinavischen Land arbeitete. Er fragte, ob er kurz unterbrechen dürfe, faltete die Hände und betete: »Herr, ich danke dir, daß ich dein Kind bin«, setzte sich wieder hin, und Schnepel fuhr in seiner Bibelarbeit fort, ohne Stellung dazu zu nehmen. Ein feines Beispiel geistlicher Keuschheit. Jenen Pfarrer habe ich später wiedergetroffen; er war inzwischen Evangelist geworden.

Auch Schnepel war ein Mann mit Humor. Ich kannte damals die Frau meiner Träume schon, war aber noch nicht offiziell verlobt. Schnepel nannte sie »Fräulein Deitenbeck«. Wenn er uns irgendwo vorstellte, fügte er augenzwinkernd hinzu: »Die beiden haben was miteinander.« Und wenn er uns im Auto mitnahm, erklärte er, daß der Rückspiegel nicht nur zur Beobachtung des hinter ihm sich abspielenden Verkehrsgeschehens nützlich sei, sondern auch zur Kontrolle der Fondpassagiere.

Einmal hat er mir erzählt, daß er auf längeren Autofahrten besonders gut beten könne. Eine Zeitlang mußte er den Stadtmissionsdirektor vertreten, was bedeutete, daß er finanzielle Dinge zu regeln hatte, von denen er, jedenfalls damals, herzlich wenig verstand. Auf den Autofahrten bat er Gott, er möge ihm helfen, wenigstens zu begreifen, was er da im einzelnen zu entscheiden und zu regeln hatte.

Die Männer und Frauen, die in der Stadtmission zusammenkamen, waren manchmal auf eigenartige Weise zur Gemeinde Jesu gestoßen. Der alter Vater Ristau erzählte mir, er sei an einem Sonntagmorgen nur so spazierengegangen. Auf einem Marktplatz habe ein Heilsarmeechor gesungen, und der Refrain eines Liedes, das er dabei gehört habe, habe ihn von da an nicht mehr losgelassen.

Die Gottesdienste in der Gemeinde im Berliner Osten waren immer randvoll besetzt. Aus allen Stadtteilen kamen die Besucher, unter ihnen auch ein Ingenieur. Am zweiten Sonntag wurde er von einer Frau aus der Gemeinde angesprochen: »Ich hab' Sie schon voriges Mal gesehen. Ich freue mich, daß Sie wieder da sind.« Und die Tatsache, daß ein anderer Mensch an seinem Ergehen Anteil nahm, daß er sich über seinen Gottesdienstbesuch freute, war für jenen Techniker der Anstoß zum Glauben. Wer würde schon auf den Gedanken kommen, daß es einen jungen Ingenieur derart beeindrucken kann, wenn er von einer älteren Dame angesprochen wird?

Nach dem Berliner Vikariat kehrte ich nach Hause zurück. Es war die Zeit des Kirchenkampfes; ich war nicht bei der offiziellen Kirche angestellt, sondern erhielt, wie viele Vikare und Pastoren, mein Gehalt von dem sog. »Pfarrer-Notbund«.

Einige Zeit arbeitete ich in der Landeskirchlichen-Gemeinschaft Philadelphia und im CVJM mit. Wir hatten eine biblische Arbeitsgemeinschaft gebildet und arbeiteten Schlatters Erläuterungen durch. Das war Theologie für Nichttheologen, und die Bibelstundenhalter aus dem Sauerland nahmen die Anregungen aus der theologischen Exegese dankbar auf. In jener Zeit habe ich viele Familien aus den Gemeinschaftskreisen kennengelernt.

Als Hilfsprediger in Bielefeld

Dann wurde ich zur Inneren Mission nach Bielefeld berufen. Ich arbeitete an der Seite von Pastor Pawlowski, der viele Häuser der Inneren Mission eingerichtet hat, und lernte dabei besonders die Arbeit am alten Menschen lieben und schätzen.

In eine unserer Bibelstunden kam regelmäßig ein tauber Mann. Einmal ließ ich ihn durch jemanden, der die Zeichensprache beherrschte, fragen, warum er dies denn täte, wo er doch nichts hören könne; denn er hatte nicht, wie andere Taube, gelernt, die Worte von den Lippen abzulesen. Darauf erwiderte er: »Ich halte viel von der Gemeinschaft der Heiligen; denn Jesus hat gesagt: ›Wo zwei oder drei in meinem Namen zusammenkommen, da bin ich mitten unter ihnen.‹ Ich möchte am Segen der Gemeinschaft teilhaben, auch wenn ich nichts hören kann.«

Dann war da die alte Mutter Graf, die aus dem Baltikum stammte und über 90 Jahre alt wurde. In ihrer priesterlichen Art war sie vielen Pfarrern, Evangelisten und Hausvätern eine geistliche Mutter, bei der sie sich aussprachen und Rat suchten. Bei einem Pfarrer, der sich in einer besonderen Notsituation befand, ließ sie sich einmal eine ganze Nacht in der Kirche einschließen, um am Altar für diesen Mann zu beten. Am nächsten Morgen war der Pfarrer frei und besaß von da an besondere geistliche Kraft; er ist mir ein geistlicher Vater geworden.

Fritz von Bodelschwingh, Leiter von Bethel in schwerer Zeit

Neben dem Dienst in der Inneren Mission wurde ich gleichzeitig Jugendpfarrer. In dieser Bielefelder Zeit habe ich oft im Arbeitszimmer von Fritz von Bodelschwingh gesessen. Ihm war die Leitung der Betheler Anstalten anvertraut. Mit leitenden Männern des Dritten Reiches bis hin zum Reichsärzteführer mußte er um den Erhalt der Anstalten, um die Bewahrung der ihm anvertrauten Kranken vor den berüchtigten Vernichtungsanstalten kämpfen. Gott hat die Gebete seines behinderten Volkes und ihres Leiters erhört und sie vor dem Weg in die Vernichtung bewahrt.

Einmal sprach Bodelschwingh mit dem Reichsminister für kirchliche Angelegenheiten, Kerrl. Er hatte die Freiheit, ihm einfach zu sagen: »Herr Minister, um die Kirchenfrage lösen zu können, muß man den Herrn Jesus liebhaben.« Kerrl gab darauf keine Antwort, aber als Bodelschwingh kurz danach erkrankte, schickte er einen großen Blumenstrauß.

Die Aufgabe, die Fritz von Bodelschwingh gestellt war, würden wir heute als geistliches Management bezeichnen. Er hat sich dabei ein kindlich-gläubiges Herz bewahrt und war zugleich ein befähigter Dozent. Ich habe an der Theologischen Hochschule in Bethel eine Vorlesung über den Hebräerbrief von ihm gehört. Da lehrte ein Mann, der sorgfältig in den Urtext hineingehorcht hatte und in seiner Exegese doch den Seelsorger von Bethel nicht verleugnen konnte und wollte.

Bodelschwingh legte seinen Predigten gern einen Liedvers anstelle eines Bibeltextes zugrunde. Das tat er auch auf dem Jahresfest der großen Anstalten in Hoffnungsthal bei Berlin. Tausende hatten sich in einer Freilichtbühne versammelt, und Bodelschwingh sprach über den Zinzendorfvers:

»Leit uns würdiglich der Gnade
und dem Evangelio,
mach uns treu von Tag zu Tage
und zur letzten Stunde froh.«

Im weiten Rund war es ganz still, nur ein kleines Kind störte die Ansprache immer wieder durch sein Schreien und Weinen. Bodelschwingh reagierte weder ärgerlich, noch bat er sich Ruhe aus. Er fragte lediglich: »Können wir den kleinen Prinzen nicht ein wenig abseits spielen lassen?«

Ein bewährter Mitarbeiter Bodelschwinghs war Vater Dieckmann, er erledigte viel Post für den Leiter der Betheler Anstalten. Einmal erkrankte er schwer und rang wochenlang mit dem Tod. Als Bodelschwingh die Familie wieder einmal besuchte, fragte er: »Darf ich noch einmal ganz allein zu dem Kranken gehen?« Als er nach einer Viertelstunde zurückkam, fürchteten die Familienmitglieder, er habe ihnen den Tod des Kranken mitzuteilen. Aber Bodelschwingh sagte: »Er ist uns noch einmal wiedergeschenkt.« Was in jener Viertelstunde im Krankenzimmer geschehen ist, bleibt neugierigen Augen und Ohren verschlossen. Vater Dieckmann aber konnte nach längerer Genesungszeit seine Arbeit wieder aufnehmen.

4. Kapitel

Das geheimnisvolle Dreieck

Wie ich meine Frau kennenlernte. Familienerlebnisse

Begegnung mit Hilde

Ein junger Vikar wird mit vielerlei Aufgaben betraut: er hat die Alten und Kranken zu besuchen, in Gottesdienst und Bibelstunde mitzuhelfen, und schließlich versucht man der Tatsache, daß ihm an Alter und Erfahrung etliche Jahre fehlen, eine gute Seite abzugewinnen, indem man ihn in der Jugendarbeit einsetzt. Jugendkreise aber haben es nun einmal an sich, daß ihnen Vertreter beider Geschlechter angehören. So kam Deitenbecks Paul, gewissermaßen im Dienst — auch mit den »Schönen des Landes«, genauer: der Stadt Lüdenscheid, in Kontakt.

Dabei ergab es sich, daß meine Augen — zugegebenermaßen öfter, als die korrekte Abwicklung meines Dienstes es erforderte — in Richtung einer jungen Dame namens Hildegard Müller schweiften. Ihr Vater war Besitzer einer Großtankstelle mit Garagenbetrieb, und sie half im Büro ebenso wie an der Zapfsäule. Alle freie Zeit verbrachte sie als Mitarbeiterin im Mädchenkreis und in Jungscharfreizeiten. Man wird zugeben, daß ein junger Vikar ihr bei diesen Gelegenheiten begegnen kann, ohne die schickliche Distanz zu durchbrechen.

Ich lernte sie also gewissermaßen im Rahmen korrekter Pflichterfüllung kennen; ich hatte nicht gewußt, daß der Dienst im Jugendkreis für einen jungen Vikar derartige außerdienstliche Wonnen bereithalten kann. Ich begann dieses Mädchen nicht nur bewußter als andere anzuschauen; der Gedanke einer möglichen Verbindung mit ihr beeinflußte zunehmend auch mein Gespräch mit Gott.

Eines Tages erzählte mir ein etwas älterer CVJMler, daß er des Alleinseins überdrüssig und sein Auge in letzter Zeit besonders auf Hilde Müller gefallen sei; mir ging ein Stich durch's Herz, aber ich sagte nichts. Ich dachte: Du willst ja mit Gott rechnen. Aber mit Beten allein konnte ich in jenen Tagen meine Gefühle nicht zur Ruhe bringen. Ich fragte Pastor Baudert um Rat und erhielt eine sehr klare Antwort: »Du hast zwei Möglichkeiten«, sagte er. »Du kannst sie ansprechen und um das Mädchen kämpfen; denn sie ist ja in keiner Weise gebunden. — Oder du betest einfach still dafür.«

Ich habe das zweite gewählt. Ich wollte — weder für sie noch für mich — in irgendeiner Weise Schicksal spielen. Ist es meine Schuld, daß es in meinem Herzen trotzdem lichterloh zu brennen begann?

Einige Monate später traf ich jenen CVJMler zufällig auf dem Bahnhof wieder. Bei dieser Gelegenheit erzählte er mir, daß er inzwischen jemand anderes kennengelernt habe. Das war für mich das Signal.

Am nächsten Morgen — es war ein Sonntag — rief ich im Elternhaus von Hildegard Müller an und verabredete mich mit ihr für den gleichen Tag.

Ich hatte noch Gottesdienst zu halten, aber am Abend trafen wir uns. Ich erzählte ihr einfach alles und stellte dabei fest, daß auch sie mir gegenüber mehr empfand, als von einer Mitarbeiterin im Mädchenkreis dem Gemeindevikar gegenüber gefordert wird.

Zur Verlobung wünschte sich meine Braut, daß in unsere Ringe, zusätzlich zu unseren Namen, ein Dreieck eingraviert werden sollte: Christus bildet die Spitze dieses Dreiecks, sie und ich die beiden anderen Eckpunkte. Das ist kein magisches Zeichen, es macht lediglich deutlich, wie wir unsere Ehe verstehen wollten und bis heute verstehen: Christus über uns ist die Mitte unserer Verbindung.

Hochzeit

Dann wurde ich Pfarrer in Bielefeld und fand dort eine Wohnung für uns. Auch darin sahen wir eine geheimnisvolle Führung.

Diese Wohnung war bisher von zwei unverheirateten alten Damen bewohnt worden, von denen eine gestorben, die andere in ein Altersheim umgezogen war. In den Wochen vorher hatte ich viel über die Jungfer Trudel in Männedorf gelesen, die neben der Gabe der Seelsorge auch die Gabe der Krankenheilung besaß. Und in besagter Wohnung hing ein Bild der Jungfer Trudel. Meine Frau und mich hat das bewegt, es war gewissermaßen wieder so ein kleines Zeichen Gottes: Da sollt ihr wohnen.

Eingezogen sind wir im Kriegsjahr 1940. Der Bibelkreis, der inzwischen in Bielefeld entstanden war, hatte sich in einer Zeit, in der es Lebensmittel nur auf Marken gab, ein ebenso liebevolles wie zweckmäßiges Hochzeitsgeschenk ausgedacht: eine kleine Lebensmittel-Grundausstattung für den neuen Haushalt. Da fand sich eine Flasche Maggi neben einem Päckchen Zucker, ein Stück Käse neben einer Bauernwurst, dazu Grieß und Salz. Das alles stand fein säuberlich nebeneinander auf dem Tisch, dazu ein Vers, der daran erinnerte, daß man auch in der Urgemeinde alles miteinander geteilt habe.

Man merkt ja erst im Lauf einer Ehe — wir sind nun fast 40 Jahre verheiratet — was man aneinander hat. Man wird einander immer unentbehrlicher. Die Christen im Batakland haben ein bemerkenswertes Sprichwort: »Wenn der Pfarrer die richtige Frau bekommt, dann hat die Gemeinde zwei Pfarrer; hat er die falsche Wahl getroffen, so hat sie gar keinen.«

Meine Frau hat mich nie zurückgehalten, obwohl meine Arbeit es mit sich brachte, daß ich viel auf Reisen, viel von zu Hause weg war. Sie hat das immer betend mitgetragen.

Sie ist praktisch veranlagt, nüchtern und realistisch; fragen Sie nicht, wer bei uns daheim die Nägel in die Wand schlägt! Was kann mir, dem ab und zu die Gefühle durchgehen, denn Besseres passieren, als daß sie mich in ihrer feinen Art wieder auf die Erde zurückholt und aufpaßt, daß ich auch wirklich den besseren Anzug anziehe.

Gott hat uns drei Kinder geschenkt; Kriegs- und Gefangenschaftsjahre standen dem Wunsch nach einer größeren Familie entgegen.

Magdalene, die Älteste, hat Gott uns dreimal wiedergegeben: Als sie 4 Monate alt war, wurden wir in Bielefeld ausgebombt; damals haben wir das Körbchen, in dem sie lag, unter Trümmern und Glassplittern hervorgeholt. — In ihrem 5. Lebensjahr erreichte sie in Lüdenscheid bei Artilleriebeschuß allein unverletzt den schützenden Keller; ihr kleiner Spielkamerad wurde tödlich verwundet und Großvater Müller, der die beiden begleitete, schwer verletzt. — Mit 14 wurde sie in der Badewanne ohnmächtig, und ich mußte die Badezimmertür aufbrechen, um sie vor dem Ertrinken zu retten. Die sofort eingeleiteten Wiederbelebungsversuche hatten Erfolg, aber Magdalene kam erst am nächsten Tag wieder voll zu Bewußtsein. (Diese Begebenheit ging unter der Überschrift: »Pfarrer schlägt Badezimmertür mit Axt ein!« unter Namensnennung durch die westdeutschen Zeitungen.)

Heute ist Magdalene Lehrerin. Monika, die Jüngste, studiert Theologie, nachdem sie vorher ebenfalls ihr Lehrerinnenexamen bestanden hatte. Unsere familiäre Verwurzelung mit der ev. Allianz findet auch darin ihren Ausdruck, daß Monika mit Volkmar Goseberg verlobt ist, der zur Ev.-freikirchlichen Gemeinde in Dahle gehört.

Mit unseren Töchtern sind wir viel gewandert und haben viel musiziert und gesungen, auch öffentlich auf Konferenzen. Das Angebot einer christlichen Gemeinde stand ihnen immer offen. Billy-Graham-Evangelisation und Tersteegen-Konferenz waren für sie lediglich Anstöße, eine Sache verbindlich festzumachen, die in vielen Jahren gewachsen war.

Für mich ist die Familie der unentbehrliche Raum, aus dem heraus ich lebe und arbeite; ohne sie bin ich nichts.

Wir hatten sie erbeten, mit Freude erwartet, und zwei knappe Kleinkinderjahre lang war sie unser Sonnenschein. Bis jene tückische Krankheit auftrat, die die letzten 14 Monate ihres Lebens überschattete: eine Nierenschrumpfung, vielleicht durch eine nicht entdeckte Infektion ausgelöst.

Ein schrittweises Abschiednehmen von einem lieben kleinen Menschen, über-sensibel geworden durch das Bewußtsein der eigenen Krankheit, begann. Wir haben ihr durch einen gesegneten Mann die Hände auflegen lassen, und es ist viel gebetet worden für dieses Kind. Bis zuletzt haben wir mit einem Wunder Gottes gerechnet, er aber hielt das Verwunden für richtiger als das Wunder.

Die Väter haben gesagt, daß zur inneren Zubereitung des Predigers die Meditatio gehört, das Nachsinnen über den Text, die Oratio, das Gebet, und die Tentatio, die Anfechtung. Und hier muß ich jene schmerzlichen 14 Monate einordnen. Nur erlittenes Leid führt zu erfahrener Tröstung (2. Kor. 1, 3 ff.), und nur wer aus erster Hand Trost empfangen hat, kann ihn an andere weitergeben (die Sprüche aus der Trost-Schatulle helfen nicht).

Als wir Annette nach einem Jahr des Kämpfens um ihr Leben die Augen zudrückten, war es für sie Erlösung aus schwerster Atemnot. Sie war zu Hause bei Gott, nichts, aber auch gar nichts konnte ihr mehr geschehen, und darüber wurden wir ruhig und dankbar.

In aller Stille haben wir das Kind zu Grabe getragen und erst hinterher die Anzeigen verschickt, weil wir viele Menschen zu diesem Zeitpunkt nicht hätten ertragen können. Und dann haben wir lernen müssen, unsere Augen und unsere Herzen wegzulenken von diesem Anblick des schrecklichen Sterbens. Es dauerte lange, bis wir von dem Bild des Erstickens loskamen und uns unser Kind wieder fröhlich in seinem Ställchen spielend vorstellen konnten.

Seitdem versuche ich, auch andere Leidtragende dahin zu bewegen, daß sie sich nicht an den Augenblicken des Todes festhalten. Walter Flex hat einmal gesagt: »Wenn wir gestorben sind, dann haltet uns nicht in dem letzten Schrecken des Todes fest, sondern wie wir im täglichen Leben waren.« Wir dürfen die, die nicht mehr bei uns sind, so in Erinnerung behalten, wie wir sie — als Menschen und als Christen — im täglichen Umgang erlebt haben.

Schwager Willi

Das väterliche Geschäft, in dem meine Frau als junges Mädchen tätig war, wurde später von ihrem Bruder übernommen. Durch eine russische Handgranate verlor dieser beide Hände und erblindete auf einem Auge. Auf der ersten Karte, die wir nach seiner Verwundung erhielten, stand: »Was mich in den ersten schweren Wochen getragen hat, war die Spruchkarte, die ich am Tage vor meiner Verwundung von Tante M. bekam. Darauf stand mein Konfirmationsspruch: ›Laß dir an meiner Gnade genügen, denn meine Kraft ist in den Schwachen mächtig.‹«

Früher hatte er mit diesem Spruch wenig anfangen können, erst viele Jahre später hat dieses Wort an meinem Schwager seine Kraft erwiesen. Er ist mir ein Beispiel für Gelassenheit, Dankbarkeit und Aufmerksamkeit, obwohl er doch alle Ursache hätte, bitter zu sein. Sein Zusammenleben mit Frau und Kindern zeigt, was Gnade vermag.

Hasko

Beinahe hätte ich unseren Hund vergessen, und das wäre nicht recht; denn er ist ein »frommer« Hund. Vor einiger Zeit hat er einen Schlaganfall erlitten: Schnauze und Auge hingen schief herunter, und der Arzt hatte wenig Hoffnung. Ich vergöttere den Hund nicht, aber er gehört zu uns, er ist unser Freund. Da habe ich eben anhaltend für den Kerl gebetet. Heute ist er wieder fit und frisch. Und es ist ein treuer Bursche, der spürt, wenn wir

Stille Zeit halten. Erst wenn wir beim Gebet vor dem Frühstück »Amen« gesagt haben, meldet er sich und fordert seine Schnitte Brot. Ein Hund ist und bleibt ein Hund; aber irgendwie spürt er, wenn wir Gottes Wort lesen und beten.

Meine besondere Vorliebe gilt den Bernhardinern. Ich denke immer, daß ich im Himmel einmal eines jener großen starken Tiere haben werde. Hier geht es nicht, und ich sehe das ein. Meine Frau sagt: »Wenn der sich hinlegt, dann ist von unserem Teppich nichts mehr zu sehen.« Aber ich habe nun einmal eine Vorliebe für diese großen Hunde.

Onkel Ewald

Wenn ich schon von der Familie spreche, kann ich Ewald Hesmert nicht übergehen. Er war Prokurist einer großen Firma und hatte eine kinderreiche Familie. Es war sein heiliger Wunsch, daß alle seine Kinder im Licht des Evangeliums lebten. Dieser Mann hat mit seinem Gebet die ganze Familie getragen. Seine Kinder haben sich dann auch wirklich alle für die Frohe Botschaft geöffnet, manche sind vollzeitlich in die christliche Arbeit eingetreten.

Der älteste Sohn Wilhelm ist im Zweiten Weltkrieg gefallen. Als dann dessen jüngerer Bruder Johannes als Soldat nach Rußland kam, hat er immer gedacht: Vielleicht triffst du einmal auf das Grab deines Bruders. Er kam auch wirklich in denselben Frontabschnitt, und eines Tages entdeckte er auf einem Soldatenfriedhof das schlichte Holzkreuz mit dem Namen des Bruders. Er hat an dem Kreuz ein Holztäfelchen mit folgendem Vers angebracht:

»Ob durch Leben, ob durch Tod getrennt,
alles, was nach Jesum Christ sich nennt,
trifft sich einst beim Herrn im Himmelssaal.
Christen seh'n sich nie zum letzten Mal.«

»Zufällig« fand er das Grab seines Bruders und schrieb auf das Kreuz diesen Vers, der vielleicht vielen, die später daran vorbeigingen, ein Stück stiller Predigt wurde.

5. Kapitel

»Nach dem Befehl des Herrn zogen sie, und nach dem Befehl des Herrn lagerten sie ...«

Soldatenzeit

Dann lag eines Morgens der Einberufungsbefehl im Briefkasten; ich hatte den Talar gegen die feldgraue Uniform einzutauschen.

In den letzten Tagen zu Hause hatte mein Gebet einen Schwerpunkt: Gott möge mir während meiner Soldatenzeit immer wenigstens einen Menschen schenken, mit dem ich im Glauben eins sein könnte. Als wir uns dann auf dem Bielefelder Bahnhof sammelten, trat plötzlich ein Medizinstudent auf mich zu, den ich aus dem CVJM kannte. Wir fielen uns in die Arme; nun waren wir zu zweit.

Rekrut unter Feldwebel Class

Der Marschbefehl beorderte uns nach Augsburg, wo uns eine große Kaserne aufnahm. Am nächsten Tag wurden wir einer Ausbildungskompanie zugeteilt. Der Feldwebel, der meinen Zug befehligte, hieß Helmut Class; heute ist er Ratsvorsitzender der Evangelischen Kirche in Deutschland und Bischof der württembergischen Landeskirche. Samstagabends trafen wir Rekruten uns zu einem Bibelkreis, den der Feldwebel leitete.

An den Sonntagen waren wir in Augsburg oft bei Professor Sörensen zu Gast. Er, der Techniker, besaß die geheime Fertigkeit, selbst in Zeiten Bohnenkaffee zu beschaffen, in denen dieser für gewöhnliche Sterbliche eigentlich nicht mehr vorgesehen war. Herrlicher Duft aus seiner Kaffeemaschine erfüllte bei solchen Gelegenheiten das gemütliche Wohnzimmer, und genießerisch schlürften wir die braune Kostbarkeit. Vor allem aber haben wir viel musiziert und gesungen: Volkslieder und all die herrlichen Glaubenslieder.

An dem Tag, bevor ich eingezogen wurde, hatte mir ein alter Anstreichermeister unserer Gemeinde, Veteran des Ersten Weltkriegs, einen Rat mit auf den Weg gegeben. »Paul«, sagte er, »du mußt als Christ vor allem darauf achten, daß du ein guter Kamerad bist. Das kann für manche eine Brücke zum Evangelium werden. Durch unkameradschaftliches Verhalten wirst du alles verderben, was du den anderen vielleicht über deinen Glauben hast sagen können.«

An diese Mahnung habe ich mich gehalten. Ich habe mir Mühe gegeben, keine »trübe Tasse« zu sein: Wenn ich Stubendienst hatte, versuchte ich zu vermeiden, daß die anderen wegen meiner Nachlässigkeit aus den Betten gescheucht wurden; und wenn es darauf ankam, schnell irgendwo hilfsbereit zuzupacken, dann mußte man ja nicht unbedingt herausstreichen, daß man offiziell gerade dienstfrei hatte.

Ich muß sagen, die Stubenkameraden in der Kaserne haben mein Christsein respektiert, obwohl längst nicht alle zur gleichen Fakultät gehörten. Sie tolerierten, daß ich meine Stille Zeit hielt, die Losung las und still für mich betete. »Er liest wieder in seinem Buch«, brummten sie dann, und damit ließen sie es bewenden.

Ich habe in meinem Leben seitdem immer wieder die Erfahrung gemacht, daß dann, wenn die Grundpositionen klar sind, das bescheidene christliche Vorbild, »der Wandel ohne Wort«, trotz aller Mängel mehr überzeugt als anspruchsvolles christliches Reden. Wir werden viel mehr durch Anschauung geprägt und erzogen als durch Belehrung, sagt Pestalozzi.

Mit dem Medizinstudenten Hans Stellhorn vom CVJM Bielefeld blieb ich auch noch zusammen, als wir nach Erding in Oberbayern verlegt wurden. Immer suchten wir sofort Kontakt zu Christen am Ort. Wenn die Gelegenheit sich ergab oder Not am Mann war, zog ich den Talar über die Uniform und übernahm eine Sonntagspredigt.

Auf der Funkerschule Dievenow

Dann wurden wir beide auf die Funkerschule nach Dievenow abkommandiert. Hier erwies sich ererbte Musikalität als nützlich; mit Takt und Rhythmus des Morsealphabets fand ich mich relativ leicht zurecht. In Dievenow bestand ein Soldatenbibelkreis, den ein Flugzeugführer leitete. Dieser Mann hatte seine eigene Art, mit Gott zu reden. Er erzählte uns, daß er die größte Freiheit zum Beten auf seinen Flügen habe, obwohl sie volle Konzentration von ihm verlangten. In solchen Momenten habe er die Freude an Jesus in so elementarer Gewalt erfahren, daß er es kaum habe ertragen können. Das berichtete ein Flieger, der dem Tod viele Male ins Auge gesehen hatte, in einem Kreis gestandener, nüchterner Männer. Auch die Christen in Dievenow nahmen uns gastfreundlich in ihre Häuser auf.

Danach wurden wir auf den Fliegerhorst Neukuhren an der Bernsteinküste verlegt. Anstelle des eingezogenen Pfarrers übernahm ich die sonntäglichen Gottesdienste. Den Dienstplan stellte eine 80jährige Küsterin auf. Sie sorgte dafür, daß die einzelnen Predigtplätze besetzt waren.

Nach Rußland abkommandiert

Von Neukuhren aus wurde ich dann nach Rußland abkommandiert. Und Rußland hieß damals: totale Konfrontation mit dem Krieg. Nun wurde mir doch schwer ums Herz. Walter Stursberg, ein treuer Freund vom CVJM, half mir den großen Tornister packen. Es ging auf den Winter zu, und das bedeutete vermehrte Ausrüstung.

Die Losung am Tage meines Aufbruchs lautete: »Nach dem Befehl des Herrn zogen sie, und nach dem Befehl des Herrn lagerten sie, daß sie täten, wie der Herr ihnen gebot.« Dieses Wort aus dem Bericht über die Wüstenwanderung des Volkes Israel habe ich kindlich für mich als Losung genommen. Der Herr, der vor Tausenden von Jahren die Befehle gegeben hatte, in dessen

Hand und unter dessen Gebot stand auch ich. Wieder bat ich: »Du kannst geben, daß ich jemanden finde, der auch auf deiner Seite steht.«

In Königsberg hatte ich Aufenthalt. Gemeinsam mit Ernst Hoffmann suchte ich eine christliche Familie auf. Wir wurden eingeladen, über Nacht zu bleiben. Zum letzten Mal für lange Zeit schlief ich in einem richtigen Bett.

Am nächsten Morgen weckte uns die Hausfrau mit einem Adventslied. Nach dem Frühstück marschierte ich zum Bahnhof und stieg in den Zug. Über Riga ging es nach Pleskau und von dort immer tiefer in das verschneite Rußland hinein.

In Nikolskoje meldete ich mich bei meiner neuen Einheit. Wieder bat ich Gott um einen Bruder im Glauben, aber zunächst konnte ich niemanden entdecken. Einige Tage später hatte ich auf der Schreibstube zu tun und machte dabei wohl eine Bemerkung, die an ein Bibelzitat angelehnt war. Prompt antwortete darauf der Unteroffizier: »Das steht in der Bibel auch.« Es stellte sich heraus, daß er zu einer Evangelisch-Freikirchlichen Gemeinde gehörte. Da sind wir uns um den Hals gefallen; zwei Brüder hatten sich gefunden. Ich aber trug in mein kleines Tagebuch ein: Von nun an bin ich hier zu Hause.

Eineinhalb Jahre lang sind Kurt Weidner und ich dann zusammengewesen. In Wilna haben wir später eine zerstörte Kirche notdürftig wieder instand gesetzt und darin Gottesdienste gehalten. In Briefen nach Deutschland bat ich um Spenden für den Wiederaufbau, die ein erfreuliches Echo fanden: mehrere tausend Mark wurden uns zur Verfügung gestellt.

Meine Frau hat diese Briefe zu Hause mit der Schreibmaschine abgeschrieben und an die entsprechenden Stellen versandt. Auch meine Soldatenbriefe hat sie abgetippt und vervielfältigen lassen, um sie christlichen Gruppen und Gemeinden zugänglich zu machen. Das war damals schon eine gewagte Sache, und prompt bekam die Gestapo Wind davon. Strenge Verhöre waren die Folge, und Hilde mußte sich auf eine Verhaftung gefaßt machen. Glücklicherweise sind bei einem Fliegerangriff wichtige Unterlagen vernichtet worden, so daß ihr das Schlimmste erspart blieb: lediglich die Schreibmaschine und der Vervielfältigungsapparat wurden beschlagnahmt.

Uns in Wilna aber gab die finanzielle Unterstützung mächtigen Auftrieb. Wir konnten neben den sonntäglichen Gottesdiensten viele Bibel- und Singkreise einrichten, und nie hat sich störend bemerkbar gemacht, daß der Herr Unteroffizier von der Schreibstube aus der Freikirche kam. Er war ein fröhlicher Christ; kurz vor Kriegsende ist er im Osten gefallen.

Ostpreußisches Zwischenspiel

Von Wilna wurden wir nach Ostpreußen verlegt. Einige unvergeßliche Wochen waren wir in Trakehnen stationiert und wurden im dortigen EC-Kreis herzlich aufgenommen. Auch hier zeigte sich, wie sehr christliche Gemeinschaft, verbunden mit natürlich-menschlicher Begegnung, die Ausstrahlung des Evangeliums fördern kann.

An den Sonntagen gestalteten wir gesellige Nachmittage, an denen gesungen und gespielt wurde, die aber jedesmal mit einer Andacht schlossen. Immer mehr Menschen stießen dazu, vor allem bei einer Familie Schletter fanden wir Heimat. Hier konnten wir immer wieder einmal in die private Atmosphäre einer Familie eintauchen. Geheimnisvoll, daß diese Familie später ebenfalls nach Lüdenscheid kam. Gott knüpft Kontakte, und scheinbar zufällige Begegnungen können — ohne daß wir es zunächst ahnen — den weiteren Lebensweg von Menschen entscheidend bestimmen.

Letzte Station: Königsberg

Letzte ostpreußische Station war zunächst Gutenfeld im sog. Kasernement Kraussen. An einem Winterabend trabte ich so gegen 6 Uhr von unserer Unterkunft dem Dorf zu, wo ich Bibelstunde zu halten hatte. Da trat mir auf der anderen Straßenseite ein kapitaler Elch entgegen. Ich war zutiefst erschrocken über die Größe des Tieres, aber der stattliche Herr verfolgte ruhig seinen Weg weiter.

In einer Flugzeughalle in Gutenfeld habe ich dann Sonntag für Sonntag Gottesdienste halten können, zu denen die Menschen in Scharen herbeigeströmt kamen. Die schöne Zeit endete Anfang Januar 1945 mit unserer Versetzung in die Festung Königsberg. Drei bedrückende Monate in den unterirdischen Festungswällen folgten. Die Stunden, die wir bei christlichen Familien in der Stadt verbringen konnten, waren für uns deshalb besonders wertvoll. Im Keller des Drogisten Riechert — Königsberg lag ja unter Beschuß — hielten wir Bibelstunden und Abendmahlsfeiern. Hier, zwischen unterirdischen Kasematten, Granattrichtern auf den Straßen und Abendmahl im Wohnungskeller ist mir das Lied »Nur mit Jesus will ich Pilger wandern« lieb geworden, das mich dann durch all die Jahre der russischen Kriegsgefangenschaft begleitet hat.

Max Riechert verlor seine Frau bei der Flucht aus Königsberg. Viele Jahre später konnte ich ihn in Rothenburg ob der Tauber mit seiner zweiten Frau Luise trauen. Von ihr weiß ich, daß er oft viele Stunden mit geschlossenen Augen und gefalteten Händen in seinem Lehnstuhl saß; ein stiller Mann, der viel Zeit auf die Fürbitte verwendete, ohne das an die große Glocke zu hängen.

Im April 1945 wurde die Festung Königsberg immer mehr zur Falle. Es war ein eigenartiges Gefühl. Jeder wußte, daß ihm das Leben nur noch wenige Chancen bot: Wenn man verwundet wurde, konnte man im Glücksfall noch ausgeflogen werden; daneben gab es nur die Alternativen Gefangenschaft oder Tod. Dabei waren jene ersten Apriltage wunderbar sonnig und warm. Der Winter mit seiner bitteren Kälte war vorbei, aber eine andere kühle Hand griff nach uns: wir waren eingeschlossen. Vor wenigen Wochen noch hatte ich in meinen freien Stunden im Krankenhaus »Barmherzigkeit« Lieder gesungen und auf dem Schifferklavier begleitet. Jetzt tönte uns aus russischen Lautsprechern Marschmusik und die Aufforderung entgegen, den hoffnungslosen Kampf aufzugeben und überzulaufen; für gutes Essen sei gesorgt.

Dann kam der 9. April und mit ihm unser schwerstes Fronterlebnis. An diesem Tag hieß die Losung: »Leben und Wohltat hast du an mir getan, und deine Aufmerksamkeit bewahrt mein Leben.« Die Stalinorgeln heulten und deckten uns mit ihren Raketen zu.

Mitten im Bersten der Granaten habe ich gebetet. Es war keine Liturgie, kein formvollendeter Vortrag, noch nicht einmal ein Schrei, den im Hagel der Geschosse ohnehin niemand gehört hätte. Dieses Beten vollzog sich in den innersten Bereichen des Menschseins, aber ich weiß noch genau den Sinn: »Herr, wenn du auf dieser Erde noch eine Aufgabe für mich hast, dann wirst du mich aus diesem Feuer herausbringen. Und sonst nimm mich auf in dein Reich.« Die Losung dieses Tages enthielt für mich eine geheimnisvolle Verheißung. Im Graben neben mir hockte ein freikirchlicher Christ; er rief mir zu: »Heute vor 40 Jahren wurde ich auf den Namen Jesu getauft, und heute erwarte ich die Feuertaufe.« Aber er hat sie bestanden und ist nach Hause gekommen.

Am nächsten Tag hieß die Losung — man lebte damals stark mit den Losungen —: »Er selbst, der Vater, hat euch lieb.« Am frühen Morgen dieses Tages kapitulierte die Festung Königsberg; was an Mannschaft übriggeblieben war, kam in russische Gefangenschaft. Gestützt auf die Losung habe ich mich Gott anvertraut: »Ich gehe ins Unbekannte, Herr. Aber ich tue es unter der Losung, daß alles, was mir begegnet, unter der Aufmerksamkeit deiner Liebe steht.«

Heute weiß ich, daß diese Losung galt und sich im Blick auf alles, was in den folgenden Jahren auf mich zukam, bewahrheitet hat, einschließlich Hunger, Heimweh, Tränen und Angst.

6. Kapitel

In den kleinen Dingen Vertrauen lernen

Kriegsgefangenschaft

Einen entscheidenden Abschnitt meines Lebens bilden die Jahre in russischer Gefangenschaft. Über die Erfahrungen, die Christen in dieser Zeit äußerster Not und Bedrückung mit Gott gemacht haben, ist manches geschrieben worden; ich beschränke mich auf wenige, für mich selbst wesentliche Erlebnisse und Begegnungen.

Erste Station: Nikolajew

Von Königsberg aus wurden wir zunächst nach Nikolajew gebracht und zu Aufräumungsarbeiten und zur Wiederinstandsetzung der Bahngeleise eingesetzt. Während des Sommers lebten wir in Zelten, später erhielten wir Baracken zugewiesen.

Ich besaß nur das alte Losungsbuch von 1944. Daraus erbat ich mir von Gott nachts jeweils einen Bibelvers für den kommenden Tag. Morgens ging ich dann von Unterkunft zu Unterkunft und gab diesen Text als Losung für den Tag weiter.

In den einzelnen Baracken waren Hunderte von Soldaten untergebracht, aber wenn ich eintrat, riefen alle: »Ruhe, wir müssen erst das Wort hören!« Dazu stellte ich den Kameraden an jedem Tag eine Art Denkaufgabe: Was war das schönste Buch, das du gelesen hast? — Welches war dein schönster Film? — Was war dein schwerstes Erlebnis? Es war wichtig, daß man gedanklich beweglich blieb und sich nicht ununterbrochen mit den Nöten beschäftigte, die jeder einzelne Tag mit sich brachte. Auf dem Weg zur Arbeitsstelle und auf den Baustellen wurde dann auch immer wieder über die gestellten Fragen gesprochen.

Manche kamen noch schnell auf mich zu, während wir bereits zum Abmarsch antraten. Sie gaben mir nicht die Hand — dazu war es im Winter viel zu kalt, sondern stießen mich lediglich an und fragten: »Wie heißt heute das Wort?«

In diesem ersten Jahr der Gefangenschaft mußten wir auch am Heiligabend arbeiten. An solchen Tagen waren die Abende im Lager doppelt schwer zu ertragen. Ich fand als Weihnachtsgruß ein kleines Päckchen auf meiner Matratze. Die Hülle bestand aus dem groben Papier, aus dem die Zementsäcke hergestellt waren. Als ich sie öffnete, fiel mir eine halbe Scheibe russisches Brot entgegen. Dabei lag ein Zettel mit dem Liedvers: »Ich will an anderen üben, was Gott an mir getan.«

Der Mann, dem ich dieses Geschenk verdanke, war katholischer Christ. Nach dem Krieg trafen wir uns einmal in einem Restaurant. Er scheute sich nicht, öffentlich bei Tisch zu beten. Als Schnellzeichner und Karikaturist wurde er bekannt und berühmt. Er ist oft im Fernsehen aufgetreten und hat viele bekannte Persönlichkeiten portraitiert.

Er weiß viel tausend Weisen ...

In jenen Jahren habe ich Gottes Durchhilfe besonders eindrücklich erfahren. Damals hatten wir weder theologische noch intellektuelle Schwierigkeiten, Freundlichkeiten Gottes als Gebetserhörungen anzusehen, und die Kameraden, die einem hier und da heimlich etwas zusteckten, vergißt man nicht; oft wurden sie uns zu Boten Gottes.

Das galt auch für die russischen Zivilisten, die uns an den Baustellen eine Tomate oder einen Zigarillo über den Zaun zuwarfen. Einer russischen Frau war wohl zu Ohren gekommen, daß ich Pfarrer war. Sie schlug immer das Kreuzzeichen, wenn sie mir begegnete, und gelegentlich warf sie mir etwas über den Zaun zu oder gab einem Kameraden etwas für mich mit. Eine halbe Scheibe Brot war für uns damals ein königlicher Besitz; was ist dagegen heute eine ganze Schwarzwälder Kirschtorte!

Gewiß war der Austausch dieser kleinen Gaben nicht immer frei von Mißgunst und Neid, aber er ließ uns Menschen bleiben in einer Zeit, in der wir oft wie Tiere leben mußten.

Als einziger im Lager besaß ich ein kleines Taschentestament. Es ging von Hand zu Hand, wurde von Baracke zu Baracke weitergereicht. Wenn ich nicht so viele Liedverse und Bibeltexte auswendig gewußt hätte, ich wäre geistlich verhungert. Heute versuche ich, meinen Konfirmanden immer wieder klarzumachen, was eine solche »Eiserne Ration« bedeuten kann. Unser Wort »auswendiglernen« gibt das nur sehr unzureichend wieder; viel schöner drücken es die Franzosen aus: »savoir par coeur« — »mit dem Herzen wissen«, oder die Engländer: »to learn by heart.«

Je mehr Zeit verging, um so schwieriger wurde unsere Lage. Zwischendurch konnte ich hier und da Gottesdienste halten — nicht mit offizieller Erlaubnis, aber stillschweigend geduldet. Oft versammelten wir uns auch heimlich in den Baracken.

Fluchtversuch

In jener Zeit beschloß ich mit zwei Kameraden, einen Fluchtversuch zu wagen; am 15. Mai 1946 sollte das Unternehmen starten. Wir hatten trockenes Brot gesammelt und eine kleine Landkarte beschafft, nachts träumten wir bereits von der Heimkehr. Die beiden anderen waren fromme Männer, aber keine gläubigen Christen. Ich hatte vorgeschlagen, daß wir Gott bitten sollten, unser Unternehmen zu blockieren, wenn es seinem Willen nicht entsprach.

Natürlich mußte ein solcher Plan auch gegenüber Freunden völlig geheimgehalten werden. Am 12. Mai — drei Tage vor unserer geplanten Flucht — brachen dann von der Baustelle, auf der auch wir arbeiteten, drei Kameraden aus. Abends wurden sie blaugeschlagen wieder zurückgebracht.

Es waren drei gewesen, genau wie wir. Und im Lager gingen Gerüchte um, daß alle Brücken gesperrt und alle Zufahrtswege von und nach Nikolajew verstärkt bewacht und kontrolliert würden. Wir hatten nicht gedacht, daß die Russen wegen drei entlaufener Gefangener ein solches Aufheben machen würden, aber dies war für uns das Zeichen. Die Losung an jenem Tag hieß: »Euer

Erlöser ist stark, er ist der Herr der Heerscharen, er wird eure Sache selbst hinausführen.« Daraufhin haben wir unseren Fluchtversuch abgebrochen, den mit vielen Wünschen und Sehnsüchten entwickelten Plan fallen lassen.

Fernwirkung

Nun muß ich von einem Erlebnis besonderer Art berichten. Am 9. Juli 1948 schrieb ich meiner Frau eine der monatlich erlaubten Feldpostkarten des Roten Kreuzes. In der voraufgegangenen Nacht, vom 8. auf den 9. Juli, hatte ich besonders intensiv geträumt: Im Traum hatte ich ein langes Gespräch mit meinem Vater geführt, das mir besonders wohlgetan hatte.

Mein Vater war zu jener Zeit bereits schwer krank, und meiner Frau hat sich aus jenen Wochen der Pflege eine Begebenheit besonders eingeprägt. Sie erinnert sich genau an das Datum und hat es mir später erzählt. Es sei eben an jenem 9. Juli gewesen, an dem auch meine Karte datiert war, da habe mein Vater morgens gesagt: »Paul ist diese Nacht gekommen.« Auf den Einwand, daß dies nicht sein könne, da ich ja gar nicht hier wäre, habe er nur zur Antwort gegeben: »Doch, ich habe mich heute morgen um 4 Uhr lange mit ihm unterhalten.«

Nun bin ich zwar der Meinung, daß die meisten Träume Schäume sind. Das schließt jedoch nicht aus, daß Gott im Einzelfall solche Fernwirkung schenken kann, wenn man intensiv für einen anderen Menschen betet.

»Die Liebe tut ein ganzes Werk«

Später arbeitete ich in Moskau in einem großen Sägewerk und traf dort mit einem freikirchlichen Bruder, einem Schreinermeister aus dem Sauerland, zusammen. Einmal bat ich ihn: »Hast du nicht ein bißchen Tabak für mich?« Ein ECler aus dem Lipperland hatte mir eine kleine Pfeife geschnitzt; wir versuchten damals, das ständig nagende Hungergefühl mit Rauchen zurückzudrängen.

Auf meine Frage hin blieb der Schreinermeister einen Augenblick zögernd stehen. »Moment mal«, murmelte er dann und verschwand. Als er zurückkam, überreichte er mir ein volles Päckchen mit goldgelbem amerikanischem Tabak. Ich sah ihn fast bestürzt an. »Aber nicht doch«, protestierte ich, »das kann ich ja gar nicht annehmen. Ich will mir doch bloß einmal die Pfeife stopfen!« Aber mein Gegenüber antwortete bestimmt: »Meine Mutter hat immer gesagt: ›Die Liebe tut ein ganzes Werk.‹«

Für jenes Päckchen Tabak werde ich diesem Bruder noch am Thron Gottes danken. Was hat mir das damals über Wochen bedeutet (wir waren ja sparsame Leute): der Tabak — und der Mann, der zu solcher Gabe fähig war. Mit einem einzigen Satz hatte er mir eine Predigt gehalten: »Die Liebe tut ein ganzes Werk.« Manchmal frage ich mich, ob es uns in einer Zeit, in der wir alles haben, nicht gerade an diesen kleinen Taten und Gaben der Menschlichkeit mangelt, die den vielen christlichen Worten, die wir reden, zu eindrücklicherer Glaubwürdigkeit verhelfen könnten — genau wie damals.

Der verhinderte Selbstmörder

In einem jener Lager hinter Stacheldraht begegnete ich einem Bauern aus der Eifel. Er hatte sich zu einigen unvorsichtigen Äußerungen hinreißen lassen, war wohl auch von einigen Kameraden bespitzelt worden; nun drohte ihm der Abtransport nach Sibirien. Abends spät trat er an mein Bett und riß mich aus dem Schlaf: »Ich muß auf Nachtschicht, Paul!« Ohne weiteren Kommentar übergab er mir seinen Tabaksbeutel und einige persönliche Dinge. Ich nahm sie entgegen, ohne mir viel dabei zu denken. Erst am nächsten Morgen erfuhr ich, welche Bewandtnis es damit hatte; denn als der Bauer seine Habseligkeiten wieder abholte, erklärte er, mir etwas gestehen zu müssen. Und dann erzählte er: »Ich hatte vor, mich in dieser Nacht zu erhängen. Den Strick hatte ich schon bei mir, als ich zu dir kam; aber ich wollte es dir nicht sagen, um dir nicht weh zu tun. Als ich dann über den Lagerplatz ging und am Fahnenmast vorbeikam, da war es mir, als sähe ich das Gesicht einer ostpreußischen Christin vor mir, bei der ich längere Zeit einquartiert gewesen war. Beim Abschied hatte sie gesagt: ›Ich werde immer für Sie beten.‹ Damals gab ich darum nicht viel, aber in der vergangenen Nacht war es mir, als hörte ich diese Frau zu mir sagen: ›Habe ich darum für Sie gebetet, daß Sie jetzt Ihr Leben wegwerfen?‹ Da habe ich meinen Strick beiseite gelegt.«

Auch dieser Mann hat die Gefangenschaft überlebt und ist nach Hause zurückgekehrt. Wir haben uns später noch mehrmals besucht.

Innere Vorbereitung

Nachdem wir unseren Fluchtversuch aufgegeben hatten, begann ich täglich zu beten: »Herr, vor dem von dir bestimmten Tag kann ich nicht heim, darf ich nicht heim, will ich nicht heim. Aber bis dahin steht jeder Tag unter deiner aufmerksamen Liebe, wie du es versprochen hast. Wenn es sein kann, dann ebne mir später, auch auf deine wunderbare Weise, den Weg zu einem übergemeindlichen Dienst in Volksmission und Seelsorge; mache den Boden unter meinen Füßen weit und vertraue mir das Amt eines verborgenen Bauaufsehers in deiner frohen Gemeinde an; nicht nach Amt und Titel, aber nach der geistlichen Wirkung.«

Ich kann nicht sagen, wie ich dazu kam; aber die Bitte um das verborgene Amt des Bauaufsehers wurde zu meinem täglichen Gebet. Ich wurde dazu gedrängt, und Gott hat mir später tatsächlich ein solches Stück verborgener Bauaufsicht in seiner Gemeinde anvertraut, »auf seine wunderbare Weise«; zunächst aber ließ er mich noch zweieinviertel Jahre in Rußland darum bitten.

Noch im Februar 1948 habe ich gefragt: »Herr, wie lange noch?«, wenn wir vor dem großen Lagertor zum Abmarsch zur Arbeit bereitstanden. Dann rief mich eines Tages der deutsche

Dolmetscher zum russischen Kommandanten. Ich fragte mich, was ich wohl ausgefressen haben könnte, aber auf der Kommandantur wurde mir mitgeteilt, daß ich auf Befehl der Moskauer Regierung vorzeitig entlassen würde.

Es ist mir bis heute ein Geheimnis, wie die Wahl auf mich fallen konnte. Ich war kein Kommunist, mein Vater kein Gewerkschaftsmann. Da wurde aus allen Gefangenenlagern Rußlands je ein Mann ausgewählt und im September 1948 mit einem Sondertransport in die Heimat geschickt — und ausgerechnet ich, Paul Deitenbeck, war darunter. Vielleicht hätte ich sonst noch jahrelang warten müsen.

Damals hat Gott das wahr gemacht: »Auf deine wunderbare Weise — zu deiner wunderbaren Zeit.« Am 22. September 1948, dem Tag meiner Heimkehr, lautete die Losung: »Denn mir ist eine große Tür aufgetan, die viel Frucht wirkt. Und viele Widersacher sind da« (1. Kor. 16, 9).

Der Abschnitt Kriegsgefangenschaft ging damit zu Ende. Ich möchte keinen einzigen Tag noch einmal durchleben müssen, im Rückblick aber auch keinen aus der Erinnerung streichen; das hieße, aus der Schule Gottes wegzulaufen.

Wenn ich heute in einem Punkt noch einmal ganz von vorn anfangen könnte, dann möchte ich Gott noch viel mehr im Detail vertrauen, in den kleinen Dingen, die den wesentlichen Teil unseres Lebens ausmachen.

7. Kapitel

»Sich nicht selber die Tür aufmachen ...«

Von Gottes Führungen im Leben des Menschen. Nachkriegszeit

Führungen Gottes im Leben eines Menschen sind für mich etwas Geheimnisvolles. Dabei verstehe ich unter »geheimnisvoll« weder etwas Mystisches, Nebulöses noch gar Gespenstisches. Das Wort bedeutet für mich in diesem Zusammenhang nicht mehr als »verdeckt«. Wenn ich es noch näher beschreiben sollte, würde ich es als »Mantel der Keuschheit« bezeichnen.

Vergleich: das U-Bahnnetz

Vielleicht kann ich es am Bild eines U-Bahnnetzes erklären. An manchen Stellen, vor allem in den Außenbezirken, liegen die Geleise offen zutage, kann man die fahrenden Züge deutlich erkennen. Der Großteil des Streckennetzes jedoch ist verdeckt. Selbst der U-Bahn-Benutzer durchschaut es nicht, kann in den meisten Fällen nicht sagen, an welchem Punkt er sich gerade befindet. Nur an den Stationen taucht er »ins Licht«, hier kann der Reisende Zug und Richtung wechseln. Aber sobald er wieder ins Dunkel des Tunnels eintaucht, kann er Gleisführungen, Abzweigungen und Kreuzungen nur noch ahnen.

So verdeckt Gott über weite Strecken die Wege, die er seine Leute führt, er legt sie nicht offen. Und wenn er den einzelnen den Sinn mancher Wegstrecke zunächst nicht erkennen läßt, so ist auch das Barmherzigkeit.

Mich haben derartige Führungen, die geheimnisvollen Verbindungen und Zusammenhänge im Leben eines Menschen, immer besonders interessiert. Dabei bin ich keineswegs der Meinung, Gott hielte für den Paul aus Lüdenscheid einen Sonderzug bereit oder habe zusätzliche Signale für ihn an der Strecke aufgestellt. Aber Gott hat mich nun einmal mit einer besonderen Empfindsamkeit für diese Dinge ausgestattet.

Es gibt Christen, die fahren mit voller Geschwindigkeit an einem solchen Signal vorbei, legen einfach den Fahrthebel um, und damit ist der Fall für sie erledigt. Sie tun das im gläubigen Vertrauen; allerdings stehen sie manchmal vielleicht in der Gefahr, dabei die Grenze zu Gedankenlosigkeit und Leichtsinn zu überschreiten.

Ich dagegen möchte, wenn ich ein solches Signal erreiche, den Zug erst einmal anhalten, aussteigen und um drei Minuten (oder drei Tage) Bedenkzeit bitten; aus Sorge, ein solches Zeichen falsch zu deuten und damit Weichenstellung und Signalgebung in eigene Regie zu übernehmen. Ich möchte lieber warten, als in meinem Leben Schicksal spielen. Mein Vertrauen ist damit nicht »gläubiger« als das anderer Leute; es entspricht in dieser Form lediglich meiner Wesensart.

Vielleicht haben Menschen meines Typs es leichter, wenn Gott den Zug unseres Lebens auf einem Wartegleis abstellt und das Haltesignal aus für uns unverständlichen Gründen nicht wieder hochgehen will. Andererseits sind wir stärker der Gefahr ausgesetzt, uns zu viele Gedanken zu machen, oder das Richtige zu versäumen aus Furcht, das Falsche zu tun. In der Praxis gibt es natürlich den Zauderer »par excellence« nicht; und die Phase des Zögerns kann überwunden werden. Auch Leute meiner Art sind in der Lage, ein munteres Tempo zu fahren, wenn sie das Gefühl haben, auf der richtigen Strecke zu sein.

Dabei hat das »Geheimnisvolle« an den Führungen Gottes durchaus auch seine Grenze. Der Evangelist Johannes berichtet (Kap. 4, 47 ff.) von der Heilung eines Jungen, dessen Vater im Dienst des Königs stand. Jesus schickte den Vater, der sich an ihn um Hilfe gewandt hatte, mit den Worten nach Hause: »Geh hin, dein Sohn lebt.« Auf dem Rückweg traf der Mann seine Knechte, die ihm die Heilung des Sohnes bestätigten. Und nun heißt es: »Da erforschte er von ihnen die Stunde, in welcher es besser mit ihm geworden war.« Dabei stellte er fest, daß die Heilung zu derselben Zeit eingetreten war, in der Jesus ihm die Gesundheit seines Sohnes zugesprochen hatte.

Für mich entnehme ich daraus, daß wir als Christen durchaus auch nachforschen dürfen, wie die einzelnen Fäden der Führungen Gottes verlaufen; und zwar nicht auf der Suche nach sensationellen Enthüllungen, sondern um auch in diesem Zusammenhang die »Breite, Tiefe und Höhe« der Liebe Gottes zu erfassen und damit zu einer neuen Dimension von Staunen und Dankbarkeit zu gelangen, die wir, fasziniert durch das Vordergründige, nur allzu leicht übersehen.

»Man darf durch eine neue Tür erst gehen, wenn man die alte hinter sich zumachen kann«

Für mich wurde diese Frage einmal bedrängend aktuell, als ich junger Hilfsprediger in Bielefeld war. Ich hätte damals gern eine Pfarrstelle im Sauerland angenommen, war durch das dortige Presbyterium auch bereits gewählt worden. Dann sprach ich mit Fritz von Bodelschwingh über die Sache, und der hat meine Vorstellungen ebenso sachlich überzeugend wie freundlich korrigiert: »Man darf durch eine neue Tür erst gehen«, erklärte er, »wenn man die alte hinter sich zumachen kann. Und Sie können nach Lage der Dinge jetzt hier nicht weg.« (Einige Pfarrer aus unserem Kreis waren bereits eingezogen worden, während man mich aus gesundheitlichen Gründen zurückgestellt hatte.)

Damit war mein Weg zunächst klar. Ich durfte nicht weggehen, wenn durch meinen Fortgang im Dienst der Gemeinde eine Lücke entstand, die in absehbarer Zeit nicht zu schließen war.

Dr. Müller-Hilchenbach hat mir dieses Prinzip einmal mit ganz ähnlichen Worten deutlich gemacht: »Zum Bleiben braucht man keinen besonderen Befehl, wohl aber zum Weggehen. Solange dieser Befehl nicht eindeutig und überzeugend gegeben ist, muß ich an dem Platz aushalten, der mir zugewiesen ist.« Seit jener Zeit versuche ich mich davor zu hüten, eigene Wege zu gehen, vor allem was meinen Einsatz im Reich Gottes betrifft.

Von Alfred Christlieb erzählt man, daß er anläßlich einer Zugfahrt mit einer Gruppe von Jägern zusammen in einem Abteil saß, die die Qualität ihrer Hunde priesen. Einer von ihnen aber meinte: »Tja, mein Hund ist auch ein prächtiger Bursche, aber er hat eine böse Angewohnheit: er macht sich selber die Tür auf.«

Christlieb hat das später zum Thema einer Predigt gemacht. Für mich ist es eine Mahnung mehr, mir im Reich Gottes keine Türen selbst zu öffnen. Für meine Lebensführung und meinen Dienst wurde das kennzeichnend, allerdings weder als besonderer Verdienst noch als Zeichen besonderer Frömmigkeit. Am Tag meiner Rückkehr aus russischer Gefangenschaft war in der Losung von der »großen Tür« (1. Kor. 16, 9) die Rede, und diese Tür hat nicht Paul Deitenbeck aus Lüdenscheid, sondern ganz allein Gott aufgemacht. In die verschiedenen Aufgaben der Ortsgemeinde und vor allem in den übergemeindlichen Dienst bin ich förmlich hineingestoßen worden.

Offene Tür 1: Jugendpfarrer in Lüdenscheid

Als ich aus der Gefangenschaft zurückkam, stand die erste Tür bereits offen: Superintendent Köllner hatte mir, in Verbindung mit dem Presbyterium, die Stelle als Jugendpfarrer in Lüdenscheid freigehalten. Gleichzeitig wurde ich Synodal-Pfarrer für Volksmission und Seelsorge, und beides erwies sich als Anschlußgleis für den übergemeindlichen Dienst.

In jener Zeit haben mir viele Menschen geholfen, mich in der Heimat wieder zurechtzufinden; einer von ihnen war der Druckereibesitzer Karl-Heinz vom Schemm. Er leitete in Lüdenscheid eine Jugendgruppe und hat mir im Blick auf Jugendarbeit das Laufen beigebracht. Er wohnte ganz in unserer Nähe, und wenn er morgens auf dem Weg zum Betrieb an meinem Haus vorbeikam, dann pfiff er als Erkennungszeichen die Melodie von »In dir ist Freude«. Dann wußte ich Bescheid. Als Ehepaare vom Schemm und Deitenbeck haben wir einen Familien-Freundeskreis gebildet und jahrelang durchgehalten, zusammen mit der mütterlichen Freundin Änne Kropp. Wir trafen uns jeweils sonntagabends zu geselligem Beisammensein; aber dabei wurden immer auch Fragen des Glaubens besprochen und im Gebet vor Gott gebracht.

In schweren Kriegs- und Nachkriegszeiten und bis zum heutigen Tag stand mein Schwager Wilhelm Schmidt meiner Familie und mir in vorbildlicher Treue zur Seite. Dank auch unserer Freundin Dr. med. Anneliese Dehnen, die uns, selbst Frau eines in den letzten Kriegstagen gefallenen Pfarrers, in schönen und schweren Tagen nahe blieb.

Offene Tür 2: Pfarrer an der Kreuzkirche

Gespräche über den Glauben, Fürbitte und Führung gehören eng zusammen; sie sind oft ineinander verflochten und können von uns nicht auseinanderdividiert werden.

Seit meiner Rückkehr aus der Kriegsgefangenschaft wohnen wir im Haus meiner Eltern. Viele Jahre lang hat mein Vater in aller Stille Gott den Wunsch vorgetragen, daß dieses Haus einmal Pfarrhaus werden möchte. In seinen letzten Lebensjahren, als ich in Rußland war, hat er dann öfter darüber gesprochen: »Dieses Haus wird Pfarrhaus und Paul wird darin Pfarrer«, sagte er. »Und da kommt 'ne Kirche hin.«

Während des Krieges war daran nicht zu denken. Zwar hatte die Kirchengemeinde in den dreißiger Jahren an diesem Hang ein

Wiesengrundstück gekauft; doch darauf weideten bestenfalls Schafe und Ziegen, aber nicht die Herde Gottes.

Nach Überwindung der schwersten Nachkriegsjahre wurde 1952 auf diesem Grundstück tatsächlich zunächst ein Gemeindehaus errichtet. Zwei Pfarrer waren für den Dienst im neuen Kirchsaal vorgesehen. Ich selbst wohnte zwar in unmittelbarer Nähe und hatte das Fortschreiten des Baues in allen seinen Phasen verfolgt, aber ich war Jugendpfarrer, und es gab zunächst keine Anzeichen, warum sich das ändern sollte.

Doch die Stimmen befreundeter Pfarrer, die mich darauf aufmerksam machten, daß ich nicht mein Leben lang Jugendpfarrer bleiben könne, mehrten sich. Sie stellten mir den Dienst in einer Ortsgemeinde als wichtige und schöne Aufgabe vor Augen, aber ich wollte auch hier nicht Schicksal spielen.

Kurz vor Einweihung der Kreuzkirche, zu der das Gemeindehaus inzwischen ausgebaut worden war, ging einer der für die Gemeinde vorgesehenen Pfarrer nach Hamm. Ohne daß ich einen Finger gerührt hätte, sprachen mich nun nacheinander der Superintendent, der Kirchmeister, der Leiter des Presbyteriums und verschiedene befreundete Pfarrer an und meinten, ob das denn nichts für mich wäre.

Zu jener Zeit war die Wohnungsfrage noch schwierig zu lösen. So argumentierten die Befürworter des Planes denn auch: »Sie wohnen doch ohnehin schon ganz nahe bei der Kreuzkirche und können dann auch hier Dienst tun.« Und so kam es in der Tat. Die Wahl des Presbyteriums fiel auf mich, und damit begann ein neuer Abschnitt meines Dienstes: Ich wurde Pfarrer der Kreuzkirche; der Wunsch meines Vaters hatte sich erfüllt.

Gott ist kein Wunsch-Automat

Es gehört zur Realität des Reiches Gottes, daß Gott unsere Wünsche und Sehnsüchte wahr machen kann. Er tut es gewiß nicht immer; aber das andere Extrem, daß er es nie täte, ist ebenso falsch und geht genauso an der Wirklichkeit vorbei. Manchmal schenkt Gott solche Erfüllungen sogar, ohne daß wir besonders dafür gebetet haben. Ich meine, in Psalm 37 den biblischen Beleg für derartiges Handeln Gottes zu erkennen: »Befiehl dem Herrn deine Wege, der wird dir geben, was dein Herz wünscht.«

Es gibt einen inneren Zusammenhang zwischen Vorstellungen, die Gott in uns wirken kann, und äußerer Führung. Wer daraus ableiten will, Gott sei so etwas wie ein Wunsch-Automat, der muß den Spaten, den er für seine geistlichen Grabungen verwendet, schon ein paar Schichten tiefer ansetzen; so vordergründig und oberflächlich lassen sich die Dinge nicht lösen. Aber Gott kann an Vorstellungen und Wünschen heute etwas in unser Leben hineinlegen, was sich später einmal verwirklichen wird.

Ich habe das bei mir selbst erlebt und in meinem übergemeindlichen Dienst immer wieder bestätigt gefunden: Gott weist dem einzelnen Christen für seinen Dienst Plätze zu, die seiner inneren Veranlagung und Entwicklung entsprechen, die sich mit dem biblischen Verständnis, das der Betreffende von diesen Aufgaben erlangt hat, decken. Und in vielen Fällen werden solche Platzanweisungen entscheidend durch die Begegnung mit anderen Menschen beeinflußt.

Wir sollten das nicht aus dem Auge verlieren: bei der Führung des Christen spielt der Bruder eine wesentliche Rolle. Psychologen und Pädagogen haben das längst erkannt; manchmal habe ich die Sorge, wir könnten die geistliche Dimension, die sich damit für Leben und Dienst der Gemeinde eröffnet, übersehen, unterschätzen oder vielleicht auch verschlafen. »Alles Wesentliche im Leben ist Begegnung«, sagt Martin Buber.

Offene Tür 3: Deutsche Zeltmission

Viele Türen in den übergemeindlichen Dienst haben sich für mich durch persönliche Begegnungen geöffnet. Es begann damit, daß mich eines Tages Superintendent Samuel Henrichs und Prediger Walter Arnold aus Düsseldorf besuchten. Ihre Frage, ob ich mir den Grund ihres Besuches denken könne, mußte ich verneinen;

ich hatte keine Ahnung. Daraufhin eröffneten sie mir, daß sie gekommen seien, um mich zu bitten, den Vorsitz der Deutschen Zeltmission zu übernehmen. Der bisherige Vorsitzende, Pfarrer Walther Zilz, wolle sein Amt aus Altersgründen niederlegen. Ich war völlig überrascht und habe dieses Angebot einfach als Ruf Gottes angenommen.

Auch hier wurde für mich Kontinuität, innerer Zusammenhang erkennbar: nicht, weil ich meine ersten Zelterfahrungen mit dem Schnuller und auf der Matratze des »Familientraktors« absolviert hatte, sondern weil der Einsatz der Eltern bei jeder Zeltmission in Lüdenscheid bereits in jungen Jahren die Liebe zu diesem volksmissionarischen Arbeitszweig in mir geweckt hatte.

Man kann — aber wer nicht will, ist keineswegs dazu gezwungen — diese Linie noch weiter verfolgen; denn äußerlich gesehen hat meine Verbindung zur Deutschen Zeltmission die Entscheidung Gerhard Bergmanns, vom Gemeindepfarrer zum Zeltevangelisten zu wechseln, zumindest stark beeinflußt. Und dieser Gerhard Bergmann wiederum trug bereits als Kind den stillen Wunsch in sich, einmal Evangelist zu werden. Dafür wird es äußere Anlässe und einleuchtende Erklärungen geben; aber eingeredet hat es ihm gewiß keiner. Und gerade weil ich das Geheimnis göttlicher Führung nicht mystisch oder mysteriös verstehe, wird es durch die menschlichen Erklärungen, die ich voll bejahe, nicht abgeschwächt, sondern verstärkt.

Der 6—8jährige Gerhard stand eben am heimatlichen Bahnhof und sah die endlosen Ketten der Güterzüge an sich vorbeirollen. »Dortmund«, »Bochum«, »München« stand auf den einzelnen Wagen. Da bekam der Dreikäsehoch runde, träumerische Augen und flüsterte vor sich hin: »Da möchte ich überall einmal evangelisieren.«

Offene Tür 4: Westdeutsche Allianz

Ähnlich ungeplant und überraschend vollzog sich mein Weg in die Allianzarbeit. Eines Tages erhielt ich einen Brief von Wilhelm Busch. Der liebte, auch wenn er schrieb, keine langen Schnörkel.

»Ich möchte gern, daß Du Vorsitzender der Westdeutschen Allianz wirst. Bitte, nimm doch an der nächsten Sitzung teil, damit Du Dich vorstellen kannst«, schrieb er. Ich empfand das als ziemliche Zumutung, denn ich gehörte nicht einmal dem Vorstand an. Die Brüder des Vorstandes empfanden offensichtlich ähnlich; sie machten daraus in der Beratung, an der ich schließlich doch teilnahm, auch gar keinen Hehl. Am Ende der Debatte aber wurde ich, wenn auch zunächst auf Probe, eigener und anderer Leute Bedenken zum Trotz zum Vorsitzenden gewählt. Ich weiß noch, was ich am Schluß jener Sitzung im Kreis der Brüder gebetet habe: »Das war ja so dein Wesen von alten Tagen her, daß du dir hast erlesen, was schwach, gebeugt und leer. Daß mit zerbrochnen Stäben du deine Wunder tat'st und mit geknickten Reben die Feinde untertrat'st.«

Offene Tür 5: Allianz-Hauptvorstand

Vier Wochen später erhielt ich wieder einen Brief, diesmal von Johannes Busch: »Ich habe gehört, daß Du Vorsitzender der Westdeutschen Allianz geworden bist. Kannst Du nicht meinen Platz im Hauptvorstand der Deutschen Evangelischen Allianz einnehmen?« — So wurde ich in den Hauptvorstand der Deutschen Evangelischen Allianz hineingeschoben, in dem damals Walther Zilz den Vorsitz führte. Als dieser sich mit Rücksicht auf sein Alter zurückziehen wollte, fiel sein Auge auf der Suche nach einem Nachfolger wiederum auf mich. (Ich weiß nicht, wie es kam, daß ich mit meinen 1,67 m so oft im Blickfeld der Leute stand.) Der Hauptvorstand fand dann die gute Lösung, daß jeweils ein Mann der Kirche und der Freikirche sich gemeinsam in den Vorsitz teilen sollten. Die Wahl fiel auf Paul Schmidt und mich; damit begann eine wunderbare Zeit brüderlicher Zusammenarbeit.

Nach dem Tod von Wilhelm Busch war es dann Pastor Tegtmeyer, der mich im Namen des Komitees bat, den Vorsitz der Tersteegen-Konferenz zu übernehmen. So wurde ich, ohne eigenes Zutun, in verschiedene Arbeitsbereiche der Gemeinde Jesu hineingeführt.

Fabrikmission: Betriebliche Feierpause

In den 50er Jahren begannen wir die Fabrikmission aufzubauen. Auch dazu erhielt ich den entscheidenden Anstoß von außen.

Damals besaßen Pfarrer zwar bereits wieder Bäffchen und makellose Talare; wir begannen, unsere theologische Bibliothek neu auf- und auszubauen, aber ein Auto war noch keineswegs selbstverständlicher Bestandteil der Dienstausrüstung eines Gemeindepfarrers. In jener Zeit fuhr mich der Freikirchler Wilhelm Rodtmann öfters zu Jahresfesten, Glaubenskonferenzen und ähnlichen übergemeindlichen Diensten. Auf einer dieser Fahrten, es mag nach Ennepetal oder Rüggeberg gewesen sein, rückte seine Frau mit ihrem Vorschlag heraus: »Eigentlich müßten Sie auch mal in die Fabriken gehen und missionieren. Oder meinen Sie, daß die Arbeiter alle in die schönen Evangelisationen kommen, die Sie veranstalten?«

Ich glaube, ich habe sofort gespürt, daß hier ein Auftrag auf mich zukam. Prompt reagierte ich empfindlich und gereizt. »Aber wie stellen Sie sich das denn vor, gute Frau?«, begann ich meine Abwehr aufzubauen. Nachdem dieser Punkt ohne entscheidenden Vorteil für eine der beiden Parteien abgehandelt war, schoß ich meinen zweiten Pfeil ab: »Dann muß Ihr Sohn aber auch mitmachen.« Er war Lehrling in einem technischen Betrieb, und die Mutter war sofort einverstanden. »Der kann auch mitgehen«, erklärte sie. Aber ich hatte noch einen dritten Pfeil im Köcher: »Das wird eine Menge Arbeit verursachen und in den einzelnen Betrieben vorbereitende Besuche erforderlich machen. Ich kann das nur, wenn Ihr Mann mich jedesmal hinfährt.« Wieder nickte sie.

Dann haben wir die Sache tagelang in der Stille vor Gott erwogen und vorbereitet, und sicher ist das eine der wichtigsten Phasen, wenn im Reich Gottes eine neue Arbeit entsteht. Aber man muß darauf gefaßt sein, daß Gott einen zwischendurch auch mal hinausschickt und sagt: »So, nun geh erst mal los und tu was!« Ich ging zu Schleifermeister Albert Moos, dem Neffen des bereits erwähnten Kaspar Moos, und zu einem Mitglied unseres Posaunenchors. Beide fragte ich: »Wenn wir uns nun wirklich in eine Fabrik hineinwagen und die Leute uns auch hineinlassen, wie könnte man dann nach eurer Meinung einen solchen missionarischen Einsatz mitten unter Arbeitern aufziehen?«

Als Ergebnis unserer Überlegungen stellte sich heraus: Wir brauchten einen Posaunenchor, auch wenn er nur klein wäre; alle Bläser müßten Fabrikarbeiter sein und zugleich auch singen können. Zwei oder drei von der Truppe sollten dann auch etwas sagen. Und das Ganze wollten wir »Betriebliche Feierpause von Mensch zu Mensch« nennen.

Dann begann ich, Besuche bei Fabrikanten zu machen; denn das alles mußte sich ja während der Arbeitszeit abspielen, also vom Unternehmer bezahlt werden. Meist wurde in diese Vorgespräche auch der Betriebsrat eingeschaltet.

Die Mitglieder unserer kleinen Mannschaft nahmen sich schließlich einen Tag frei, wir mobilisierten die Beter in unseren Gemeinden und nahmen uns für den ersten Einsatztag zwei oder drei Fabriken vor. Die erste Fabrikhalle, die wir betraten, kam uns wie der Bodensee vor, nur daß da kein Eis war und wir trotzdem darüberreiten sollten. Wir hatten ja keine Ahnung, wie die Männer reagieren würden; vielleicht flogen uns gleich Schraubenschlüssel und Lötkolben um die Ohren.

Wir hatten kleine Plakate drucken und in den Betrieben aufhängen lassen: »Betriebliche Feierpause, jeder ist herzlich eingeladen.« Und sie kamen. Manche zögernd, manche skeptisch — gegen Schluß waren fast alle da.

Zuerst wurde geblasen, dann erklärte ich in einem kurzen Grußwort, warum wir gekommen waren. Unser Lehrling schloß sich mit ein paar Sätzen an. Dann wieder der Bläserchor, anschließend ein Lied: »Ich bin durch die Welt gegangen«, oder: »Dir fehlt wohl noch der Friede«. Dann sprach Albert Moos, der ehemalige Atheist, der durch das Beispiel seines Onkels Kaspar Christ geworden war: »Heute haben wir euretwegen mal die erste Garnitur an. Morgen stehen wir selber wieder im Blauleinen an der Werkbank.« Er stand, während er sprach, auf einer Kiste oder einem Treppenabsatz. Die Arbeiter standen im Kreis, hockten auf Geräten oder lehnten an Maschinen. Selten habe ich Männer erlebt, die so aufmerksam zuhörten wie hier am Ort ihrer täglichen Arbeit, unter Shedfenstern und Hängekränen. Ich selbst sagte nur unser kleines Programm an. Aber ich kann mich nicht erinnern, je bei einer Veranstaltung unter Arbeitern Protestrufe gehört zu haben.

Bei den Fabrikanten traf ich auf großes Entgegenkommen, aber manchen war doch nicht so ganz wohl zumute, wenn unser kleines Häuflein in ihre große Montagehalle hineinmarschierte. In einer Gießerei machte uns der Arbeitgeber darauf aufmerksam, daß in seinem Betrieb für derlei Veranstaltungen wohl ein etwas zu rauher Umgangston herrsche. »Aber geben Sie uns doch wenigstens die Chance, daß wir die Botschaft von Jesus sagen können«, bat ich. Er nickte. »Aber ich gehe nicht mit«, erklärte er. Als er anschließend hörte, wie es gelaufen war, freute er sich.

Auch Wilhelm Busch ist einmal dabeigewesen. Er war ganz betroffen. »Die Lieder«, murmelte er immer wieder, »die Lieder schlagen die Bresche.« Einmal war Renate Lüsse mit, wir haben extra ein kleines Harmonium für sie mitgenommen. Als sie dann mit ihrer tiefen Stimme Glaubenslieder sang, verschlug es den Arbeitern die Sprache.

Ich weiß, daß man über erweckliche Lieder unterschiedlicher Meinung sein kann; aus mancherlei klugen Gründen und mit gewichtigen Argumenten. Und ganz sicher soll sich aus dem breiten Angebot christlichen Liedgutes jeder das aussuchen, was seiner eigenen Seelenlage entspricht und was er von Herzen fröhlich mitsingen kann: seien es nun Heilslieder, Choräle oder moderne Melodien und Texte. Nur urteilen sollte man über den geistlichen Wert des erwecklichen Heilsliedes wohl nicht, wenn man nicht miterlebt hat, welchen tiefen Eindruck es im missionarischen Einsatz vor Ort, in Fabrikhallen, in Sälen und Zelten, auf Rummelplätzen und in Kaschemmen bei schlichten Menschen in Verbindung mit dem gesprochenen Zeugnis von Jesus Christus hinterlassen hat.

Zum Abschluß jeder solchen Feierstunde verteilten wir das Zeitungstraktat »Das Wichtigste für unsere Zeit«. Dabei ergaben sich manche Gespräche und seelsorgerliche Kontakte. Und der eine oder andere, der lange Zeit den Weg in den Gottesdienst nicht gefunden hatte, stellte sich dann auch dort wieder ein.

Insgesamt sind wir wohl in über 200 Fabriken gewesen. Einmal wurde zu einem Vorgespräch der Vorsitzende des Betriebsrats hinzugezogen. Er war Kommunist und fragte sofort: »Welches Kapital steckt dahinter?« Als ich ihm klarzumachen versuchte, daß hier von Kapital nicht die Rede sein könne, wollte er es nicht glauben: »Das ist doch nicht möglich. Das ist doch ein Job, die kriegen doch was für ihr Blasen!« — »Nee«, entgegnete ich. »Sie werden sich wundern, die zahlen sogar noch jeden Monat 3 Mark Mitgliedsbeitrag im CVJM. Das tun wir alle für Jesus, der lebt doch!« — »Quatsch«, brummte er, »welches Kapital steckt dahinter?« Das hat diesen Mann beeindruckt, daß sich da Menschen für etwas einsetzten um der Sache willen. Und vielleicht ist das die kürzeste Formel, mit der man Fabrikmission beschreiben kann: »Einsatz um der Sache willen.«

Straßenmission: »Leute, macht die Fenster auf!«

Auf dem Gebiet der Straßenmission besaß ich aus meiner Berliner Vikariatszeit einige Erfahrung. Was in den Höfen der großen Wohnkasernen des Berliner Ostens möglich war, sollte sich wohl auch in einer Stadt wie Lüdenscheid bewerkstelligen lassen.

Auf dem Ordnungsamt besorgte ich die Erlaubnis, daß wir am Sonntagvormittag von 11 bis 13 Uhr auf den Straßen singen durften. Einer der Beamten dort war uns wohlgesonnen. Dann setzte ich mich mit einem Christen in Radevormwald in Verbindung, der einen Lautsprecherwagen besaß. Er hat damit oft die Einsätze der Campingmission an den Talsperren des Bergischen Landes unterstützt. Solche Hilfe konnten auch wir gut gebrauchen. Schließlich bat ich die Gemeindechöre um ihre Mitwirkung. Und dann gingen wir vom Sonntagsgottesdienst aus nicht nach Hause, sondern gemeinsam auf die Straße.

Die jungen Leute verteilten rechts und links in den Häusern

Traktate, während ich immer wieder über den Lautsprecher rief: »Macht die Fenster auf, Leute! Wir haben eine wichtige Nachricht!« So öffneten sich die Pforten. Langsam und zögernd traten sie heraus, fast immer in der gleichen »Schlachtordnung«: vorn die Kinder, dahinter die Frauen, im Hintergrund schließlich die Männer, oft noch im Pyjama. Da war es Zeit für meine kleine, nach Möglichkeit mit Humor gewürzte Ansprache: »Heute ist Muttertag! Aus diesem Anlaß möchten wir Ihnen einen lieben Gruß bringen. Hoffentlich haben Sie Ihrer Frau und Ihrer Mutter auch eine kleine Freude gemacht. Aber es hat natürlich keinen Zweck, am Muttertag groß mit Geschenken anzugeben, wenn man an den 364 übrigen Tagen so mit der Faust auf den Tisch haut, daß die gekochten Eier an die Decke fliegen.« Dann galt es, möglichst schnell und direkt den Übergang zum Eigentlichen zu finden: »Ich kenne aber eine Liebe, die sogar noch viel größer ist als Mutterliebe — das ist die Liebe Jesu.«

In ihrer Schlachtordnung sind sie stehengeblieben und haben zugehört. Wir haben gesungen und sie dann zum Gottesdienst eingeladen. Jahrelang haben wir das beibehalten und uns dabei möglichst dichtbesiedelte Wohnbezirke ausggesucht. Inzwischen haben sich Zeiten und Situationen geändert; manches, was damals möglich war, läßt sich in dieser Form heute nicht mehr durchführen.

Kellner-Mission: die große Pleite

Um keinen falschen Eindruck zu erwecken, muß ich hier noch ein Erlebnis aus der missionarischen Arbeit unter Kellnern anfügen. Die Kellner-Mission gibt ein eigenes Verteilblatt, »Den Boten«, heraus. Den haben wir in unserer Stadt regelmäßig an die Angestellten des Gaststättengewerbes verschickt. Auf diesen Kontakt aufbauend wollten wir dann eine Weihnachtsfeier organisieren. Für halb elf Uhr abends hatten wir schriftlich eingeladen; der Raum war weihnachtlich geschmückt, der Tisch festlich gedeckt, sogar einen kleinen Chor hatten wir zusammengetrommelt. Und dann mußten wir die Erfahrung machen, daß kein Mensch kam.

Damals haben wir uns gesagt: Jetzt erfahren wir einmal am

eigenen Leib, wie es vielen Missionaren geht, die jahrelang treu und unermüdlich einladen und rufen und denen über lange Zeiträume hinweg jeder Erfolg versagt bleibt. Sind wir, die auf Erfolg Programmierten, eigentlich noch bereit, um Jesu willen auch einmal eine Fehlinvestition in Kauf zu nehmen? Riskieren wir es, daß kein Mensch kommt, auch wenn wir uns mit der Vorbereitung einer Veranstaltung noch so viel Mühe gemacht, alle unsere Liebe darauf verwendet haben?

Pfarrerwahl: Durchgefallen

Mancher Amtsbruder leidet darunter, daß er bei einer Pfarrerwahl die nötige Anzahl Stimmen nicht auf sich vereinigen konnte. Ich habe mich in meinem Leben ein einziges Mal beworben; ich wollte gern in die Kirchengemeinde Werdohl — und bin prompt durchgefallen. Das war mir damals zunächst sehr sauer. Erst allmählich habe ich gelernt, daß es eine große Gnade ist, wenn man ins zweite Glied zurücktreten kann. Im Einsegnungsspruch der Aidlinger Schwestern heißt es: »Ich komme nicht in Betracht.« Christen sind Geführte, deshalb können sie im üblichen Sinn nie Verlierer sein.

Der Elefant im Fliegennetz oder: Wie ich zur Bekenntnisbewegung kam

Unter der Leitung von Pastor Tegtmeyer, Superintendent Theo Brandt, Professor Hellmuth Frey und Pfarrer Rudolf Bäumer kam regelmäßig eine Gruppe von Pfarrern und Laienchristen zusammen; man nannte sie kurz den »Bethelkreis«. Ihre Sorge galt der Kirche, sie beschäftigten sich mit den wachsenden theologischen Problemen und versuchten vor allem, der Verfälschung des Evangeliums durch immer stärker aufkommende modernistische Strömungen in der Theologie entgegenzuwirken. Dieser Bethelkreis plante für das Frühjahr 1966 eine Kundgebung in der 3 000 Menschen fassenden Ruhrlandhalle in Bochum. Professor Künneth sollte vor Pfarrern und Presbytern sprechen.

Mir war bei diesem Vorhaben irgendwie nicht wohl. Seit Monaten wurde ich den Gedanken nicht los, daß es endlich an der Zeit wäre, in der breiten Öffentlichkeit für die Glaubwürdigkeit des biblischen Evangeliums einzutreten. Durch den Einfluß der kritischen Theologie auf Predigt und Gemeindearbeit waren viele Christen angefochten oder in ihrem Glauben wankend geworden. Durften wir uns in einer solchen Situation darauf beschränken, das Problem einmal mehr im Kreis von Pfarrern, Presbytern und Diakonen zu erörtern, auch wenn dies in einer großen Halle und vor einer großen Zahl geschah? — Für mich wurde immer deutlicher, daß dies keine Lösung sein konnte. Und dann war es tatsächlich die Deitenbecksche Impulsivität, die mithalf, eine Sache in Bewegung zu setzen, über deren Bedeutung, Größenordnung und zeitliche Dauer sich damals noch niemand Gedanken machte.

Am 12. Januar trafen wir uns in einem Nebenraum der Bahnhofs-Gaststätte in Hamm. Ich hatte Rudolf Bäumer, der die Sitzung leitete, gebeten, mir nach der Andacht das Wort zu erteilen. Und so habe ich den anwesenden Brüdern auf meine Art deutlich zu machen versucht, was mir am Herzen lag: daß wir in dieser Art nicht weitermachen könnten, sondern jetzt in der breiten Öffentlichkeit für die Glaubwürdigkeit des Evangeliums eintreten müßten; daß die Bezeichnung »Bethelkreis« für eine solche Aktion zu blaß sei und daß wir das Unternehmen deshalb einfach »Bekenntnisbewegung kein anderes Evangelium« nennen sollten; daß man sich bei einem derartigen »Wasserrohrbruch« nicht mit dem Versuch begnügen dürfe, das theologische Badezimmer trokkenzulegen, sondern daß es jetzt gelte, die Lebensräume der Gemeinde zu schützen, in die theologische Leitsätze und Formulierungen hinabzutropfen begannen, die sie weder verstehen noch verkraften konnte. Mit einem Wort: wir müßten jetzt die Gemeinde in ihrer ganzen Breite informieren und ermutigen; das könne nur durch einen Aufruf geschehen, der sie voll einbeziehe. — Bei einem solchen Antrag kommen einem natürlich Erfahrungen aus der evangelistischen Arbeit zugute, auch wenn sie nicht von allen als angenehm empfunden werden mögen.

Es folgte eine lebhafte Diskussion, wie man so etwas denn bewerkstelligen könne. Mitten hinein in das Hin und Her der Stimmen und Meinungen platzte Gerhard Bergmann mit dem Vorschlag: »Dann gehen wir eben in die Westfalenhalle.« Daraufhin war schlagartig die volle Einmütigkeit unter uns wiederhergestellt: denn allen fuhr der gleiche Schreck in die Glieder; die Westfalenhalle faßte wenigstens 20000 Menschen. Weit war es ja nicht von Bochum nach Dortmund; aber wir waren mit dem Fliegennetz ausgezogen, und nun wollten wir plötzlich einen Elefanten fangen.

Ein gemeinsamer Schreck kann — neben anderen — auch heilsame Auswirkungen haben. Den bissigen Hund hinter sich, hat schon mancher Mauern übersprungen, an denen er sonst kläglich gescheitert wäre. Man kann hinter das schreckauslösende Moment nicht zurück, und man besinnt sich darauf, was als nächstes zu tun ist.

Gemeinsam haben wir dann gebetet: »Wenn du es haben willst, Herr, daß wir in die Westfalenhalle gehen, dann gib, daß sie an dem von uns vorgesehenen Tag frei ist.« Unsere Kundgebung war für den 6. März vorgesehen, und bis dahin waren es nur noch wenige Wochen.

Bereits auf der Fahrt nach Hamm hatte ich einen wichtigen Verbündeten gewonnen. Der Ingenieur Friedrich Alfringhaus hatte sich bereit erklärt, die Regelung der mit einer solchen Kundgebung verbundenen finanziellen Dinge zu übernehmen. Er konnte nicht ahnen, worauf er sich da eingelassen hatte; heute ist er Kassenwart der Bekenntnisbewegung und an der Vorbereitung ihrer Tagungen und Konferenzen beteiligt. Aber das alles konnte damals niemand wissen, und das war gut so.

Unsere erste Anfrage ergab, daß die Westfalenhalle belegt war, aber noch nicht definitiv. Zwei Tage wurden wir hingehalten. Dann rief mich Rudolf Bäumer aus einer Fernsprechzelle in Espelkamp an: »Du, die Westfalenhalle ist jetzt frei. Aber überleg doch noch mal mit, Paul, sollen wir das wirklich wagen? Diese Riesenhalle — und hinter uns steht doch keine Organisation!«

Aber er stand in einer engen Telefonzelle, er konnte nicht umfallen. Und ich saß zu Hause hinterm Schreibtisch; da konnte ich die schlotternden Knie festklemmen. Wir hatten in Hamm »ja« gesagt, nun mußten wir auch dabei bleiben. Es galt einfach, alle Christen aufzurufen, die wir irgend erreichen konnten. Und auch das andere hatten wir in Hamm klargestellt: Wir wollten solange Pellkartoffeln mit Hering essen, bis wir die Unkosten aus eigener Tasche bezahlt hatten, falls das Unternehmen finanziell danebengehen würde.

Nun begannen die Druckmaschinen an- und die Telefone heißzulaufen, Hunderttausende von Einladungen schickten wir ins ganze Land. In jenen Tagen habe ich Gott immer wieder um drei Dinge gebeten, und meine Freunde wußten das: um gutes Wetter, um eine volle Westfalenhalle und um 70 000 Mark Kollekte.

Gutes Wetter hat Gott geschenkt, schon tagelang vorher war es trocken. Was wäre geschehen, wenn es geschneit oder wie aus Kannen geschüttet hätte? — Die Westfalenhalle war nicht nur voll, sondern überfüllt. — Die 70 000,– DM hat uns Gott nicht gegeben, damit wir nicht hochmütig würden. Aber 38 000,– DM kamen zusammen; damit konnten wir die Unkosten decken und behielten noch einen Überschuß.

Diese erste große Kundgebung war die Geburtsstunde der Bekenntnisbewegung. Zu mir sagte damals in Dortmund ein Berufsschulpfarrer: »Sie glauben ja gar nicht, welche Ermutigung das für uns, die wir uns oft auf verlorenem Posten vorkommen, bedeutet: daß wir einmal ohne Stottern das Glaubensbekenntnis mitsprechen können, Glaubenslieder singen und das Evangelium ohne Wenn und Aber bezeugt bekommen.«

Mit Dortmund hatte etwas begonnen, was sich fortsetzte und von uns nie ins Auge gefaßte Größenordnungen annahm. Es wuchs — nicht ohne Schwierigkeiten und nicht ohne Fehler. Aber ich habe in dieser Arbeit erlebt, wie Gott Gebete erhört. Deshalb sehe ich sie letztlich nicht unter dem Gesichtspunkt der Kirchenpolitik; für mich ist das alles mehr eine Frage des kindlich gläubigen Vertrauens. Andererseits frage ich mich, warum man das eine vom anderen so scharf trennen muß.

Vertrauensfrage: Das Wetter

Die Frage des kindlich-gläubigen Vertrauens wird für mich, zumal bei Großveranstaltungen, immer dann beispielhaft deutlich, wenn es ums Wetter geht. Wir haben verschiedentlich große Versammlungen im Freien durchgeführt: etwa die »Gemeindetage unter dem Wort« in Stuttgart 1975 und 1978 und in Dortmund 1977. Wie oft hat man mir da entgegengehalten: »Wir haben doch keine Glücksversicherung, daß es nicht regnet!« Aber ich habe in diesem Zusammenhang nie von Glück oder Versicherung gesprochen. Ich habe nur gesagt: »Es regnet nicht an diesem Tag. Wir beten einfach dafür.« Und an diesen Gemeindetagen hat es nicht geregnet. In Dortmund war es allerdings kühl; da hatte es vorher tagelang gegossen. Zwei Tage vor unserem Treffen hörte der Regen auf, und einen Tag später setzte wieder Dauerregen ein. Dem Gemeindetag in Stuttgart 1978 gingen katastrophale Wolkenbrüche voraus.

Wir erleben das jedes Jahr neu beim großen Waldgottesdienst, den wir am Pfingstmontag an der Glörtalsperre halten. Da kann man nun diskutieren und theologisieren, solange man will: er ist seit 30 Jahren kein einziges Mal wegen Regen ausgefallen. Adolf Scharwächter, der treue Organisator, rechnete einfach damit.

Einmal hatte ich kurz vor Pfingsten einen Reporter an der Strippe, der es ganz genau wissen wollte. »Und was machen Sie, wenn's regnet?«, fragte er. — Antwort: »Es wird nicht regnen.« Darauf er: »Haben Sie so gute Beziehungen nach oben?« — Da hab ich's ihm halt noch einmal erklärt: »Wir haben verdient, daß es Hackebeilchen regnet. Aber wir haben das kindliche Vertrauen, daß Gott uns trockenes Wetter geben wird.«

Wir haben erlebt, daß es noch in der Nacht in Strömen gegossen hat, aber am nächsten Tag konnten wir dann unseren Gottesdienst doch abhalten. Natürlich hat nicht immer die Sonne am wolkenlosen Himmel gelacht; es war manchmal trüb und unfreundlich. Aber der Waldgottesdienst an der Glör ist nie wegen Regen ausgefallen. Trotzdem habe ich keine Garantie, nur eine schlichte Antwort: »Gott hört, wenn wir bitten.«

»Geführter Hausbesuch«

Dieses Kapitel darf nicht mit dem Eindruck enden, als bezögen sich Führungen und Gebetserhörungen im wesentlichen auf Großveranstaltungen. Sie haben im Leben jedes Christen ihren Platz.

Als Gemeindepfarrer wurde ich einmal gedrängt, eine Familie zu besuchen, die gar nicht zu meinem Bezirk gehörte. Ich drückte auf die Klingel, und die Hausfrau öffnete mir. »Wer hat Sie denn geschickt?« fragte sie. Nun, mich hatte niemand geschickt, und das sagte ich ihr auch. Da begann sie zu erzählen: »Mein Mann wollte Sie heute abend auf dem Heimweg besuchen. Ich habe einen so fürchterlichen Traum gehabt, mit dem werde ich einfach nicht fertig.« Nun durfte ich ihr antworten: »Na, dann hat mich Gott geschickt.« Als der Mann am Abend bei mir erschien, konnte ich ihm sagen: »Du brauchst mir gar nichts mehr zu erzählen; ich weiß bereits Bescheid.« — Es sind diese Führungen in den kleinen Dingen, die mir immer neu bestätigen, daß Gott im kleinsten am allergrößten ist.

Die gestohlene Schreibmaschine

Einem holländischen Evangelisten wurde 1947 auf der Königsallee in Düsseldorf aus dem geparkten Wagen eine Schreibmaschine gestohlen, damals ein sehr kostbarer, weil nahezu unersetzlicher Besitz. Er meldete den Verlust der Polizi und erkundigte sich dann täglich nach dem Ergebnis der Nachforschungen, aber man fand nichts. Daraufhin sagte er zu dem diensttuenden Beamten: »Dann will ich mich mal an eine höhere Stelle wenden.«

»Wie, haben Sie besondere Beziehungen?«

»Nein, ich werde dafür beten.«

So trug er die Sache Gott vor; er wisse ja, wie dringend sein Diener die Schreibmaschine für die Arbeit benötige, und er hatte auch einen Vorschlag bereit, wie er sich die Sache dachte: »Gib doch, daß der Dieb keine Ruhe findet, solange er die Schreibmaschine in seinem Besitz hat.«

Der Herr mit den langen Fingern fand auf der Schreibmaschine Namen und Anschrift des rechtmäßigen Eigentümers, und irgendwie schmeckte ihm das Ganze nicht. Er rief diesen an und vereinbarte ein Treffen.

Der Holländer hat seine Schreibmaschine tatsächlich wiederbekommen, im Beisein des Diebes hat er sich dafür bei Gott bedankt. So kann Gott auch in kleinen Dingen auf geheimnisvolle Weise helfen.

Zwei Gitarren für Wladiwostok

Seit Jahren habe ich mit einem Werkmeister Kontakt. Er lebt heute im Ruhestand und trägt einen Herzschrittmacher, hätte auf Ruhe also wirklich Anspruch. Jeder würde sie ihm gönnen, aber er hat sich einem anderen »Schrittmacher« anvertraut. Mit dessen Hilfe hält er im Jahr noch an die 300 Vorträge: in Deutschland, Österreich und der Schweiz, sogar in Amerika. Die regelmäßigen ärztlichen Kontrollen nimmt er gelassen auf sich: »Ich muß mal wieder zum TÜV, die wollen meine Pumpe ölen.« Dann wechselt er das Thema.

Sein eigentliches Gesprächsthema sind die Christen in Rußland. Er versucht, ihnen zu helfen und durch seine Vorträge auf ihre Schwierigkeiten aufmerksam zu machen. Anläßlich einer seiner Vortragsreisen durch die USA erklärte sich eine Gruppe amerikanischer Studenten bereit, nach Rußland zu fliegen und dort Christen zu besuchen.

Unser Werkmeister traf sich mit ihnen auf dem Flughafen in Wien und übergab ihnen Bibeln, Tonbandkassetten, Medikamente und fünf Gitarren. Als er seine Bedarfsliste noch einmal durchging, stellte er fest, daß noch zwei Gitarren fehlten. Ein Christ in Wladiwostok hatte darum gebeten. Nun hatte er zwar am Abend vorher eine größere Spende erhalten, aber die Zeit reichte nicht, um in die Stadt zurückzufahren und die Gitarren zu kaufen.

Er nahm einige der amerikanischen Studenten im Flughafenrestaurant beiseite und bat Gott, ihm doch die Möglichkeit zu geben, die fehlenden Gitarren hier auf dem Flughafen zu beschaffen. Nachdem sie gebetet hatten, bestellte sich jeder einen Kaffee. Da sahen sie vom Flugsteig eine Gruppe junger Leute herunterkommen, die Gitarren bei sich hatten. »Da sind unsere Gitarren ja schon«, murmelte der Werkmeister und stand auf. Es handelte sich um eine kommunistische Folkloregruppe aus dem Ruhrgebiet, die von einer Rußlandtournee zurückkehrte und finanziell ziemlich abgebrannt war.

Auf den Vorschlag des Werkmeisters, ihm zwei Gitarren zu verkaufen, ging man jedenfalls bereitwillig ein, und diese waren für den vorgesehenen Zweck besonders gut geeignet, da die Schutzhüllen über und über mit russischen Werbeplaketten beklebt waren. Das Geschäft war kaum getätigt, da wurde der Flug nach Wladiwostok ausgerufen, für den die amerikanische Studentengruppe gebucht hatte.

Wenige Tage später erhielt der Werkmeister einen Telefonanruf, der ihm herzliche Glückwünsche zum Geburtstag übermittelte. Das war das vereinbarte Zeichen: alle Geschenke hatten wohlbehalten ihren Bestimmungsort erreicht. Bleibt nur noch hinzuzufügen, daß die kommunistische Jugendgruppe direkt hätte nach München fliegen sollen; Nebel über dem Flughafen München-Riem hatte die Maschine zur Zwischenlandung in Wien gezwungen.

Bei der ganzen Geschichte hatte kein Pastor seine Hand im Spiel. »Laienchristen« hatten die Kühnheit besessen, Gott um etwas Unmögliches zu bitten. Und Gott hatte das Unmögliche wahr gemacht, souverän, ohne Anspruch auf Wiederholung, aber indem er an vielen unsichtbaren Fäden zog.

Hanns Lilje hat einmal gesagt: »Wenn Gott eine Führung vorhat, dann setzt er einen ganzen Apparat von Ereignissen und Möglichkeiten zu ihrer Verwirklichung ein.«

8. Kapitel

»Vom herrlichen Elend der Kinder Gottes«

Auch die »Väter im Glauben« waren Menschen

Gewöhnlich befällt uns eine Art heilige Ehrfurcht, wenn wir Namen wie Volkening, Samuel Keller oder Charles Haddon Spurgeon hören. Dieses Staunen ist gerechtfertigt, wenn es dem Gott gilt, der durch diese Männer gewirkt hat. Es ist überall da — auch in den handelsüblichen Biographien — fehl am Platz, wo es diesen Menschen einen Heiligenschein aufsetzt, der sie ihrer Menschlichkeit entkleidet.

Volkening

Bei meinen Diensten im Ravensberger Land stieß ich immer wieder auf Spuren des Erweckungspredigers Volkening. Vielleicht ist er ein besonderes Beispiel dafür, daß Erweckung und Menschlichkeit sich nicht ausschließen. Jedenfalls war er von jedem Heiligenschein-Christentum weit entfernt. Eine seiner Predigten stand unter dem Leitsatz: »Die elende Herrlichkeit der Kinder dieser Welt, und das herrliche Elend der Kinder Gottes.« Er war ein Mann der Wirklichkeit, für den beides zusammengehörte: die Herrlichkeit Gottes und die Erbärmlichkeit des Menschen.

Oft sind Leute schon am Samstagabend in Scharen aufgebrochen und mit der Stallaterne in der Hand die ganze Nacht hindurch gewandert, um am nächsten Morgen rechtzeitig zum Gottesdienst in Jöllenbeck zu sein. Eine jener Gruppen kam trotz aller Strapazen zu spät, die Kirche war schon überfüllt. Von außen waren bereits Leitern an die Kirchenfenster gelehnt, durch die sich verspätete Besucher um einen Blick ins Innere der Kirche bemühten. Draußen verstand man immer nur den öfters wiederholten Satz: »Welche der Geist Gottes treibt, die sind Kinder Gottes.«

Enttäuscht traten jene Männer den Rückweg an. Wir sind die ganze Nacht gewandert, sagten sie sich, und wir haben den Mann nicht einmal zu Gesicht bekommen. Bis einer plötzlich fragte: »Wie hieß eigentlich der Text, über den er gepredigt hat? Dieses Wort, das wir auch draußen verstanden haben?« Bereitwillig gaben die anderen Auskunft: »Welche der Geist Gottes treibt, die sind Gottes Kinder.« — Das brachte den ersten Fragesteller zu einer überzeugenden Schlußfolgerung: »Ja, was war es denn, das uns durch die Nacht in den Gottesdienst getrieben hat? Dann kann es doch nur der Geist Gottes gewesen sein, der uns in Bewegung gesetzt hat — und dann sind wir Kinder Gottes!« Da knieten sie alle am Waldrand nieder und dankten Gott. Das war der Anfang der Erweckung in ihrem Heimatdorf. So klein, so scheinbar nebensächlich kann Gott die Ausbreitung seines Evangeliums in einem Ort beginnen.

Der Erweckungsprediger, der Angst hatte, verlorenzugehen

Durch die Predigten und die Seelsorge Volkenings haben Tausende von Menschen den Weg zum Glauben an Christus gefunden.

Er selbst aber war zutiefst angefochten von der Sorge, ob er nicht doch noch verlorenginge, und zwar nicht nur in den Tagen des Aufbruchs, sondern gerade auch in der Zeit der Reife, des Alters. Oft verließ er morgens die eigene Kammer in tiefer Niedergeschlagenheit, und seine Bedrückung spiegelte sich in seinem Gesicht, wenn er die Küche betrat. Einmal fragte ihn seine Frau, ob es wieder die alte Sorge sei, die ihn quäle. — »Ja«, gab er zu, »ich glaube, ich gehe doch noch verloren.« Und seine Frau, die ein feines Gespür für echte Seelsorge hatte, antwortete darauf: »Dann geht Jesus mit dir in die Hölle.« Sie erinnerte ihn nicht an die vielen Menschen, die durch ihn Christen geworden waren. Sie wußte, daß in vielen Gemeinden für ihn gebetet wurde, aber auch darin sah sie keine Garantie für seine Erlösung. Sie hat ihm vielmehr geholfen, den Blick auf eben jenen Jesus zu richten, den er selbst zeit seines Lebens verkündigt hatte: »Dann geht der eben mit dir in die Hölle.«

Das war der Erweckungsprediger Volkening: ein Mensch, den Gott gebrauchte, gleichzeitig ein Mensch, der trotz allem, was Gott durch ihn gewirkt hatte, um sein eigenes Heil in Sorge blieb. Ein Mensch also wie wir. Kann Gott — mitten in einer Erwekkung — barmherziger sein?

Volkening: Ein Glas Zuckerwasser

Volkening war zugleich ein sehr nüchterner Mann. Von ihm stammt der Rat, Krankenbesuche nicht über fünf Minuten auszudehnen, weil Kranke aufgrund ihrer körperlichen Schwächung in der Regel nicht in der Lage seien, mehr zu ertragen.

Einmal hat der Seelsorger Volkening die fünf Minuten eines solchen Krankenbesuches still abgesessen. Lediglich eine Bemerkung kam ihm über die Lippen: »Ihr habt hier aber viele Fliegen.« Beim nächstenmal brachte er ein Glas Zuckerwasser mit, das die Fliegen anzog und zu jener Zeit als »Fliegenfänger« diente. Volkening hat mit der Kranken, die in jenem Zimmer lag, nicht gebetet. Trotzdem ist für diese Frau gerade das der Anstoß zum Glauben geworden: daß ein Erweckungsprediger an den Kleinigkeiten des Alltags einer Kranken nicht vorbeiging. Dadurch, daß er sich um so banale Dinge wie Fliegen im Krankenzimmer kümmerte, hat er Jesus zum Einlaß in das Herz eines Menschen geholfen.

Samuel Keller:
»90 Prozent meiner Scherze muß ich unterdrücken«

Der Evangelist Samuel Keller hat verschiedentlich in Lüdenscheid und auch in mehreren Orten der Umgebung gesprochen. Er besaß die Gabe, von den Gotteserfahrungen in seinem Leben so plastisch zu berichten, daß viele Menschen dadurch angesprochen wurden.

Gleichzeitig verfügte er über eine gehörige Portion Mutterwitz, und das hatte zur Folge, daß auch seine Evangelisationsansprachen mit Scherzen gewürzt waren. Eines Tages — wie könnte es anders sein — beschwerte sich eine Dame mit den Worten: »Herr Pastor, das ist aber doch anstößig; zehn Prozent Ihres evangelistischen Vortrags bestanden aus Scherzen.« Keller soll der entsetzten Dame geantwortet haben: »Sie werden sich wundern, liebe Frau, die restlichen 90 Prozent mußte ich unterdrücken.«

S. Keller: »Es wird ein Junge!«

Samuel Keller empfing oft schon während des Betens die Gewißheit, erhört worden zu sein. Zu seinen Freunden zählte ein Arzt, dessen Frau ein Kind erwartete. Es stand zu befürchten, daß die Geburt nicht ohne Zwischenfälle verlaufen würde, da sich die Wehen nicht in der gewünschten Weise einstellten (die heutigen Mittel, um dies medizinisch zu beeinflussen, kannte man damals noch nicht). Also teilte der Arzt Keller telegrafisch mit, daß sich bei der Geburt Komplikationen einzustellen drohten. Wenige Stunden später erhielt er folgendes Antwort-Telegramm: »Habe gebetet. stop. Wird ein Junge. stop. Gratuliere! Keller.«

Vermutlich sind wir versucht, eine solche Antwort als Unverschämtheit zu bezeichnen. Dem Arzt, der sie empfing, ging es nicht anders. Er knüllte das Telegramm wütend zusammen und warf es in den Papierkorb. Seine Frau, die im Nebenzimmer lag, hörte die Geräusche und wußte sie nicht zu deuten. »Was hast du?« fragte sie. — »Ach, nichts«, versuchte er sie zu beschwichtigen, doch als er in ihr Zimmer trat, gab sie sich mit der Antwort nicht zufrieden. »Du hast einen ganz roten Kopf, das muß doch einen Grund haben?« forschte sie. Da erzählte er ihr von dem Telegramm, das er eben erhalten hatte. Sie konnte sich nicht anders helfen, sie mußte herzhaft lachen. Durch das Lachen wurden die Wehen ausgelöst, und diese ihrerseits verhalfen einem gesunden Jungen ans Tageslicht.

S. Keller: Apfelsinen frei Haus

Keller, der auch in vielen russischen Städten evangelisiert hat, kam eines Abends nach einer Evangelisation müde ins Hotel einer russischen Stadt. Er hätte für sein Leben gern noch etwas Obst gegessen, aber das Restaurant war bereits geschlossen, und der Hotelservice war nicht mit dem zu vergleichen, was wir heute gewohnt sind. Von da hatte Keller also wenig Hilfe zu erwarten. Deshalb wandte er sich an eine andere Instanz: Er besaß die Kühnheit, Gott um einige Apfelsinen zu bitten.

Kurz nach zehn klopfte es an seine Zimmertür. Der Hoteldiener meldete, daß ein Paket abgegeben worden sei. Daraufhin bat Keller ihn seelenruhig: »Machen Sie es doch bitte auf, es sind Apfelsinen drin.«

Es steht jedem frei, die Kühnheit oder Unverschämtheit — ganz wie er will — Kellers zu kritisieren. Nur: in dem Paket waren tatsächlich Apfelsinen. Keller hatte während seines Gebets die Gewißheit erhalten, daß Gott es erhören würde. Wer will die Auserwählten Gottes — auch in ihrer Menschlichkeit — beschuldigen?

Spurgeon: Zuviel Raum in den Brötchen

Ein Original unter den Predigern war zweifellos Charles Haddon Spurgeon. In seinem Tabernakel in London hat er vor Tausenden von Menschen gepredigt.

Einmal traf er mit einem Bäckermeister seiner Gemeinde zusammen, der beredt davon sprach, daß man der Gnade immer neu Raum geben müsse. Darauf entgegnete Spurgeon: »Ja, ja, mein Lieber, das heißt aber nicht, daß Sie in Ihren Brötchen soviel leeren Raum lassen müssen.«

Spurgeon: Besser rauchen als brennen

In den frühen Jahren seines Dienstes konnte Spurgeon gelegentlich zu seiner Entspannung eine Zigarre rauchen. Einmal wurde er deshalb von einem anderen Christen zur Rede gestellt. Spurgeon antwortete ziemlich knapp: »Better to smoke here, then to smoke thereafter.« (Besser jetzt rauchen, als später ewig brennen.)

Um eines anderen Menschen willen, der daran gebunden war, hat Spurgeon das Rauchen später völlig aufgegeben. Das ist königliche Freiheit.

Elias Schrenk:
Steckengebliebene Evangelisationen — ein Werkzeug des Teufels

Elias Schrenk, einer der Väter der Evangelisation, weigerte sich in den ersten Jahren seines Dienstes, feste Vereinbarungen zu treffen; er war der Meinung, daß er für die Führungen Gottes offen bleiben müsse. Manchmal hat er an einem Ort sechs Wochen lang evangelisiert, weil er den Eindruck hatte, unter seiner Verkündigung entstünde ein Vertrauensverhältnis zu den Besuchern, und es käme geistlich etwas in Gang. Das wirkte sich auch auf seine Predigten aus, die von einem zunehmenden geistlichen Anspruch geprägt waren. Er hielt es für falsch, die Leute gewissermaßen »geistlich anzuwedeln« und dann wieder wegzugehen.

Ähnliches habe ich bei einer Zeltevangelisation mit Gerhard Bergmann in Lüdenscheid erlebt. Am zehnten Abend etwa kam es zu einem ersten Durchbruch. Auch akademisch gebildete Zuhörer befanden sich nun regelmäßig unter den Besuchern, und Gerhard Bergmann meinte: »Eigentlich müßten wir jetzt mit der Evangelisation erst richtig beginnen.« Aber die Zeit war vorbei, das Zelt wurde abgebrochen, weil die Pläne keinen Aufschub duldeten.

In diesem Sinn können steckengebliebene Evangelisationen ein Werkzeug des Teufels sein. Bei den Menschen ist etwas in Gang gesetzt worden, es hat etwas begonnen, was nicht fortgesetzt wird. Natürlich dürfen wir Gott zutrauen, daß er nun die weitere Betreuung der angesprochenen Menschen selbst übernimmt. Die Frage ist lediglich, wie weit uns das von unserer evangelistischen Verantwortung entbindet.

Sollten wir im Blick auf unsere evangelistischen Termine nicht so beweglich bleiben, daß eine Arbeit verlängert werden kann, wenn sich die Notwendigkeit dazu ergibt? Manche Evangelisten haben entsprechende Konsequenzen gezogen. Sie sagen: »Ich lasse mir zwischen den einzelnen Evangelisationen soviel Zeit, daß ich immer in der Lage bin, um einige Tage zu verlängern.«

Ich weiß, daß dies manchmal aus rein technischen Gründen nicht geht: große Hallen muß man für eine bestimmte Zeit mieten, und Verlängerungen sind hier kaum zu erreichen. Die Gefahr terminlich begrenzter Evangelisationen besteht darin, daß man unreife Früchte pflücken will, daß Evangelisationen durch den definitiv gegebenen Abschlußtermin in eine Hektik geraten und der Aufruf zur Entscheidung vom Schlußtermin und nicht vom geistlichen Rhythmus der Evangelisation abhängig gemacht wird.

Andererseits werden evangelistische Großveranstaltungen, die sich über einen längeren Zeitraum erstrecken, von Menschen vor den Toren der Kirche heute oft nur an einem Tag besucht. Das gibt einzelnen Evangelisationsabenden, wie sie z. B. Anton Schulte durchführt, durchaus ihre Berechtigung. Gerade ein solcher einzelner Abend kann die Fortsetzung sein, die das Steckenbleiben einer früher begonnenen Evangelisation verhindert.

Zwei Dinge haben sich seit den Tagen der Väter geändert, die wir bei diesen Überlegungen berücksichtigen müssen:

1. Planung und Organisation spielen heute insgesamt eine wichtigere Rolle als damals. Deshalb rechnen wir heute verstärkt mit der Führung Gottes bereits bei der Planung einer Evangelisation und dem daraus sich ergebenden Rhythmus.

2. Wir haben neu entdeckt, daß Evangelisation ein »permanentes Geschehen« sein muß, in dem sich volksmissionarische Aktivitäten auf Gemeindebasis, evangelistische Großveranstaltungen und einzelne Evangelisationsabende abwechseln. Wenn uns permanente Evangelisation wirklich gelingt, ist die Gefahr des Steckenbleibens gebannt.

Vikar Christlieb: »Der Zuhörer«

Von Alfred Christlieb ist uns eine Geschichte aus seiner Vikariatszeit bei Pastor Jakob Engels in Nümbrecht erhalten. Engels hatte als Folge einer Erkältung seine Stimme verloren und Christlieb gebeten, er möchte am nächsten Tag an seiner Stelle die Predigt übernehmen. Die Kirche war bis auf den letzten Platz gefüllt, und Christlieb stand vor der undankbaren Aufgabe, von heute auf morgen und ohne daß die Gemeinde unterrichtet worden war, an die Stelle des allgemein beliebten Pastors zu treten.

Der heisere Engels saß mitten unter den Zuhörern, und Christlieb erzählte später: Eins werde ich nie vergessen; das strahlende Gesicht von Engels, als er merkte, wie die Gemeinde bei der Predigt seines jungen Vikars mitging.

Mitfreude kann schwerer sein als Mitleid

Ähnliches habe ich in Lüdenscheid erlebt. Wir veranstalteten durch mehrere Jahre hindurch morgens um 8 Uhr Jugendgottesdienste in der Erlöserkirche und in der Christuskirche, bei denen oft kein Platz in den Kirchenbänken leer blieb. Die Besucherzahl schwankte zwischen 600 und 1000 Menschen, im anschließenden Hauptgottesdienst waren es dann naturgemäß wesentlich weniger. Ich hatte öfters den Jugendgottesdienst zu halten, während Superintendent Köllner den Hauptgottesdienst übernahm. Wenn er zur Kirche ging, lief er den nach Hause strebenden Besuchern des Jugendgottesdienstes gewissermaßen in die Arme. Mehr als einmal habe ich ihn dabei von der anderen Straßenseite aus beobachtet, ohne daß er mich sehen konnte. Und ich vergesse nicht, wie neidlos fröhlich er dabei die Leute begrüßte. Ich habe ihm das auch später gesagt; denn ich begreife immer mehr, daß Mitfreude manchmal viel schwerer ist als Mitleid.

Wilhelm Busch d. Ä.: Die Katze

Der Vater der bekannten Söhne Wilhelm und Johannes Busch war Pfarrer in Wuppertal. Er bemühte sich vergeblich, mit einem alten, verbitterten Mann in Kontakt zu kommen, dessen Lieblingstier eine Katze war. Eines Tages hörte Wilhelm Busch, daß sie eingegangen war. Ein paar Wochen später hatte der alte Mann Geburtstag. Busch besorgte eine junge Katze, schickte ein paar Jungen hinüber, die dem Geburtstagskind ein Lied sangen und die Katze als Geschenk überreichten. Das hat bei jenem alten Mann das Eis gebrochen; er öffnete sich für das Evangelium.

W. Busch d. Ä.: 4. Klasse fährt die Masse

Wilhelm Busch der Ältere war ein Original wie später seine Söhne auch. In den Ferien unternahm er mit seinen Kindern Wanderausflüge. Dabei konnte es vorkommen, daß er sagte: »So, Kinder, jetzt muß ich mich mal erst so richtig ausbrüllen.« Und dann veranstaltete er mit den Herren Söhnen ein wüstes Geschrei.

Wanderausflüge hatten damals ihre Eigenarten. Busch, den Rucksack auf der Schulter, bestieg mit Frau und Kindern ein Abteil 4. Klasse. Auf jeder Station kamen mehr Menschen in den Zug, die einzelnen Abteile waren überfüllt und die Insassen darüber nicht gerade begeistert. Einen der fluchenden und schimpfenden Mitfahrer fragte Wilhelm Busch, warum er sich denn so aufrege. — »Na, lieben Sie denn etwa dieses Gedränge?« — »Nee«, antwortete Busch, »ich liebe meine Frau«. Das Gelächter, das sich anschloß, entkrampfte im ganzen Abteil die Situation.

Ein andermal begann Busch im stickigen Gedränge zu singen: »Geh aus, mein Herz, und suche Freud.« Und einer nach dem anderen begannen die zwischen Rucksäcken, Picknickkörben und schwitzenden Reisegefährten Eingeklemmten mitzusingen, bis schließlich fast alle Fahrgäste in das Lied einstimmten. Durch Humor aus dem Glauben war eine menschliche Konfliktsituation entspannt worden.

Bezzel: Heiligung heißt zeitlos sein

Vielleicht sollte ich noch den süddeutschen Theologen und Kirchenvater Hermann Bezzel erwähnen. »Heiligung«, hat er gesagt, »heißt im Grunde zeitlos sein«. — Wer sich in der Nähe Gottes aufhält, von dem fällt letztlich nicht nur jeder Termindruck ab, auch die Eindrücke, mit denen seine Zeit (und seine Zeitgenossen) auf ihn einstürmen, habe keine letzte Gewalt über ihn, wie sehr sie ihn auch bedrängen mögen. Sein letzter Halt ist Gott, und der kann ihm mitten darin einen Freiraum schaffen.

Noch ein anderes Wort von Bezzel begleitet mich: »Wenn eine Gemeinde zugrunde geht, so an der Fülle ihrer unberufenen Diener.« — Es ist also nicht die geistliche Armut seiner Leute, die die Gemeinde Gottes ernsthaft gefährdet; denn Gott kann Arme reich machen. Was ihr zur ernsten Gefahr wird, sind Menschen, die sich in geistlicher Überheblichkeit und Selbstüberschätzung selbst beauftragen. Wer sich selbst beruft, muß eine hohe Meinung von sich haben. Wer von Gott berufen wird, bleibt sich der eigenen Armseligkeit bewußt. Die »Fülle« der selbstherrlichen Diener steht dabei in groteskem Gegensatz zu jener Fülle, die Gott seinen armen Leuten schenken will.

9. Kapitel

Gott will uns nicht als verkrampfte Halbengel

Begegnung mit Evangelisten

Evangelisten sind Leute, denen Gott eine schwierige Aufgabe anvertraut hat. Sie sollen etwas tun, was vielen anderen Christen keineswegs leicht fällt, nämlich ihre Zeitgenossen mit der Guten Nachricht von Jesus Christus bekanntmachen.

Auch Evangelisten fällt das nicht immer leicht; sie geraten in Situationen, in denen sie sich alles andere als glücklich schätzen. Wir haben immer noch die Möglichkeit zu kneifen, wenn es uns am Arbeitsplatz oder im Freundeskreis zu schwierig erscheint, etwas über Christus zu sagen. Dem Evangelisten ist der Fluchtweg durch den Notausgang abgeschnitten, wenn er erst einmal auf dem Podium sitzt, und niemand fragt dann mehr danach, was er denkt oder fühlt und wie ihm zumute ist.

Wir sitzen dann vermutlich bequem und gut geschützt in der vorletzten Reihe. Und ehe wir uns versehen, verwandeln wir uns aus Mitstreitern in Zuschauer; der Zuschauer aber ist seinem Wesen nach bereits so etwas wie ein Kritiker. Und aus langjähriger Erfahrung, erworben durch den Besuch unzähliger evangelistischer Veranstaltungen (immer auf der Zuschauerbank), leiten wir irrigerweise das Recht ab, über die Veranstaltung und ihren Redner distanziert kritisch urteilen zu können. Dabei vergessen wir leicht, daß der Evangelist an jedem Abend einen neuen Kampf auszutragen hat: gegen kritische Gemeindeglieder wie uns, gegen die Skepsis von Zuhörern, die noch keine Christen sind, sowie gegen andere Kräfte, die man nicht sehen kann. Wir ignorieren, daß es im Hin und Her dieser Auseinandersetzung gar nicht ausbleiben kann, daß der Evangelist einmal zu laut, einmal zu leise, einmal zu aggressiv und einmal vielleicht zu zurückhaltend reagiert; er hat das größte Thema der Welt zu behandeln, das Thema mit dem größten Widerspruch. Wer da auf nichts weiter als den wohltemperierten Vortrag und die geschliffene Formulierung achtet, so wichtig beide sind, der hat vielleicht noch nicht ganz erfaßt, worum es geht. (Bei der Evangelisation können Christen letztlich nur Selbstkritik üben, weil sie immer beteiligt und engagiert sind; sind sie das nicht, so hat ihre Kritik genau da anzusetzen.)

Weil Evangelisationen nie im luftleeren Raum stattfinden (auch dann nicht, wenn die Gemeinde weitgehend unter sich ist!), gleicht die Aufgabe des Evangelisten fast immer einer Gratwanderung bei Sturm. Es kann nicht ausbleiben, daß er vom schmalen Pfad wohlgesetzter evangelistischer Rede nach rechts wie nach links abweicht. Die Gemeinde ist verpflichtet, das mit wachsamen und kritischen Augen zu verfolgen. Ihre Kritik ist aber nur solange berechtigt, wie sie den Kritisierten ans Seil nimmt und seinen »Absturz« verhindert. Wer die Hände in die Taschen steckt und den Evangelisten »fallen läßt«, gleicht dem Theaterkritiker, der ein Drama beurteilt, ohne sich über die tragenden Rollen der Handlung im klaren zu sein.

Zur Aufgabe des Evangelisten gehört, daß er sich intensiv mit seinen nichtglaubenden Zeitgenossen auseinandersetzt; ohne sich ihrer Lebensweise anzupassen, aber auch ohne sie pharisäisch-überheblich zu verurteilen. Er muß wissen, wo seine Zuhörer der Schuh drückt, wenn er an der richtigen Stelle ansetzen soll. Er muß ihre Sprache reden, damit sie verstehen, was er ihnen zu sagen hat. Das aber setzt gerade im Bereich der volksmissionarischen Arbeit ein oft unterschätztes Maß an Originalität voraus.

Um die beschriebenen Aufgaben mag der Christ in der Gemeinde den Evangelisten keineswegs beneiden. Mit der Erfüllung der evangelistischen Aufgabe ist jedoch ein Nebeneffekt verbunden, in den sich mancher Christ nicht ungern einbeziehen ließe. Denn von ihm spricht niemand, auch wenn er sich zum Wohl der Gemeinde die Hacken wundläuft. Der Dienst des Evangelisten dagegen vollzieht sich zwangsläufig im Rampenlicht der Öffentlichkeit. Von allen Plakatsäulen strahlt sein Gesicht, und nie sah er jugendlicher aus. Sein Name steht in der Zeitung und ist in aller Munde. Einen wesentlichen Teil seiner Arbeit tut er gewissermaßen auf einem Tablett, das in der Öffentlichkeit herumgereicht wird.

Nun kann ein Evangelist ohne einen gewissen Bekanntheitsgrad die Menschen vor den Toren der Kirche, um deretwillen er ja evangelisiert, nur schwer erreichen. Die Leute wollen wissen, mit wem sie es zu tun haben. Wir alle sollten erkennen, daß damit ein Risiko verbunden ist. Das Parkett, auf dem den Evangelisten das Scheinwerferlicht trifft, hat sich schon manchmal als glattgebohnert erwiesen; hier möchte der Teufel den ihm unbequemen Rufer ausrutschen lassen. Wir sollten es uns nicht hinter dem Rücken zutuscheln, sondern offen aussprechen, daß der Evangelist zwar nicht eitler ist als andere Leute, daß ihm aber viel mehr Gelegenheit geboten wird, sie herauszukehren, und daß er in diesem Punkt deshalb stärker gefährdet ist als andere Christen. Denn man redet nicht nur von ihm, man redet vor allem von seinen »Erfolgen«. Und da zum Wesen eines Evangelisten eine bestimmte Originalität gehört, sollte es uns wirklich nicht wundern, daß auch die Eitelkeit bei ihm sonderbare Blüten treiben kann. Wir müssen uns nur klarmachen, daß es sich hier um eine Art Berufsschädigung handelt; die Gemeinde ist aufgerufen, an ihrer Korrektur und Heilung mitzuhelfen.

Aber die liebe Gemeinde bewegt sich oft in einer ganz anderen Richtung. Im Grunde kann man das gut verstehen, denn sie hat nun einmal keine Fußballstars und Filmschauspieler, die sie bewundern und beklatschen kann. Es fehlen ihr vom Leben enttäuschte Fürstinnen aus christlichen Herrscherhäusern, denen man tränenden Auges und schmelzenden Herzens wonnigschmerzliche Sympathien entgegenbringen könnte. Zu dem wenigen, was sich dem suchenden Auge bietet, gehören die im Land umherziehenden Evangelisten. Es mag diesen gefallen oder nicht, man nimmt das Tablett, auf dem sie ohnehin schon gefährlich leben, und trägt es nun auch jubelnd durch den Tempel. Da gibt es dann Graham-Fans, Bergmann-Fans, Hansen-Fans, Schulte-Fans, und damit macht die Gemeinde die Evangelisten zu dem, was sie ihnen im gleichen Atemzug übelnimmt: nämlich zu Stars. Den Evangelisten aber erschwert sie es, da Mensch zu sein, wo sie zuallererst ein Recht darauf hätten: in der Gemeinschaft der Christen.

Dieser Abschnitt ist, frei nach Erich Kästner, ein Loblieb auf die Evangelisten, ohne daß die es vielleicht merken (was ihnen nur gut tun kann). Es ist zugleich ein Appell an die Gemeinde, und man kann nur hoffen, daß sie das begreift.

Grundsätzlich ist mir um die Evangelisten jedoch keineswegs bange; dazu bin ich zu vielen begegnet, die sehr wohl verstanden haben, sich ihr Menschsein zu erhalten.

Ernst Modersohn: Hochzeitsreise auf Raten

Die jüngste Tochter von Ernst Modersohn, die heute in Südafrika lebt, hat mir einmal erzählt, daß ihr Vater alle paar Monate mit seiner Frau für einige Tage privat auf Reisen ging. Sie sind dann zusammen gewandert, haben sich nette Gasthöfe zur Übernachtung ausgesucht und dabei eine festliche Mahlzeit ganz bewußt genossen. Modersohn pflegte diese Ausflüge als »nachgeholte Hochzeitsreise« zu bezeichnen, da diese zu Beginn der Ehe aus irgendwelchen Gründen hatte ausfallen müssen. Er hat das bis ins hohe Alter hinein beibehalten und ist immer dafür eingetreten, daß Eheleute auch füreinander Zeit haben müssen.

Dieser Mann hat durch seine Evangelisationen während und nach dem Ersten Weltkrieg ganze Gebiete christlich geprägt.

E. Modersohn: Die abgesägten Bettpfosten

Nun muß Modersohn auf seinen vielen Reisen allerdings auch so manches erlebt haben, was ihm genügend Stoff für Predigtillustrationen lieferte. Sein Schwiegersohn Ernst Krupka hat uns erzählt, einmal sei ein jungverheirateter Ehemann zu Modersohn in die Aussprache gekommen und habe ihm bekümmert erzählt, daß seine junge Frau, obwohl sie doch eine gläubige Christin sei, jeden Abend unter dem Bett nachschaute, ob kein fremder Kerl darunter läge. Das ginge ihm gegen den Strich, denn schließlich wäre er doch jetzt da, und das alles sei ohnehin Unsinn.

Modersohn gab dem jungen Mann den Rat, seiner Frau gut zuzureden und ihr klarzumachen, daß sie unter seinem Schutz nichts zu fürchten habe. Wochen später traf Modersohn den in seiner Ehre gekränkten jungen Ehemann wieder. Natürlich erkundigte er sich sofort, ob es ihm denn nun gelungen sei, seine junge Frau zu überzeugen und von ihrer Gewohnheit abzubringen. Der junge Ehemann lächelte verschmitzt: »Wissen Sie, ich habe mich lieber zu einer sicheren Lösung entschlossen: Ich hab' die Bettpfosten abgesägt.«

Ernst Krupka: Der Flüchtling

Ernst Krupka, den wir später nur Vater Krupka nannten, war selbst ein Original und viele Jahre als Evangelist der Deutschen Zeltmission tätig. Gern erzählte er die Geschichte von einem Zeltevangelisten, der von den Frauen derart umschwärmt und als Seelsorger so begehrt war, daß er sich nach Schluß der Zeltveranstaltung heimlich durch einen schmalen Ritz in der Zeltwand zwängte und an der Rückseite des Zeltplatzes im Schutz der Dunkelheit über den Zaun stieg, um zu verschwinden. Glücklich sind, die nach rückwärts Boden gewinnen!

Ernst Krupka: »Es zieht!«

Bei einer Zeltaussendungsfeier in der überfüllten Siegener Hammerhütte herrschte so stickige Luft, daß Krupka Anweisung gab, die Fenster zu öffnen. Prompt beschwerten sich einige Besucher, die wohl etwas ungünstig saßen: »Es zieht.« — »Seht Ihr«, antwortete Krupka unbekümmert, »das soll's ja gerade!« Wenn Zeltmission geistlich gesehen immer neu auf frischen Wind Gottes angewiesen ist, dann konnte, nach Krupkas Meinung, ein frischer Windstoß in der Hammerhütte ebenfalls nicht schaden.

Daniel Schäfer: Sonnige Seelsorge

Einen besonderen Stil der Evangelisation hat Daniel Schäfer entwickelt. Er läßt sich vielleicht am besten mit der Bezeichnung »sonnige Seelsorge« charakterisieren. Das war zugleich ein Zentralbegriff im Schrifttum Daniel Schäfers, und es ist gewiß nicht von ungefähr, daß er ein Buch über die Freude geschrieben hat.

Von ihm habe ich das Wort behalten: »Das größte Christuszeugnis ist die Existenz einer lebendigen Gemeinde.« — Das Beispiel eines einzelnen Christen ist wichtig, es kann ansteckend wirken, aber stärker als die Ausstrahlungskraft eines einzelnen ist die Existenz einer lebendigen Gemeinde. Sie entwickelt die Nestwärme, die junge Christen zum Wachstum brauchen. In ihren Gottesdiensten kommt man sich nicht wie in einem Kühlschrank vor, und Glaubenslieder und Choräle werden nicht mit jenem tierischem Ernst abgesungen, durch den die gottesdienstliche Pflichtübung nur allzu deutlich hindurchschimmert. Schließlich singen wir doch nicht vor dem Finanzamt, und die Texte sind nicht unserer Steuererklärung entnommen. »Lebendige Gemeinde ist da«, würde Daniel Schäfer sagen, »wo es einem schwerfällt, nicht wiederzukommen.«

Paul Walter Schäfer: Blumen an der Unfallstelle

Sein Sohn Paul Walter trat in die Fußstapfen des Vaters. Durch Jahre hindurch haben seine Vorträge die Tersteegen-Konferenz entscheidend mitgeprägt. Paul Walter Schäfer hat in dem Ort, in dem er Pfarrer war, einen Sohn durch einen tödlichen Unfall verloren. An der Stelle, an der dies geschehen war, fand er nachher durch Wochen hindurch an jedem Morgen frische Blumen vor. Die Glieder seiner Gemeinde gaben ihm auf diese Weise zu verstehen, daß sie ihn in seinem Leid nicht allein ließen. Hier haben Gemeindeglieder ihrem Pfarrer ohne Worte eine Predigt gehalten.

Hans Bruns: ein angefochtener Bibelübersetzer

Hans Bruns ist nicht nur durch seine evangelistische Tätigkeit, sondern vor allem durch seine Bibelübertragung bekanntgeworden. Der Anstoß dazu war von außen an ihn herangetragen worden. Anläßlich eines Erholungsaufenthalts hatte jemand in einem Gespräch erwähnt, daß es doch nun an der Zeit wäre, die Bibel neu zu übersetzen und mit Erklärungen zu versehen, die dem heutigen Bibelleser das Verständnis schwieriger Texte erleichterten. Bruns sah das dann als seine Aufgabe an. Später hat er uns erzählt, daß er nicht geahnt habe, was er da auf sich genommen hatte. Vor allem die Arbeit am Alten Testament habe sich nicht nur als schwierig, sondern in manchen Passagen regelrecht als Anfechtung für ihn erwiesen: besonders die Mosebücher, in denen verschiedentlich detailliert von Geschlechtsbeziehungen die Rede ist. Der Bibelübersetzer Hans Bruns stand nicht als geistlicher Held hoch über diesen Dingen; er wurde genauso angefochten und bedrängt wie andere Bibelleser.

Hans Bruns: Sauwetter gibt es nicht

Was mich bei Hans Bruns beeindruckt hat, ist das Interesse, das er dem politischen Geschehen entgegenbrachte. Wenn er irgend konnte, sah er sich am Sonntagmittag den »Internationalen Frühschoppen« mit Werner Höfer an. Ich erinnere mich an manche Gebetsgemeinschaft, in der Bruns aktuelle politische Geschehnisse zum Thema seiner Fürbitte machte: »Bitte, segne den Besuch des Bundeskanzlers bei dem französischen Staatspräsidenten. Bitte, segne jenen politischen Kongreß.«

Bruns war ein impulsiver, ursprünglicher Mann, der nach einem Evangelisationsabend, an dem Menschen Christus gefunden hatten, ausgelassen wie ein Junge durch die stillen Gänge einer ehrwürdigen Diakonissenanstalt tanzen konnte.

Nicht zuletzt dieser Impulsivität war es zuzuschreiben, daß er anderen unverholen und derb die Meinung sagen konnte. Einmal waren wir mittags in einer christlichen Familie zu Besuch. Nach dem Essen wandte sich Bruns an den Hausherrn: »Schämst du dich nicht, hier herumzusitzen, statt deiner Frau beim Abtrocknen zu helfen?«

Ein andermal hatte sich jemand die Bemerkung erlaubt, daß draußen ein ziemliches Sauwetter herrsche. »Sauwetter gibt es nicht«, widersprach Bruns. »Alles Wetter ist von Gott geschenkt; deshalb kann es bestenfalls unfreundlich oder für uns ungünstig sein.«

Emil Funke: Doktortitel abgelehnt

Der Missionar Emil Funke würde es mir verzeihen, daß ich ihn nachträglich unter die Evangelisten einreihe. Er hatte in Togo gearbeitet und maßgeblichen Anteil an der Übersetzung des Neuen Testaments in die Landessprache. Als Anerkennung für diese Leistung sollte ihm der Ehrendoktortitel verliehen werden, doch Funke lehnte aus Bescheidenheit ab. Mancher mag eine solche Entscheidung für fragwürdig halten. Aber vielleicht sollten wir sie in einer Zeit, in der Titel Türen öffnen und den Wert eines Menschen bestimmen, als ein aufgerichtetes Zeichen von Bescheidenheit akzeptieren.

Für mich war Emil Funke so etwas wie die Demut in Person. Allein die Tatsache, daß er gern und häufig in unser schlichtes Elternhaus zu Besuch kam, war mir ein Beweis dafür.

John Thiessen: Pistolenschuß als Predigtauftakt

Auch der Evangelist Dr. John Thiessen war früher Missionar, und zwar unter den Indianern. Zu seinen Evangelisationen brachte er manchmal eine Spielzeugpistole mit und feuerte zu Beginn seines Vortrages einen Schuß gegen die Decke. Das gab ihm Gelegenheit zu der Erklärung: »Es genügt nicht, daß man eine Pistole besitzt; wenn sie etwas nützen soll, muß sie auch geladen sein.«

Für einen Evangelisten gehe es nicht darum, mit einer leeren Waffe zu drohen, er habe nicht eigene Gedankenkonstruktionen und Überlegungen vorzutragen. Wenn seine Verkündigung mehr als eine Platzpatrone sein solle, die nur Geräusche verursacht, dann müsse er etwas von Gott empfangen haben. Das Wort, das aus dem Mund Gottes (nicht nur aus dem des Evangelisten) kommt, das ist es, was das Herz eines Menschen trifft. Und zwar nicht, um ihn zu töten, sondern um ihn zu einem neuen Leben aufzuwecken.

Heinrich Kemner: Gott will unser Leben groß anlegen

Bei den traditionellen Evangelisationen in der Lüdenscheider Schützenhalle hat mehrere Jahre hintereinander Heinrich Kemner mitgewirkt. Durch eine seiner Evangelisationen ist in dem Dorf Adelshofen eine Erweckung entstanden, aus diesen Anfängen heraus wuchs unter Leitung von Dr. Riecker dann die bekannte Bibelschule.

Wenn Kemner in Lüdenscheid evangelisierte, wohnte er regelmäßig im Christlichen Hospiz. Viele Menschen suchten damals seinen seelsorgerlichen Rat. Eines Tages fragte ihn die Hausdame des Hospizes: »Sagen Sie, Herr Pastor, wie kommt es eigentlich, daß die Leute alle so fröhlich sind, wenn sie Ihr Sprechzimmer verlassen?« Hatte die Frau mit jener Beobachtung nicht ein wesentliches Ziel jeder Seelsorge erkannt: daß die Leute so fröhlich nach Hause gehen, daß es den anderen nicht verborgen bleibt?

Einige Aussprüche Kemners sind mir unvergessen geblieben: »Man muß senkrecht unter dem Kreuz stehen — damit der ganze Mensch durch das Blut Christi gedeckt ist.« Dem entspricht ein zweiter Satz, den ich mir gemerkt habe: »Gott duldet es nicht, daß wir Geheimnisse mit der Sünde haben.« Und zwar nicht, weil er kleinlich wäre oder uns ärgern will, sondern aus einem positiven Grund: »Er will unser Leben groß anlegen.«

Johannes Hansen: Gott operiert nicht an unseren Drüsen

Durch eine Zeltevangelisation lernte ich Johannes Hansen kennen und schätzen. Er hat eine völlig andere Art als etwa Gerhard Bergmann, spricht viel ruhiger und dennoch nicht weniger eindrücklich und überzeugend. Auch er verfügt über die Gabe der bildhaften Rede. Manche seiner Sätze haben wir uns gemerkt:

»Gott will nicht, daß wir als verkrampfte Halbengel herumlaufen.« — Wir warten vergebens darauf, daß uns Flügel wachsen. Wer dennoch versucht, sich flatternd vom Boden zu erheben, gibt eine verkrampfte, lächerliche Figur ab. Schlimmer aber ist, daß er die Verwirklichung seines Christseins in einer völlig falschen Richtung sucht. Das machte Hansen an einem Bild deutlich:

»Gott operiert uns keine Drüsen heraus, wenn wir zum Glauben kommen. Er schenkt uns nicht einfach eine neue Seelenlage.« — Das heißt: wir bleiben Menschen, mit unseren Veranlagungen, Stärken, Schwächen und Gaben, und in diesen Menschen will Christus Gestalt gewinnen. Er verändert nicht mein Temperament und meinen Charakter, sondern meine Gesinnung. Seine alles beherrschende Gegenwart ist es, die den neuen Menschen vom alten Menschen unterscheidet.

Der schweigende Esel

Ein Evangelist kann in Situationen geraten, in denen ihm ein Quentchen Schlagfertigkeit und ein Schuß Humor mehr helfen können als eine wohldurchdachte theologische Begründung. In eine solche Klemme geriet der holländische Evangelist Dr. John Thiessen, als er, wie das heute oft praktiziert wird, zum Religionsunterricht in eine Untersekunda eingeladen war. Nun sind Untersekundaner durchaus in der Lage, gedankliche Messer zu schleifen, die sie einem Evangelisten gekonnt ins Kreuz zu drücken versuchen. So war man denn auch sehr schnell beim Esel Bileams angelangt, und einer der Untersekundaner fragte, ob der Evangelist sich denn wohl einen sprechenden Esel vorstellen könne. Antwort: »Für mich ist es ein noch viel größeres Wunder, wenn ein Esel schweigt.«

Nun wird man sicher darauf achten müssen, daß Wurfgeschosse, die aus Humor und Schlagfertigkeit gemischt sind, nicht einem Schneeball gleichen, in den man heimlich kleine Steine hineingepreßt hat. Aber ich meine, dieser Scherz könnte zu jenen zehn Prozent gehören, die Samuel Keller nicht unterdrückt hätte.

Anton Schulte

Dem Evangelisten Anton Schulte begegnete ich zum ersten Mal bei einer Freiveranstaltung auf dem Marktplatz in Wuppertal-Elberfeld. Das war in den 50er Jahren, sein Missionswerk »Neues Leben« steckte damals noch in den Kinderschuhen.

Kurz darauf kam er zu einer Freilicht-Evangelisation nach Lüdenscheid, und dabei lernte ich ihn näher kennen. Im Vergleich zu heute waren das bescheidene Anfänge. Die Bänke, die auf dem Platz aufgestellt wurden, waren ebenso wie die Lautsprecheranlage gemietet. Der Sänger Franz Knies sorgte für den musikalischen Rahmen. Aber durch jene Evangelisation sind eine ganze Reihe von Menschen zum Glauben gekommen, die heute aktiv in der Gemeindearbeit stehen. Ein Mann aus meinem früheren Gemeindebezirk kam auf dem Heimweg von der Fabrik am Marktplatz vorbei — und blieb hängen. Später wurde er Christ, auch seine Frau kam zum Glauben. Heute, nach vielen Jahren, steht er treu in der Gemeindearbeit.

Seit damals ist die Verbindung mit Anton Schulte nicht mehr abgerissen. Ich wurde gebeten, dem Bruderrat des Missionswerkes »Neues Leben« beizutreten, dem ich nun seit fast 25 Jahren angehöre. Seitdem hat das Werk eine erstaunliche Entwicklung genommen. Über 80 hauptamtliche Mitarbeiter sind damit beschäftigt, Großstadt- und Gebietsevangelisationen, Zeltmissionen, evangelistische Rundfunkarbeit, Kinderwochen und Freizeiten vorzubereiten, durchzuführen und teilweise auch die Nacharbeit zu betreuen.

Wenn Anton Schulte über den Zöllner Zachäus spricht, dann sagt er oft: »Der Mann hatte ein Problem, das ich aus eigener Erfahrung gut kenne. Er war nämlich klein.« Und dann zeigt er den verblüfften Zuhörern, daß er hinter der Kanzel auf einem speziellen Podest steht, das ihn größer erscheinen läßt, als er in Wirklichkeit ist. »Ich war halt so selten zu Hause, wenn gewachsen wurde«, fügt er entschuldigend hinzu. Diese Bemerkung wird vielleicht mit Gelächter quittiert, aber dahinter verbirgt sich ein Mann, der dabei ist, sich so anzunehmen, wie Gott ihn gemacht hat; und für ihn bedeutet das, ein naturgegebenes Handicap zu überwinden.

Von Anton Schulte habe ich gelernt, daß ein Evangelist auf sein äußeres Erscheinungsbild zu achten hat. (Meine Frau ist ihm dafür dankbar, denn ich halte es eher mit Schlatter.) Aber dahinter steckt eine tiefe Einsicht: Verknitterte Hosen und ein fleckiger Hemdkragen machen uns nicht frommer, als wir sind; sie bringen nicht zum Ausdruck, wie weit wir diese böse Welt bereits auf dem Weg der Heiligung hinter uns gelassen haben. Christus hat uns zu seinen Botschaftern bestimmt. Er will, daß wir die beste Sache der Welt auch in der ihr angemessenen äußeren Form vertreten.

In jene Zeit fiel auch meine Begegnung mit Jochen Lagemann, der, seiner Eigenart entsprechend, mit der »Deutschen Inland-Mission« ein eigenes Werk aufgebaut hat. Er arbeitet ortsgebunden in jenen Gebieten Deutschlands, in denen es nur wenige Christen und kaum lebendige Gemeinden gibt.

10. Kapitel

»Ohne Worte mit Vergnügen aller Mägde Magd zu sein ...«

Vom Dienst der Stillen im Lande

Als wir die Brötchen noch beim Bäcker kauften, uns beim Metzger gegenüber Wurstsuppe in den mitgebrachten Topf füllen ließen und der Bauer aus dem Nachbardorf morgens an der Haustür frische Milch in die bereitgestellte Kanne goß — da wußten wir noch, daß viele Hände tätig waren, um uns mit dem täglichen Bedarf an Lebensmitteln zu versorgen. Heute nehmen wir im Supermarkt farbenfroh bedruckte Plastikbeutel aus den Regalen, und statt der Menschen, die das alles zubereitet haben, lachen uns nur noch Preisschilder an, die uns 10 % Sonderrabatt versprechen.

Rundfunk und Fernsehen mit ihrer Öffentlichkeitswirkung haben auf anderen Gebieten einen ähnlichen Prozeß eingeleitet. In den Lokalspalten werden nur der Bürgermeister und die Stadträte erwähnt, im politischen Teil der Bundeskanzler und die paar Minister und Staatssekretäre, die gerade Schlagzeilen machen. Arbeiter und Angestellte treten nur noch einmal jährlich öffentlich in Erscheinung; beim Aushandeln der Tarifverträge.

Wenn aber bestimmte Einzelpersönlichkeiten immer mehr ins Rampenlicht der Öffentlichkeit gerückt werden, treten alle anderen in das Dunkel eines publizistischen Nicht-Vorhandenseins zurück. Diese Entwicklung macht auch vor der Kirche nicht halt. Muß man nicht den Eindruck gewinnen, als wären es nur die Bischöfe, die Oberkirchenräte, die Evangelisten und bestenfalls die Pfarrer und Pastoren mit ihrer Sonntagspredigt, die hier noch etwas tun? Jedenfalls finden sich ihre Namen in den Sonntagsblättern und Gemeindezeitschriften. Gemeindeglieder kommen darin meist nur vor, wenn Ehejubiläen und Geburtstage über 70 zu melden sind, und jeder weiß, daß man dazu nichts zu tun braucht, als die entsprechende Altersmarke zu erreichen.

Aber es ist eben die Frage, ob die Kirchenblätter überhaupt die Geschichte des Reiches Gottes schreiben sollen. Die Redakteure sind mit dieser Aufgabe überfordert, denn im Reich Gottes herrscht ein Gesetz, das sich mit Publizistik nicht verträgt: da sind die Diener die Ersten und die Kleinen, die Unbekannten, von denen niemand spricht, oft die Größten.

Gott verleiht keine Bundesverdienstkreuze, er heftet keine zusätzlichen Sterne auf unsere Schulterstücke. Er läßt im Verborgenen, wer in seinem Reich die wirklich Großen sind. Vielleicht gehören die dazu, die in den Zeitungen stehen, ganz sicher aber auch viele andere, deren Namen nie genannt werden. Die Geschichte dieses Reiches besteht zu einem wesentlichen Teil aus dem verborgenen, unscheinbaren Dienst unzähliger Frauen und Männer. Von ihnen soll hier die Rede sein.

Eine stille Beterin

Als junger Pfarrer in Bielefeld lernte ich in einem Heim der Inneren Mission eine unheilbar kranke Frau kennen. Sie litt an multipler Sklerose und konnte nicht einmal allein essen. Trotzdem bat sie mich, ihr regelmäßig meinen Terminkalender mitzuteilen. Ich habe sie an jedem Montag darüber unterrichtet, welche Dienste auf meinem Wochenplan standen, und ich wußte: diese Frau betet für jede einzelne meiner Aufgaben. Mehr konnte sie nicht tun, aber gab es hier überhaupt ein »mehr«? Wenn es Gott ist, der durch seinen Heiligen Geist unsere Verkündigung lebendig machen und bevollmächtigen muß, wer will dann ausrechnen (wenn man es überhaupt darf), wer menschlich gesehen den größeren Anteil hat: der Prediger oder der Beter?

Jene ans Bett gefesselte Frau hat durch ihr stilles Gebet auf das Wirken Gottes Einfluß genommen. Sie hatte aktiv Anteil an meinem Dienst — und dem vieler Amtsbrüder. Beim letzten Besuch sagte sie: »Ich gehe jetzt bald heim. Oben wird's dann besser klappen, da habe ich keine Schmerzen mehr.«

Kartengrüße

Eine Frau in unserer Gemeinde versendet zu jedem Wochenende Postkartengrüße an Leidtragende, Kranke und Einsame. Ein Bibelvers, vielleicht ein selbstverfaßtes Gedicht, ein Gruß — mehr nicht. Nur ein paar Postkarten, aber die Empfänger warten jedesmal darauf. Der Name dieser Frau wird nie in der Kirchengeschichte erwähnt werden, aber wieviel Trost und Freude mag sie gespendet haben! Sie baut auf ihre Weise Reich Gottes.

Ich habe selbst einmal erlebt, was ein schlichter Kartengruß bewirken kann. 1943 an der Ostfront fiel mir, als es an der Zeit war, die üblichen Muttertagsgrüße nach Hause zu schicken, die Frau eines Kameraden ein, der ein halbes Jahr vorher gefallen war. Ich schrieb ihr, einer Mutter von sechs Kindern, eine schlichte Feldpostkarte und erhielt Wochen später die Antwort: »Ihre Karte war mir ein tröstliches Zeichen, daß Gott die Witwen und Waisen nicht vergißt. Ich habe sonst keinen Gruß zum Muttertag bekommen.« — Eine Mutter von sechs Kindern, und kein Mensch in Verwandtschaft und Nachbarschaft war auf die Idee gekommen, daß hier ein Mensch mit seiner Einsamkeit fertig werden mußte.

»Ein tröstliches Zeichen Gottes« — damals habe ich begriffen, daß man mit einer einfachen Feldpostkarte ein Bote Gottes sein kann.

Vater Leporin

Kennen Sie Vater Leporin? Aber nein, natürlich kennen Sie ihn nicht. Woher sollten Sie auch. Als junger Mann hat er gern tief ins Glas geschaut, dann wurde er, nach mehreren Nachtgesprächen mit meinem Onkel Robert, Christ.

50 Jahre lang hat dieser Mann den Blaukreuz-Verein geleitet. Dabei ging es ihm nicht darum, in den Vorstandssitzungen das große Wort zu führen, sondern gefährdete Menschen zu begleiten. Eine Zeitlang hat er jeden Morgen einen Mann aus einem

Nachbardorf abgeholt, nach Lüdenscheid zur Fabrik gebracht, und ist abends wieder mit ihm nach Hause gegangen. In einer Zeit, in der unsereins Autos nur vom Anschauen kannte, hat dieser Mann so manches Paar Schuhsohlen durchgelaufen und viele Stunden seiner knapp bemessenen Freizeit drangegeben, um einem anderen still und bescheiden zu helfen. Es dauerte ungefähr ein halbes Jahr, bis jener Mann stark genug war, um allein an den Kneipen vorbeizugehen.

Ein andermal hat sich Vater Leporin frühmorgens die Sense auf die Schulter geschwungen und ist mit einem anderen seiner Schützlinge zum Mähen auf die Wiese hinausgezogen. Denn jedesmal, wenn man eine Strecke gemäht hatte — das war damals so Sitte — gab's ein »Pinneken« Schnaps. Und da hat Vater Leporin eben mitgemäht, damit der andere die Kraft hatte, das Gläschen zurückzuweisen. Keine großen Worte — ein Gefährte des gleichen Jammers; denn er hatte als junger Mann die gleichen Situationen durchgemacht.

Wenn er sich verabschiedete, sagte er jedesmal: »Paul, wir beide bleiben treu!« Er wußte um die Gefahren, die einen Menschen vom geraden Weg abbringen können, deshalb kleidete er seinen Abschiedsgruß in eine seelsorgerliche Ermunterung ohne fromme Worte. »Wir beide bleiben treu.« Er konnte mich nicht auf allen meinen Wegen begleiten, so hat er mich eben jedesmal »seelsorgerlich vergattert«, bevor er mich wieder ziehen ließ.

Präsenz — eine Form christlichen Dienstes

Im Griechischen wird der Heilige Geist auch als »Paraklet« bezeichnet, als Begleiter. Auch zum stillen Dienst der Christen gehört oft nicht mehr als Präsenz: den anderen spüren lassen, daß man da ist, daß man an ihn denkt.

Bei meiner Tochter Monika habe ich einmal einen ganzen Stapel Zettel entdeckt, darauf hatte sie Geburtstage und die Namen von Kranken notiert, damit sie nicht vergaß, ihnen rechtzeitig zu schreiben. Während des Studiums hat sie sich manchmal freigenommen und ist mit einer Frau, deren Mann im Krankenhaus lag, für ein paar Stunden ins Grüne gefahren, oder sie ist ins Altenheim gegangen und hat eine Stunde lang einem einsamen Menschen Gesellschaft geleistet. Anteilnehmen, Dabeisein — das war ihr Gottesdienst.

Unsere älteste Tochter Magdalene hatte eine Freundin, die Musik studierte. Zum Abschlußexamen mußte sie vor einem größeren Auditorium vorspielen. Dieses öffentliche Auftreten lag ihr wohl nicht, jedenfalls bat sie Magdalene: »Kannst du nicht einfach mitfahren? Dann bin ich nicht so allein, ich weiß dann, daß du da unten sitzt.«

Und Magdalene ist mitgefahren. Sie hat still unter den Zuhörern gesessen und für ihre Freundin gebetet. Das war alles. Und es war doch wichtig.

Manchmal kann mein Dienst als Christ einfach darin bestehen, daß ich einen anderen begleite, daß ich bei ihm bin, ihn nicht allein lasse. Ohne fromme Sprüche. Vielleicht geht man nur einfach still mit, wenn ein Bekannter die ersten Male das Grab eines geliebten Menschen aufsucht.

Mutter Binsch und die Heilsarmee

Sie war Majorin bei der Heilsarmee, aber wir nannten sie einfach »Mutter Binsch«. Sie hat im Heim der Heilsarmee wohl auch Andachten gehalten und am Sonntagnachmittag auf dem Marktplatz ein paar Worte gesagt, aber ihre eigentliche Aufgabe war das nicht. Am Vorbild ihres Lebens habe ich begriffen, daß Gottes Liebe eine besondere Art von Mütterlichkeit schaffen kann — in Menschen, die Jesus ihre Dankopfer im Dienst an den Ärmsten und Gescheiterten darbringen. Für mich war es immer eine Freude, dieser Frau zu begegnen.

Ich bekenne, daß die Heilsarmee einen besonderen Platz in meinem Herzen einnimmt. Soll doch einmal jemand einen Salutisten gefragt haben: »Es steht aber nirgends in der Bibel, daß ein Christ Uniform tragen soll. Warum tut ihr das dann?« — Antwortete der Salutist: »Ja, weißt du, wenn Petrus eine Uniform angehabt hätte, dann hätte er seinen Herrn wohl kaum verleugnen können.« — Anmerkung: Es sei denn, er hätte gerade dienstfrei gehabt und Zivil getragen. Sicher stellt das Tragen einer Uniform ein Bekenntnis dar, das mich in meinem Verhalten festlegt. Nur — zum Heiligen macht es mich natürlich nicht.

Ein Redakteur im Gottesdienst

Zu den regelmäßigen Gottesdienstbesuchern in der Kreuzkirche gehörte auch ein Redakteur der Lüdenscheider Nachrichten. Und was so ein richtiger Redakteur ist, der bringt seinen Notizblock auch in die Kirche mit. Da saß er unter der Kanzel und machte sich Notizen. Er war nicht für die kirchlichen Nachrichten, sondern für den Kommunalbereich zuständig, aber manchmal fand sich doch ein Satz aus der Sonntagspredigt in der Zeitung wieder.

Und all die übrigen Notizen, die er sich gemacht hatte? Die besprach der Redakteur Paul Conze am Sonntagabend mit seiner Frau. Schließlich war er bei der Zeitung und verstand etwas von Kommunikation. Und so entstand bei ihm zu Hause das Westentaschenmodell für ein Predigt-Nachgespräch. Damit hatte er für sich gefunden, wonach wir in unseren Gemeinden oft noch vergeblich suchen.

Laßt sie doch nicht einsam sterben

Walter Hengst leitete zusammen mit seiner Frau ein Altenheim. Wenn Insassen ihres Heims ins Krankenhaus eingeliefert wurden und es sich herausstellte, daß mit einer Genesung nicht mehr gerechnet werden konnte, haben sie diese Leute für die letzten Tage wieder ins Heim zurückgeholt. Sie wußten, daß heute viele Menschen einsam sterben. Deshalb wollten sie ihren Alten durch einen Händedruck zu verstehen geben, daß sie bei ihnen waren, und ihnen den letzten Zuspruch nicht vorenthalten.

Der Gehörsinn stirbt als letztes. Auch wenn der Sterbende die Augen schon geschlossen hat, dürfen wir ihm doch den Trost des Evangeliums zusprechen. Selbst wenn er bewußtlos sein sollte, besteht die Möglichkeit, daß er das Wort noch unterbewußt aufnimmt.

Der Heimleiter Walter Hengst selbst ist ganz überraschend während eines Urlaubs gestorben. Am Abend vorher hatte er noch das Lied »Morgenglanz der Ewigkeit« gesungen. Als seine Frau sich darüber wunderte, meinte er: »Das liebe ich so, dieses Lied.«

Mutter Wagenitz: das Gesangbuch aus Ostberlin

Durch Jahre hindurch lag in unserem Briefkasten an jedem Monatsanfang ein Briefumschlag mit der Aufschrift »Königskasse«. Er enthielt den Zehnten von Mutter Wagenitz. Sie hielt in dieser Angelegenheit nicht nur auf Pünktlichkeit, sie nahm sie auch sehr genau: jede Rentennachzahlung wurde prompt in die Abrechnung einbezogen. Obwohl sie nur eine bescheidene Rente bekam, hat sie damit viel Gutes getan.

Aber sie hat auch Gutes empfangen, und Gott selbst hat dabei mitgewirkt. Mutter Wagenitz, die Mutter unserer Gemeindeschwester Hildegard, stammte aus Ostberlin, von wo sie überstürzt hatte fliehen müssen. Dort hatte sie ein Gesangbuch besessen, das für sie wohl das schönste aller Liederbücher gewesen sein muß; dazu noch ein besonderes Erinnerungsstück. Bei uns in Lüdenscheid fehlte es ihr. Und so bat sie Gott: »Wenn du willst, kannst du es einrichten, daß ich wieder ein solches Gesangbuch bekomme.«

Nach Monaten erhielt sie ein Päckchen aus Ostberlin, und darin war ihr eigenes, so schmerzlich vermißtes Liederbuch, eindeutig erkennbar an einem bestimmten Bibelvers als Widmung und dem eingetragenen Konfirmationsdatum ihrer Tochter Hildegard. Eine alte Bekannte von Mutter Wagenitz erstand es in einer Antiquariatsbuchhandlung in Ostberlin, ohne die Zusammenhänge zu ahnen. Sie schickte es Mutter W., weil sie wußte, daß diese gern ein solches Gesangbuch haben wollte.

Mutter Wagenitz kam regelmäßig in unseren Gebetskreis vor dem Gottesdienst. Ihre beständige Sorge war, daß wir für die Wiederkunft Jesu bereit sein möchten. Sie hat in dieser Hoffnung auf die Wiederkunft des Herrn gelebt, aber begegnet ist sie ihm dann doch anders. Eines Tages wurde sie auf dem Zebrastreifen von einem Auto überfahren und starb wenige Stunden später. Erst wenn sie gestorben sind, merkt man, welche Lücken solche Mütter hinterlassen.

Ihre Tochter Hildegard ist seit über 25 Jahren unsere Gemeindeschwester, die uns für Familie und Gemeinde in wachsendem Maß unentbehrlich wurde. Ihr Dienst in den Häusern wie in den Gemeindekreisen wurde für zahllose Menschen zur seelsorgerlichen Hilfe.

Schwester Frieda

Schwester Frieda, eine Diakonisse in der DDR, haben wir durch gelegentliche Besuche kennengelernt. Jahrzehntelang betreute sie einen ausgedehnten Bezirk und wurde den Gemeindegliedern in ihren großen und kleinen Nöten zur zweiten Mutter. Für ihr Fahrzeug brauchte sie keine Garage, es bestand aus zwei großen Speichenrädern, einem Sattel und einem Strampelmotor. Wie viele Kilometer mag sie wohl heruntergeradelt haben, bei Schnee, Regen und Sonnenschein, um hier zu helfen und da ein gutes Wort zu sagen!

Offensichtlich hat sie mehr geholfen als geredet; und zwar in einer Weise, die von allen verstanden wurde. Denn als sie starb, setzten Pfarrer und Presbyter einmütig jenes Wort auf die Todesanzeige, das ihr Leben kennzeichnete: »Ohne Worte mit Vergnügen aller Mägde Magd zu sein.«

Stiller Dienst — bescheiden und ohne viele Worte — »mit Vergnügen« geleistet und deshalb Freude bereitend. Im Reich Gottes werden die menschlichen Wertmaßstäbe auf den Kopf gestellt: die Diener sind die Größten.

11. Kapitel

»Man kann nicht oft genug das Maul halten«

Begegnung mit Zeitgenossen

Würde ich mich konsequent an diesen Ausspruch von Dr. Wilhelm Jung — dem ehemaligen Präses des Westdeutschen Jungmännerbundes und Leiter der Kreisverbindung CVJM-Siegerland — halten, dieses Buch, besonders dieses Kapitel, wäre wohl nie geschrieben worden.

Aber nun ist das mit dem Maulhalten ja so eine Sache. Diese Gabe scheinen die gleichen Leute in unterschiedlichen Situationen oft sehr verschieden einzusetzen. Wenn es darum geht, vor anderen über unseren Glauben an Christus zu sprechen, dann sind unsere Zahnreihen oft förmlich ineinander verkeilt. Wie leicht und locker lösen sich dagegen Lippen und Zähne voneinander, wenn wir uns mit einem lieben Bruder über die Fehler eines dritten lieben Bruders unterhalten. Wie dem auch sei, daß Wilhelm Jung diese Mahnung an mich weitergegeben hat, zeigt, daß er zur rechten Zeit auch zu reden wußte.

Im übrigen ist seine Heimat, das Siegerland, schon geographisch eng mit Lüdenscheid verknüpft; eine der landschaftlich reizvollsten Straßen und Autobahnen Westdeutschlands verbindet beide miteinander. Für mich ist diese Strecke ein Stück »Traumstraße« meines Lebens geworden. Mein Amt als Vorsitzender der Deutschen Zeltmission führt mich in regelmäßigen Abständen nach Geisweid bei Siegen. Und mit Siegen und seiner Hammerhütte bin ich nicht nur durch das Gemeinschaftsleben des Siegerlandes, sondern auch durch die Allianzkonferenzen verbunden.

Wilhelm Jung: Wiederaufbau der Hammerhütte

Es ist nicht zuletzt das Verdienst Wilhelm Jungs, daß die im Zweiten Weltkrieg zerstörte Hammerhütte nach Kriegsende wieder aufgebaut werden konnte. Jung hatte die bewundernswerte Gabe, den Leuten die Brieftasche locker zu machen, wenn es um das Reich Gottes ging. Um den Aufbau der Hammerhütte finanzieren zu können, der ohne staatliche und kirchliche Zuschüsse erfolgte, hat er es gewagt, von den Gemeinschaften und Vereinen monatlich den Zehnten zu erbitten, und das Werk gelang. Das Gemeinschaftsleben des Siegerlandes ist ohne dieses Haus kaum vorstellbar. Wie viele Glaubenskonferenzen, Jahresfeste, Aussendungsfeiern und Evangelisationen haben hier stattgefunden!

Rektor Jakob Schmitt

Wahrscheinlich gibt es im Siegerland nicht weniger »komische« Christen als anderswo, aber vielleicht findet man hier mehr Originale. Eins von ihnen ist der nun 91jährige Rektor Jakob Schmitt. Er litt mehrere Jahre an einer schweren Krankheit. Einmal besuchte ich ihn während dieser Zeit und sang ihm ein Lied vor, da klatschte er im Rhythmus in die Hände und rief immer wieder: »Gnade für alle, Gnade für alle!« und dabei leuchtete sein Gesicht, obwohl er sich körperlich gar nicht wohl fühlte. In jenen Tagen kam ich auch einmal mit Präses Kurt Heimbucher zu ihm. Da erhob sich der sichtlich geschwächte Kranke von seinem Lager, richtete sich kerzengerade auf und empfing uns mit dem Bruderkuß. Die Krankheit sollte ihn nicht hindern, den Brüdern die ihm angemessen erscheinende Höflichkeit zu erweisen.

Wir haben in diesen Jahren regelmäßig miteinander korrespondiert; als 83jähriger meinte er, daß seine Zeit wohl nun zu Ende gehe. Aber dann erzählte er mir anläßlich eines Besuches: »Denk dir nur, ich lag morgens um fünf wach im Bett, da ging es auf einmal wie ein Schlag durch meinen Körper. Ich hatte gebetet und Gott gedankt. Und von jenem Morgen an konnte ich wieder schlafen und essen, konnte wieder laufen und meinen Pflichten nachgehen.«

(Ich bitte die Leute, die sich auf solche Dinge spezialisiert haben, ihr Vergrößerungsglas gar nicht erst in die Hand zu nehmen. Es gibt manchmal Dinge zwischen Gott und seinen Knechten, die jener den Zuschauern nicht erklärt.)

Auf der letzten Allianzkonferenz war Jakob Schmitt wieder unter uns. Ich bat ihn um ein kurzes Grußwort, um einen einzigen Satz für die vielen Besucher, und daran hielt er sich. Er trat ans Mikrophon, sagte klar und fest: »Von Gottes Gnade bin ich, was ich bin«, und setzte sich wieder hin.

Pastor Vollrath Müller: Evangelist in jeder Lebenslage

Zu den Originalen zählt auch der inzwischen verstorbene Pastor Vollrath Müller in Gütersloh, früher Vorsitzender des Westfälischen Gemeinschaftsverbandes. Während des Dritten Reiches, als ich noch Pfarrer in Bielefeld war, trafen wir uns öfters zum Bibelstudium und zum Musizieren.

Vollrath Müller war stolzer Besitzer eines kleinen Autos, für das Autokönig Henry Ford aus Detroit wahrscheinlich bereits einen Liebhaberpreis bezahlt hätte. Aus der Zeit vor der Sintflut konnte es allerdings nicht stammen, denn es wies einige Stellen auf, die noch nicht völlig verrostet waren. Aber irgendwann kurz danach mußte es jemand erfunden haben, die Ähnlichkeit mit der Arche war noch unverkennbar.

Ich genierte mich immer etwas, wenn ich in die alte Kiste einstieg, aber Vollrath Müller machte es nichts aus. Wenn er mit seiner Nuckelpinne durch die Gegend juckelte, lachten die Leute am Straßenrand. Aber er schimpfte nicht, und des deutschen Autofahrers Vogelgruß kam ihm gar nicht in den Sinn. Er lachte mit den Leuten und winkte ihnen fröhlich zu. »Damit bin ich schon durch aller möglichen Herren Länder gefahren«, brummte er gemütlich.

Er evangelisierte, wo er ging und stand, und auch im Blick auf die hier von ihm angewendeten Methoden war die Verwandtschaft mit Noah nicht ganz von der Hand zu weisen.

Mußte er in einem Lebensmittelgeschäft warten, bis die Reihe an ihn kam, so konnte es ohne weiteres vorkommen, daß er die vor ihm wartende Hausfrau ansprach: »Sind Sie konfirmiert? Wissen Sie Ihren Konfirmationsspruch noch?« Wenn die arme Frau dann errötend zu stottern begann, meinte er nur: »Na, dann wird's aber Zeit, daß Sie mal wieder in den Gottesdienst kommen.«

Nach einem Bombenangriff warnte er: »Das ist ja schrecklich, was man da wieder hört. Aber am Jüngsten Tag werden noch ganz andere Sachen vom Himmel fallen. Deshalb geht es darum, Leute, daß wir bereit sind.«

Am liebsten evangelisierte er in den 4.-Klasse-Abteilen der ehrwürdigen Deutschen Reichsbahn. Dort standen die Leute dichtgedrängt zusammen und hielten sich an den Halteschlaufen fest. »Wenn wir so Rücken an Rücken stehen«, meinte Vollrath Müller, »dann kann ich am besten mit den Leuten reden.« Er konnte es aber auch am Fahrkartenschalter: »Haben Sie auch die richtige Fahrkarte?« fragte er einen Reisenden, der gerade bedient worden war. — »Ja, sicher ...« — »Nein, nein, ich meine nicht Ihr Billett, sondern die Fahrkarte zur Ewigkeit.« —

Man sagt, ich wäre in dieser Beziehung auch kein Kind von Traurigkeit, aber das könnte ich nie. Ihm bereitete es keine Probleme: weder ästhetische, noch ethische oder theologische.

Prinzessin und General

Die Prinzessin war eine richtige Prinzessin, die wir mit »Kaiserliche Hoheit« anredeten: Victoria Luise von Hohenzollern, in jungen Jahren auch »Kaisergöre« genannt. Sie war meine prominenteste Bekanntschaft. Auf einem Gemeindejahresfest im westfälischen Rabber bin ich ihr begegnet und habe einmal im Gefolge einer kaiserlichen Hoheit die Kirche betreten. Ein schöner Tag, eine freundliche Begegnung, im Blick auf meine eigentliche Platzanweisung aber doch eher peripher.

Der General war kein richtiger General, und stammte er auch nicht aus einer anderen Zeit, so kam er doch aus einer anderen Welt: Johannes Kuhlo war viele Jahre Leiter des Brüderhauses

Nazareth in Bethel, ein kindlich frommer Mann mit sprudelndem Humor. Selbst bei seiner Beerdigung, die Fritz von Bodelschwingh hielt, haben wir bei allem Ernst herzhaft gelacht, und das war der gültige Beweis dafür, daß es sich wirklich um die Beerdigung von Johannes Kuhlo handelte.

Während des Zweiten Weltkriegs war Bethel Lazarettstadt, und so luden die Verwundeten Kuhlo schon mal zu einem Glas Wein ein. Als Blaukreuzler lehnte er ab. Da meinte einmal einer von den ganz schlauen Feldgrauen: »In der Bibel heißt es aber doch, daß man seine Feinde lieben soll. Wenn der Alkohol also Ihr Feind ist, dann müssen Sie ihm doch Liebe entgegenbringen.« — Darauf antwortete Kuhlo: »In der Bibel steht zwar, daß ich meine Feinde lieben soll, nicht aber, daß ich sie auch schlucken muß.«

Kuhlo, der »Posaunengeneral«, war sogar auf dem Obersalzberg eingeladen. Er sollte vor Hitler und seiner Schwester spielen und hat dabei aus seinem pietistischen Liedgut keinen Hehl gemacht. Anschließend Kaffeetrinken und und das übliche Gespräch. Sagt Hitler: »Ich rauche nicht.« — Darauf Kuhlo: »Ich auch nicht.« — Hitler: »Ich trinke nicht.« — Kuhlo: »Ich auch nicht.« — Hitler: »Ich esse kein Fleisch.« — Kuhlo: »Na, also Fleisch esse ich schon.« Dann das obligatorische Foto: Hitler, dessen Schwester und Kuhlo.

Diese Aufnahme hat sich für Kuhlo später oft als nützliche Legitimation erwiesen. Wenn er am Sonntagmorgen mit seinen Bläsern auf dem Marktplatz einer deutschen Stadt erschien, dann waren gleich die Herren von Polizei und Staatssicherheitsdienst zur Stelle. »Aber Sie können doch hier nicht einfach blasen, und dann so fromme Sachen«, meinten sie. Kuhlo zückte prompt das Foto, das ihn mit Hitler zusammen auf dem Obersalzberg zeigte. Ergebnis: es durfte weitergeblasen werden.

Wenn Kuhlo mit seinen Leuten Straßen-Konzerte gab, kam es nicht selten vor, daß die Leute Geld aus den Fenstern herunterwarfen. Kuhlo hob es auf, machte eine höfliche Verbeugung und bedankte sich. Der Posaunengeneral war sich nicht zu schade, als Bettler Gottes aufzutreten.

Das Geheimnis der Bonbonniere

Bei den Jahresfesten im Diakonissenmutterhaus Bleibergquelle bei Velbert begegnete ich dem Mutterhauspfarrer Emanuel Scholz; heute ist er Direktor des gesamten Gemeinschaftsdiakonieverbandes. Wenn ich am Ende des Tages zum Abschiedsbesuch bei ihm erschien, drückte er mir jedesmal eine Bonbonniere für meine Frau in die Hand. Mich hat das damals tief beeindruckt, daß mir ein Mutterhauspfarrer nicht nur Segenswünsche mit auf den Weg gab, sondern einen sehr realen, schmackhaften Gruß für das gute Stück zu Hause. Frauen von Männern, die im Reich Gottes Dienst tun, müssen auf manches verzichten; Emanuel Scholz gehörte zu den Leuten, die das nicht vergaßen.

Seitdem bemühe ich mich, kirchlichen Mitarbeitern oder Gästen von auswärts einen kleinen Gruß für ihre Frauen mitzugeben; keinen geistlichen (die geistlichen Kräfte unserer Frauen werden im Verzicht oft stärker geübt, als wir ahnen), sondern einen fröhlich-leibhaftigen: »Kakao mit Nuß« oder »Mandelsplitter«, nicht als Wiedergutmachung, einfach zur Freude.

Dr. Müller-Hilchenbach

Dr. Müller-Hilchenbach, ein begnadeter Evangelist aus dem Siegerland, war auf Kreisfesten und Glaubenskonferenzen lange Jahre als Redner begehrt. Ich habe ihn schon als Schüler und Student verehrt.

Dieser Mann ließ die Frage 56 aus dem Heidelberger Katechismus auf seine Todesanzeige setzen: »Was hältst du von der Vergebung der Sünden? — Daß ich soll gewiß sein, daß ich um der Allgenugsamkeit Jesu Christi willen nicht ins Gericht Gottes komme.«

Es hat mich immer beeindruckt, daß die »Großen« im Reich Gottes sich nie auf ihre Leistungen berufen haben — auch nicht, wenn sie wahrhaftig etwas vorzuzeigen hatten —, sondern schlicht auf das Erlösungswerk Christi. Vielleicht hat hier der Wirklichkeitssinn der Originale seine Wurzel: daß sie sich nicht nur über ihre Umwelt, sondern auch über sich selbst nichts vorgemacht haben.

Dr. Müller hat mir gegenüber einmal erwähnt, daß er, der Junggeselle, zwar auf Ehe und Familie verzichten könne, für drei Dinge aber möchte er danksagen: für Bienen, Hund und Tabak. Friedlich stopfte er sich seine Pfeife, wenn er vor seinen Bienenkörben stand. Oft konnte man ihn im Sommer morgens schon um vier oder fünf Uhr draußen antreffen, wenn er die Wiese mähte oder sich um seine Bienen kümmerte.

In den letzten Jahren konnte er dann nicht mehr so viel draußen sein. Hin und wieder telefonierten wir noch miteinander, bis dann eines Tages der Anruf von Tante Lina kam, einer ehemaligen Konfirmandin, die ihm 60 Jahre lang den Haushalt geführt hatte: »Er ist gestern heimgegangen.« Es war ein ganz normaler Tag gewesen. Sie hatte für ihn geschrieben, ihm vorgelesen. Tagsüber hatten sie noch die Nachrichten gehört, er hatte sich eine Zigarre erbeten, sie geraucht und sich dann zu Bett gelegt.

Morgens um drei schellte er und sagte: »Du, ich muß jetzt heimgehen. Ordne alles. Paul Deitenbeck soll die Beerdigung halten.« Er hat den Text für die Todesanzeige und die Lieder für den Gottesdienst angegeben, kurze Zeit später ist er eingeschlafen. Auch so sterben Knechte Gottes: nüchtern, weltoffen, in heiligem Ernst.

Ich habe bei der Trauerfeier über den Text aus 4. Mose 21 gesprochen: »Das sind die Brunnen, die die Fürsten im Volk mit ihren Stäben gegraben haben.« Pastor Müller war einer jener Fürsten Gottes, die die Gemeinde mit frischem Wasser versorgt haben, auch wenn er keinen Bischofstitel trug.

Adolf Köberle: Plädoyer für die Intellektuellen

Professor Köberle war Nachfolger Karl Heims in Tübingen. Er gehört zu den Männern, die durch ihre Predigten und Bücher besonders Intellektuelle ansprachen. Es ist wichtig, daß wir nicht nur Volksmissionare haben, sondern auch Persönlichkeiten, die die geistig-intellektuelle Schicht unserer Bevölkerung mit dem Evangelium erreichen.

Lassen wir diesen Kreis außer acht, so kann das konkret Schuld bedeuten. Erich Schnepel war der Meinung, daß es zum Teil die Schuld gläubiger Pfarrer vor dem Ersten Weltkrieg gewesen sei, daß die Gemeinschaftsbewegung sich damals vorwiegend in einem kleinbürgerlichen Rahmen entwickelt habe. Wir haben darüber nicht zu Gericht zu sitzen, wir dürfen aber vor den Fakten der Geschichte auch nicht die Augen verschließen.

Übrigens ist es Adolf Köberle gewesen, der Gerhard Bergmann »entdeckt« hat. Bergmann war in einer Fabrik, als er zum Glauben kam, und meldete sich später auf der Bibelschule St. Chrischona an. Bei Gastvorlesungen wurde Köberle dort auf ihn aufmerksam und ermunterte ihn, noch einmal die Schulbank zu drücken. Auf seinen Rat hin hat Bergmann das Abitur nachgemacht und später Philosophie und Theologie studiert. Gott hat seine eigenen Wege, um aus einem Arbeitsmann einen bekannten Evangelisten zu machen.

Auch Adolf Köberle ist ein Mann mit Sinn für Humor. Bei einer Tasse Kaffee meinte er einmal augenzwinkernd: »Kein Feuer, keine Kohle kann brennen so heiß, wie eine nicht gehaltene Rede, von der niemand was weiß.« Das Buch über meine nichtgehaltenen Reden brauche ich demnach nicht mehr zu schreiben, Professor Köberle hat mir die Pointe weggenommen.

Erich Sauer: Die offene Frage

Bald nach meiner Rückkehr aus der Kriegsgefangenschaft wurde ich zu einem Dienst an die Bibelschule Wiedenest eingeladen und lernte deren Leiter Erich Sauer kennen, einen Mann von weitreichender Bibelkenntnis, dessen Bücher und Bibelarbeiten mich stark beeindruckt haben.

Als ich ihm einmal in seinem Studierzimmer gegenübersaß, fragte ich ihn nach dem ewigen Schicksal der Menschen, die ohne

Christus sterben. Dieses Problem hat auch Männer wie Samuel Keller und Johann Christoph Blumhardt stark beschäftigt.

Erich Sauer verwies mich darauf, daß es in der Bibel zwei Linien gäbe: Einmal heiße es, daß Gott alles in allem sein wird; zum anderen sei eindeutig von einem doppelten Ausgang des Gerichts die Rede. Vielleicht, so meinte er, seien dies zwei Geleise einer Bahnstrecke, die sich erst in der Ewigkeit schneiden. Damit ließ er die Frage offen.

Ich persönlich leugne diese Hoffnung nicht. Zu mehr als einer Hoffnung aber gibt die Bibel weder Anlaß noch Raum. Und weil ich über die biblischen Aussagen weder hinausgehen kann noch will, wehre ich mich entschieden gegen den Vorwurf einer dogmatischen Allversöhnung. Mein missionarischer Eifer wird durch eine solche Hoffnung übrigens in keiner Weise beeinträchtigt. Karl Barth hat einmal gesagt: »Ich glaube nicht an die Allversöhnung, aber an den Allversöhner.«

Franz Spemann: Weiser Kopf unter verbeultem Hut

Aus der Zeit, in der ich der DCSV (Deutsche Christliche Studenten-Vereinigung) angehörte, stammt meine Bekanntschaft mit ihrem damaligen Sekretär Franz Spemann. Er war bekannt dafür, daß er einen Hut trug, den Luther bei einer Altkleidersammlung hätte abgegeben haben können. Ich kann allerdings nicht sagen, ob es die Vorliebe für Luther war, die Spemann bewog, diesen Hut um keinen Preis gegen einen neuen einzutauschen. Was hatte sich ein DCSV-Sekretär an den Beulen eines Huts zu stören!

Aber unter dem verbeulten Hut verbarg sich ein weiser Kopf. Es gab damals so manche Gruppenleiter, die dem DCSV-Sekretär die Arbeit erleichtern wollten. Vor dem angekündigten Besuch schickten sie ihm ihre Mitgliederlisten und kennzeichneten darauf die Einstellung der ihnen anvertrauten Schäflein: die einen wurden durch ein bestimmtes Zeichen als unsichere Kantonisten, die anderen, durch ein anderes Zeichen, als besonders fromm ausgewiesen. Spemann verbat sich derartige Informationen. Er wünsche dies nicht, da er den einzelnen Studenten unbefangen und nicht mit einer vorgefaßten Meinung begegnen wolle.

Er war überhaupt ein positiver Mann. Einmal sprach ihn ein junger Student an: »Also mir ist Gott noch nicht begegnet. Ich habe keinerlei Erfahrung mit ihm gemacht, ich stehe ganz draußen ...« Darauf antwortete Spemann: »Na, dann haben Sie dieses wunderbare Erlebnis ja noch vor sich.« Kein Ausruf mitleidigen Bedauerns: »Ach, Sie bedauernswerter Mensch!« Vielmehr setzte er in dem Leben dieses Studenten ein Signal der Erwartung: »Sie haben das Schönste noch vor sich.« Das ist das Geheimnis echter Seelsorge.

Superintendent Boeddinghaus:
Demütigungen sind Gewichte, die uns unten halten

Eine völlig andere Art seelsorgerlicher Wirksamkeit kennzeichnete unseren Superintendenten Boeddinghaus, einen zutiefst priesterlichen Mann, der sich immer um ein gutes Verhältnis zwischen Kirche und Gemeinschaftsbewegung bemüht hat.

Er hatte die Angewohnheit, seine Bibeltexte bei Jahresfesten nach den Jubiläumszahlen auszuwählen. So sprach er beim 37. Jahresfest einer Gemeinde über Psalm 37, beim 25jährigen Bestehen eines CVJM-Vereins über Psalm 25. Wer das liest, mag darüber lächeln. Wer die Ansprachen von Boeddinghaus gehört und die tiefen Parallelen darin erkannt hat, war eher geneigt, über das geistliche Ergebnis solcher Kombinationen zu staunen. Ich jedenfalls habe daraus für meinen Dienst gelernt, daß es formale Verbindungen gibt, die durchaus nicht auf Formalitäten beschränkt zu bleiben brauchen.

Als ich in einem Gemeindekreis mit großen Schwierigkeiten zu kämpfen hatte, wandte ich mich hilfesuchend an Boeddinghaus. Seine Antwort werde ich nie vergessen: »Nimm alle Demütigungen unmittelbar aus Gottes Hand. Sie sind Gewichte, die Gott gebraucht, um dich ganz fest unten zu halten — damit der alte Adam, der uns ja immer aus dem Seitentäschchen herauslugt, bei uns nicht die Oberhand gewinnt.«

Paul Ruppel: Manche Lieder überziehen ihr geistliches Konto

Singen ist eine herrliche Sache, aber nicht alle Texte christlicher Lieder singen sich leicht. Über dieses Problem habe ich manches Gespräch mit Paul Ruppel geführt, der dann zu sagen pflegte: »Manche unserer Heilslieder überziehen ihr geistliches Konto. Da werden Aussagen vom Glücklichsein gemacht, die der Wirklichkeit des Alltags nicht standhalten.« Er meinte damit, daß manche Texte leichter zu singen als zu praktizieren seien; zum Beispiel: »Ich will gar nichts mehr sein, nichts gelten.«

Ich habe mir zur Regel gemacht, bei Luthers bekanntem Choral »Ein feste Burg ist unser Gott« den Vers »Nehmen sie den Leib, Gut, Ehr', Kind und Weib« nicht singen zu lassen. Ich spreche diesen Text betend vor und erkläre der Gemeinde, daß wir daran denken wollen, daß dieser Vers im Gedenken an Märtyrer geschrieben ist und daß wir uns davor hüten sollten, ihn unbekümmert nachzusingen.

Ähnlich geht es mir bei dem Tersteegen-Vers: »Ich entsage willig allen Eitelkeiten, aller Erdenlust und -freuden.« Man kann verstehen, daß dies in eine ganz bestimmte Situation hinein gesagt wurde; aber man darf es eben deshalb nicht verallgemeinern, sonst werden wir selbst unwahr und bringen andere in die gleiche Versuchung.

Ich kann manches Lied nicht mehr unbefangen mitsingen, weil ich mir dabei unehrlich vorkomme, und wir sollten doch weder uns selbst noch anderen etwas vormachen.

Dabei muß man allerdings berücksichtigen, daß ich in einem Lied auch mehr aussagen kann, als ich im Augenblick selbst vollziehe. Sicher kann und muß Gebet sich an meiner Erfahrung orientieren. Aber wer sein Herz über die Mauer wirft, weil er anschließend mit Gottes Hilfe hinterherspringen will, der ist sich selbst voraus. Ohne diese Möglichkeit wäre Gebet Manifestierung des Status quo und damit im eigentlichen Sinn kein Gebet mehr. Es ist ein Unterschied, ob ich etwas von mir aussage, oder ob ich etwas als Gebetswunsch vor Gott bete und singe.

Manfred Hausmann: Verzicht auf Berichtigung

Ich schließe dieses Kapitel mit einer Geschichte über den Dichter Manfred Hausmann, dessen Erzählungen, Gedichte und Predigten viele Menschen der intellektuellen Schicht unseres Volkes mit dem Evangelium in Berührung gebracht haben.

In einem »Informationsbrief« der Bekenntnisbewegung war die Andacht eines Amtsbruders abgedruckt worden. Wochen später erhielt ich einen Brief von Manfred Hausmann, der festgestellt hatte, daß besagte Andacht fast wörtlich aus einer seiner veröffentlichten Predigten abgeschrieben worden war. Eine Nachprüfung ergab, daß ich diese bedauerliche Tatsache lediglich bestätigen konnte.

Hausmann erklärte, er könne sich vorstellen, daß ein Mann in einer Notsituation sich nicht anders zu helfen wisse. Die falsche Namenszeichnung aber bleibe bei allem Verständnis unkorrekt. Er bitte darum, mit dem entsprechenden Autor ein Gespräch zu führen, auf keinen Fall aber wünsche er eine öffentliche Berichtigung, um diesen Mann nicht zu beschämen oder zu verletzen.

Der Dichter ein Mensch, und der Mensch ein Christ. Ich habe mir vorzustellen versucht, wie wohl andere christliche Autoren in einem ähnlichen Fall reagiert hätten. Er hätte ganz schön auf den Putz hauen können, der Herr Hausmann, und niemand hätte es ihm übelnehmen dürfen. Aber er hat nicht. Es sind immer wieder diese kleinen Dinge, die für mich die geistliche Einstellung eines Menschen deutlich machen.

12. Kapitel

»Brennmaterial für die Hölle oder eine Erbschaft für den Himmel?«

Aus der Geschichte der Deutschen Zeltmission

Genau betrachtet hat die Deutsche Zeltmission ihren Anfang in England genommen. 1899 sah der junge Prediger Jakob Vetter auf dem Marktplatz einer englischen Industriestadt zum erstenmal ein Missionszelt und erlebte eine Zeltversammlung mit. Das veranlaßte ihn zu einem heimlichen Gelübde: »Wenn du mir soviel Geld schenkst, Herr, daß ich davon ein Zelt kaufen kann, dann will ich in Deutschland eine Zeltmission aufbauen.«

Vetter hat sein Geheimnis bewahrt. Er sammelte Geld für »Reichsgotteszwecke«, ohne die von ihm ins Auge gefaßte Verwendung zu verraten. Die erste Spende erhielt er von einer Hausgehilfin, aber bei der einen Gabe blieb es nicht.

Drei Jahre nach seiner Englandreise konnte Vetter bei der Firma Strohmayer in Konstanz das erste Zelt kaufen. Es wurde im April 1902 auf dem Tersteegensruh-Hügel bei Mülheim an der Ruhr aufgebaut; hier fand die erste Aussendungsfeier der Deutschen Zeltmission statt. Die Eröffnungsansprache im Zelt hielt Pfarrer Otto Stockmayer, auch Oberstleutnant von Knobelsdorff war dabei.

So ist dieser bei uns heute weit verbreitete volksmissionarische Arbeitszweig — wie vieles im Reich Gottes — nicht durch eine kirchenbehördliche Anordnung eingeführt worden, sondern durch das geheime Versprechen eines jungen Mannes.

Jakob Vetter: schwacher Mann mit lauter Stimme

Vetter war von Jugend auf ein gesundheitlich angeschlagener Mann. Er litt unter häufigem Lungenbluten. Ich habe ihn nicht mehr kennengelernt, aber ein Schweizer Lehrer hat mir erzählt, daß er Vetter einmal an der Brücke in Spiez begegnet sei. Er habe sich auf das Brückengeländer gestützt und Blut erbrochen. Auf des Lehrers Frage, ob er ihm helfen könne, habe er geantwortet: »Sagen Sie mir bitte, wo ich hier Christen finde.« Vetter besuchte immer gern die Christen, wenn er in einen Ort kam. An jenem Abend hat er dann, trotz des nachmittäglichen Schwächeanfalls, mit lauter und kräftiger Stimme die Ansprache im Zelt gehalten.

1905 konnte Vetter sein zweites Zelt einweihen. Es begann seinen Weg durch die deutschen Lande in einer kleinen Stadt auf dem Berg: in Lüdenscheid.

Vetter war auf seine Weise ein Original. Mit seinem leicht schweizerischen Akzent konnte er mit Stentor-Stimme in die vollbesetzte Zelthalle rufen: »Was willscht: Krieg oder Frieden? — Was bischt: Brennmaterial für die Hölle oder eine Erbschaft für den Himmel?«

Unter der straffgespannten Zeltplane ging es vor Beginn der Veranstaltung manchmal vielleicht ein wenig laut zu. Dann rief Vetter, wenn er das Zelt betrat, mit donnernder Stimme: »Der Herr ist in seinem heiligen Tempel. Es sei vor ihm stille alle Welt!«

Der »evangelistische« Papagei

Einmal besuchte Vetter eine Familie, die einen Papagei besaß. Und wie es sich in einer ordentlichen christlichen Familie gehört, war der Geist des Hauses auch am Papagei nicht spurlos vorübergegangen. Der gelehrige Vogel stellte gewissermaßen den verlängerten Arm missionarischer Tischgespräche dar.

Betrat ein Besucher den Raum, so fragte er mit schnarrender Stimme: »Bist du bekehrt?« Mußte der Gefragte zugeben, daß dem nicht so sei, so erhielt er, wiederum schnarrend, den Rat: »Na, dann wird's aber Zeit!« Konnte der Besucher die Frage jedoch positiv beantworten, so zeigte auch der Papagei Befriedigung: »Dann ist ja alles gut.«

Das kleine Spiel wiederholte sich, als Vetter zu Besuch kam.

»Bist du bekehrt?«

»Ja.«

»Na, dann ist ja alles gut.«

»Nein«, entgegnete Vetter, »dann ist noch längst nicht alles gut. Aber dann wird alles gut.«

Es war noch längst nicht alles gut, und der Realist Vetter wußte das. Aber er wußte im Glauben auch, daß da, wo ein Mensch seine Hand vertrauensvoll in die guten Vaterhände Gottes gelegt hat, schlußendlich alles gut werden muß. In diesem Wissen hat er sich für die Zeltmission buchstäblich aufgeopfert.

Er zog mit seinen Zelten landauf und landab und rief die Menschen zu Jesus. Schon damals gab es junge Leute und politische Störtrupps, die es reizvoll fanden, so eine Zelthaut mit Steinen zu bewerfen oder mit scharfen Messern die Seitenbehänge aufzuschlitzen. Aber Gott hat diesen Mann immer wieder bewahrt und ihm viele treue Helfer gegeben. Vetter lebte zuletzt in Riehen bei Basel und starb mit 46 Jahren. Seine Frau ist über 90 Jahre alt geworden, seine Tochter Marie nimmt noch heute manchmal an den Aussendungsfeiern der Deutschen Zeltmission teil.

Die Männer der ersten Stunde: Vetter, Binde, Henrichs

Drei Männer sind es vor allem gewesen, die die Deutsche Zeltmission in ihren Anfängen geprägt haben. Ihre Bilder hängen an meiner »Wand der Vollendeten«.

Neben Jakob Vetter gehört dazu Fritz Binde. Er war als junger Mann überzeugter Marxist. Christ wurde er aber weder durch eine Diskussion noch durch ein kluges Buch — sondern durch einen schlichten Neukirchner Kalenderzettel. Binde besaß die Gabe, vor allem die gebildeten Kreise anzusprechen.

Der Dritte war Ludwig Henrichs, ein Mann der Freikirche, der jahrelang Prediger in der Freien evangelischen Gemeinde in Lüdenscheid war. Seinen Sohn Samuel Henrichs hinderte das nicht, später Superintendent in Düsseldorf zu werden. Sicher sind das kleine Dinge persönlicher Führung, aber irgendwie machen sie doch zeichenhaft deutlich, wie das geistliche Wirkungsfeld der Deutschen Zeltmission abgesteckt ist. Sie war von Anfang an ein Allianzwerk und ist es bis heute geblieben. Nach dem Willen Jakob Vetters sollte sie nie einer bestimmten kirchlichen Organisation angegliedert werden, sondern als Glaubenswerk auf der Basis der Allianzbruderschaft unabhängig bleiben.

So haben wir es bis heute gehalten. Die Deutsche Zeltmission lebt von den Gaben und Gebeten der glaubenden Gemeinde; sie setzt heute fünf Missionszelte ein.

Die Leute, die seit Jahren das Ende der Zeltmission prophezeien, haben wohl in den falschen Topf gegriffen. Wir mußten ein neues Großzelt mit 3 000 Sitzplätzen anschaffen, weil sich das bisherige mit 2 500 Plätzen als zu klein erwies.

Gerhard Bergmann

Wie der Hund Flöhe, so besitzt ein Evangelist — meist in wachsender Zahl — Kritiker und Verehrerinnen. Weder die warnenden Stimmen der einen noch die dezenten Stoßseufzer der anderen ändern etwas an der Tatsache, daß die Arbeit der Deutschen Zeltmission in den letzten Jahren maßgeblich von Gerhard Bergmann geprägt worden ist.

Ihn selbst ficht beides vielleicht am wenigsten an. Er zählt sich zum »CdU«, was keine politische Partei, sondern »Club der *U*nbekümmerten« bedeutet. Vermutlich wird auch diese Bemerkung nicht allen gefallen, aber es ist nun einmal so: einem Gemeindechristen kann man manches, einem Pfarrer vieles, einem Evangelisten fast alles übelnehmen, was er sagt. Das liegt an seiner Frontstellung. Wenn ich immer hübsch im Wohnzimmer bleibe, wird der Regen mich nie durchnässen; aber ich werde auch nie den Weg bis zum Bahnhof schaffen. Wer sich in der Kirche einmauert, wird vielleicht fromm sterben. Aber wenn man ihn danach fragt, wird er nur sein zerfleddertes Pfund vorweisen können und keinen Cent dazugewonnen haben.

Ich wollte gar nicht vom Risiko sprechen, von der Gefährdung, unter der jedes Christenleben steht, sondern von der Unbekümmertheit. Aber die wird ohne den Hintergrund von Gefährdung und Risiko sinnlos. Das habe nichts mit Zeltmission zu tun? Da bin ich anderer Meinung, aber ich gebe gern zu, daß es sich nicht auf die Zeltmission und ihre Mitarbeiter beschränkt.

Unbekümmertheit kann man nicht lernen. Man hat sie, oder man hat sie nicht; sie ist Bestandteil unserer Veranlagung. Und damit bin ich wieder bei Gerhard Bergmann, der sagt: »Ich habe dieses Naturell von meinem Vater geerbt. Der zog oft einfach keinen Mantel an — dem Wetter zum Trotz.«

Auch der Vater Bergmann war ein frommer Mann, er hatte seinen ganz bestimmten Platz in der Bibelstunde der Freien evangelischen Gemeinde. Aber er war halt, wie er war. In den Jahren der wirtschaftlichen Flaute geriet er mit seiner Selterswasser-Großhandlung in arge Bedrängnis. Es schien kein anderer Ausweg, als das Haus zu versteigern. In der Nacht, die diesem schmerzlichen Ereignis vorausging, konnte seine Frau kein Auge zutun. Vater Bergmann aber lag daneben und schnarchte wie zu Zeiten der Hochkonjunktur. Als seine Frau ihn am Morgen deswegen zur Rede stellte, hob Vater Bergmann ein wenig hilflos die Schultern. »Ja, wat solln wie maken?«, entschuldigte er sich. »Ich hab's doch dem Herrn gesagt.« Der hat es ihnen erhalten.

Äpfel und Söhne, sagt man, fallen nicht weit vom Stamm. Als junger Leutnant kam Gerhard Bergmann verwundet ins Lazarett. Nun trug man an der Krankenbekleidung keine Dienstgradabzeichen, und besonders aristokratisch hat der jugendliche Gerhard wohl nicht ausgesehen. Jedenfalls raunzte ihn ein Unteroffizier vom Wachpersonal an: »Name?«

»Bergmann.«

»Dann tragen Sie mal die Ascheneimer da weg!«

»Jawoll, Herr Unteroffizier!«

Bergmann schleppte besagte Eimer an den Ort, an den sie gehörten, kam zurück und meldete:

»Befehl ausgeführt!«

Ein anderer Unteroffizier des Wachpersonals kam dazu und

stieß seinen Kameraden erschrocken in die Seite: »Mensch, bist du verrückt? Der ist doch Leutnant!« Der also Informierte wurde blaß. Er wirkte plötzlich selbst verwundet und ärztlicher Behandlung bedürftig. Bergmann aber grinste nur und ging, vom weiteren Transport überfüllter Ascheneimer sorgfältig verschont, seiner Wege.

Später kam er zur Deutschen Zeltmission. Er ist der Typ, dem es nichts ausmacht, vor über 2 000 Leuten in einem überfüllten Zelt zu sprechen. Und jetzt kann ich endlich die Leute beruhigen, die meinen, es müsse mit dem Gerhard Bergmann irgendeinen Haken haben. Es hat. Und zwar an der Krawatte. Er trägt meist Fertigschlipse, die man am Kragenknopf einhängen muß, und das ist bei einem temperamentvollen Redner wie Bergmann eine reichlich strapazierte Gegend. Einmal faßte er sich denn auch mit schwungvoller Geste an den Hals — und hielt prompt die Krawatte in der Hand. Einen Moment nur verschlug es ihm die Sprache. Dann riß er den Arm hoch und schwenkte die Krawatte herausfordernd hin und her: »Na, ist das nichts für Viermarkfünfzig?« Gelächter ringsum. Gleich darauf war Bergmann wieder bei seinem evangelistischen Thema. Nur wer einmal auf einem solchen Podium gestanden und erlebt hat, wie einsam man unter Tausenden von Menschen sein kann, weiß, wie ein kleines Lachen im rechten Moment eine Brücke schaffen, einen menschlichen Kontakt herstellen und bewirken kann, daß sich 2 000 fremde Menschen plötzlich nicht mehr ganz so fremd vorkommen.

Die Bergmanns haben das Haus, das sie in Halver bewohnen, weise aufgeteilt. Gerhards verheiratete Schwester wohnt Parterre, er im Dachgeschoß: dem Himmel näher und von Besuchern durch eine treue Wächterin und fünfundzwanzig Treppenstufen getrennt.

Eines Tages klingelt eine ältere, inzwischen verstorbene Dame, die den Evangelisten gerne persönlich begrüßen würde. Bergmanns Schwester dirigiert sie ins eigene Wohnzimmer und versucht ihr klarzumachen, daß dies aus verschiedenen Gründen jetzt nicht gehe. Bergmann selbst, durch das Gespräch an der

Haustür vorgewarnt, streift die Schuhe ab und schleicht auf Socken durchs Zimmer, um seine Anwesenheit nicht durch verdächtige Geräusche zu verraten.

Nach einiger Zeit sind Charme, Geduld und Widerstandskraft der Evangelistenschwester aufgebraucht. Die Besucherin möchte, bevor sie geht, wenigstens einen Blick in das Arbeitszimmer des Evangelisten werfen. Kann man ihr diesen Wunsch versagen? Die Schwester des Evangelisten konnte nicht. Sie wurde beschämt, die Besucherin ob ihrer Beharrlichkeit belohnt: sie entdeckte den Evangelisten — auf Socken in seinem eigenen Arbeitszimmer.

Lassen wir's damit bewenden. Verheiratet ist Gerhard Bergmann mit seinen Büchern und mit der Zeltmission, und so soll es auch bleiben.

13. Kapitel

Wir glauben ja in Wahrheit nicht, Gott sei bei uns alleine

In der Deutschen Evangelischen Allianz

Man darf den eigenen Frömmigkeitsstil, den eigenen Katechismus, das eigene Liederbuch, die geschichtlich gewachsenen Prägungen der eigenen Kirche oder des eigenen Gemeindeverbandes sehr lieb haben, aber wir sollten sie nicht für allein wahr und richtig halten. Denn wo wir dies tun, überschätzen wir die eigene Bedeutsamkeit, und das hat noch niemandem gut getan. Vor allem gehen wir dann an der Wirklichkeit der weltweiten Gemeinde Jesu Christi vorbei und bringen uns damit um den vielfältigen Reichtum ihrer Erkenntnis und Erfahrung. Ein verengtes Wirklichkeitsverständnis wird sich dann zwangsläufig auch in einer »engen« Frömmigkeit niederschlagen.

Keine christliche Kirche oder Gemeinschaft kann für sich beanspruchen, die »Mitte« der weltweiten Gemeinde zu sein. Diesen Platz hat sich der erhöhte Christus selbst vorbehalten. Solange er noch unsichtbar ist, wird er in der örtlichen Gemeinde dargestellt durch die verschiedenartigen Beiträge seiner unterschiedlich geprägten Jünger, in der weltweiten Christenheit durch die unterschiedlich geprägten Kirchen und Gemeinschaften in allen Völkern. Aus diesen Mosaiksteinen entsteht das heute erkennbare Bild des Christus und seiner Gemeinde. Es ist noch nicht vollkommen und manchmal vielleicht ein wenig verzerrt, aber es ist dennoch sein Bild. Wer die Diamanten der eigenen Erkenntnis — sie mögen noch so kostbar sein — für das Ganze hält, der betrügt sich selbst.

Das Schlüsselwort für meine Begegnung mit Christen aus den verschiedensten Kreisen, ja für Allianzarbeit überhaupt, fand ich im 1. Johannesbrief: »Wer da glaubt, daß Jesus sei der

Christus, der ist von Gott geboren, und wer da liebt den, der ihn geboren hat, der liebt auch den, der von ihm geboren ist« (Kap. 5, 1).

Hier wird für mich der innerste Zirkel heiliger Gemeinschaft sichtbar: Bindung an Christus verbindet mich zugleich mit dem Bruder. So verbindet mich mit dem jetzigen Vorsitzenden der Evangelischen Allianz, Dr. Wilhelm Gilbert, dem ich viele geistliche Anstöße verdanke, eine gesegnete Freundschaft seit vielen Jahren. Jüngerschaft und Bruderschaft werden auf der Basis des Evangeliums von der Gottessohnschaft Jesu zur Einheit. Damit ist zugleich, und zwar positiv, festgelegt, wer zur weltweiten Gemeinde gehört: Jünger, Brüder — nicht Kirchen oder Organisationen.

In unserem Land hat Allianzarbeit bestimmte Ausprägungen gefunden: Allianzgebetswoche — Allianzkonferenzen — Allianzmission — Evangeliumsrundfunk. Diese Aktivitäten werden vom Hauptvorstand der Deutschen Evangelischen Allianz verantwortet oder beratend begleitet. Er bemüht sich, gemeinsame Interessen der Christen aus den verschiedenen Kreisen wahrzunehmen, geistliche Entwicklungen zu beobachten und tritt bei Veranlassung als Sprecher der Bruderschaft an die Öffentlichkeit.

Manchmal erscheint uns das heute nicht effektiv genug. In einer Zeit, in der Organisation groß geschrieben wird, ist das verständlich, und es läßt sich gar nicht leugnen, daß ein Bruderbund auch Schwächen hat. Falsch wäre nur die Annahme, eine straffere Organisation hätte keine; sie hat lediglich andere.

Allianz ist letztlich nur auf der Basis der Bruderschaft denkbar. Wenn sie mehr sein will, etwa selbst zur verfaßten Kirche würde, dürfte sie das mit dem Preis geistlicher Verarmung bezahlen müssen; denn nur die Basis der Bruderschaft gewährleistet die Öffnung für Jünger aus allen christlichen Gruppen, die zur Erkenntnis der »Länge, Breite und Höhe« der Liebe Gottes beitragen können. Daß es daneben, ohne dieses Grundprinzip zu verletzen, Möglichkeiten gibt, evangelistische, publizistische und andere Aktivitäten zu fördern, dafür lassen sich aus den letzten Jahren manche Beispiele anführen.

Familie Deitenbeck: Paul, Hildegard, Monika und Magdalene

Worthstraße 49,
unser Zuhause

Die Evangelische Kreuzkirche
in Lüdenscheid

„Betriebliche Feierpause von Mensch zu Mensch"

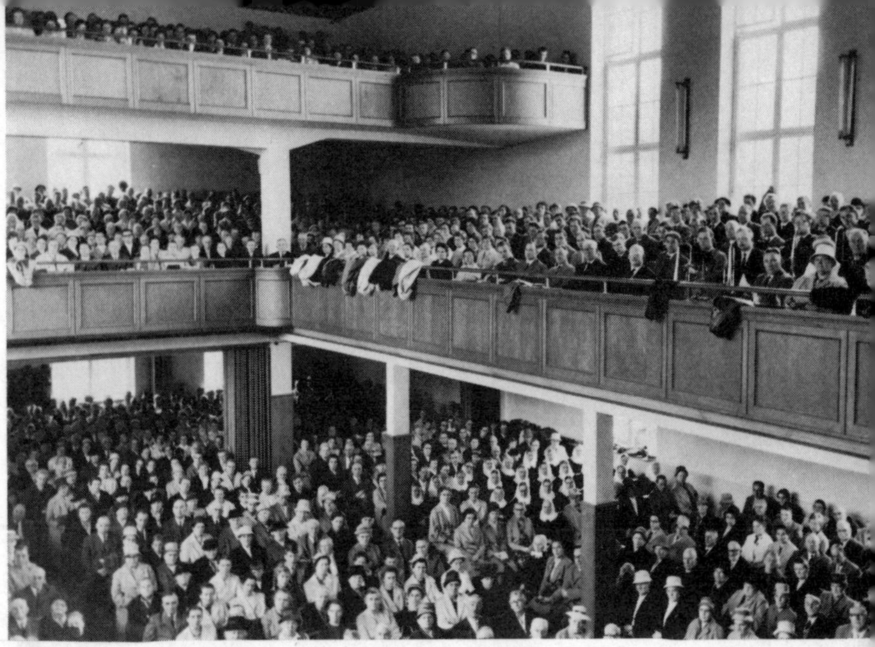

Allianzkonferenz in der Siegener Hammerhütte

Gespräch am Rande des Gemeindetages 1978 in Stuttgart. Von links: W. Scheffbuch, Grünzweig, Deitenbeck, Osei-Mensah, Wilson, Kupsch, R. Scheffbuch. Foto: Lachman, Düsseldorf

Allianzkonferenzen

Zum Wesen der Allianz gehört die Begegnung von Christen aus verschiedenen Kirchen und Gemeinschaften, wie sie in der jährlichen Allianzkonferenz in Siegen ihren stärksten Ausdruck findet. Da wird eben jener Reichtum unterschiedlicher Christuserkenntnis ausgetauscht, und jeder kehrt als Beschenkter nach Hause zurück. Man erkennt, daß Gott ein großes Volk in diesem Land hat und daß der eigene Kirchturm nicht die Mitte der Welt darstellt.

Allerdings gibt es bei Allianzkonferenzen auch Zwischenfälle von weniger erbaulichem Charakter. Einmal hatte ich in der überfüllten Siegerlandhalle die Nachmittagsveranstaltung zu leiten. In der ersten Reihe saßen der Oberbürgermeister, der Oberkirchenrat und andere prominente Persönlichkeiten. Und während ich die Versammlungsteilnehmer begrüßte und den Chor um das Eingangslied bat, trat plötzlich ein Mann zu mir auf's Podium. Ich dachte zunächst, er hätte seinen Schirm verloren und wollte mich um eine Durchsage bitten, aber dann stellte sich heraus, daß es ein Schwärmer war.

»Ich habe eine Botschaft«, versicherte er mir. Daraufhin erklärte ich ihm, daß hier nichts »gebotschaftet« würde. Aber er blieb einfach neben mir stehen, und ich kann nicht behaupten, daß dies zu meinem Wohlbefinden beitrug; man ist mit der Leitung einer großen Veranstaltung voll beansprucht und auf zusätzliche Probleme keineswegs erpicht.

Hilfesuchend wandte ich mich an die Brüder hinter mir, doch unsere erste gemeinsame Reaktion bestand lediglich darin, daß wir alle miteinander rote Köpfe bekamen. Schließlich konnten wir uns vor den vielen Leuten mit diesem Mann ja nicht gut in ein Handgemenge einlassen. Endlich kam ich auf den Gedanken, die Gemeinde noch ein Lied singen zu lassen. Dabei war mir keineswegs fröhlich zumute, ich bat Gott, uns aus dieser bedrängenden Situation herauszuhelfen. Und dann entdeckte ich in einer der hinteren Reihen den Vorsitzenden des Christlichen Sängerbundes.

← *Waldgottesdienst an der Glörtalsperre*

Schnell trat ich ans Mikrophon und kündigte an: »Ich bitte den Vorsitzenden des Christlichen Sängerbundes, uns nach dem vierten Vers ein Grußwort zu sagen.« Ich wollte verhindern, daß jener Mann mit seiner Botschaft doch noch ans Mikrophon herankam.

Nach dem Grußwort sangen wir zwei weitere Strophen, und möglicherweise stünden wir heute noch da, wenn sich Pastor Fehlauer von der Freien Gemeinde Siegen nicht ein Herz gefaßt hätte. Er kam auf's Podium herauf, faßte den Mann freundlich am Arm und erlöste mich endlich von ihm.

Solche Dinge kamen öfter vor. Auch auf der Tersteegen-Konferenz hatten wir's einmal mit einem solchen Propheten zu tun, der unbedingt ans Mikrophon wollte. Damals erfaßte Wilhelm Busch als erster die Situation: »Hier wird nichts prophezeit, hier wird jetzt gesungen!« erklärte er und stimmte auch gleich selbst ein Lied an. Damit gab er seinen Mitarbeitern Zeit, den Mann freundlich nach draußen zu führen.

So gibt es bei den meisten großen Konferenzen Situationen, in denen man auf die freundliche Hilfe Gottes angewiesen ist, von denen die Konferenzteilnehmer meist jedoch wenig oder gar nichts merken.

Großevangelisation mit Billy Graham

Zu den Großveranstaltungen dieser Art gehörten natürlich auch die Evangelisationen mit Billy Graham. In Berlin wollte der amerikanische Evangelist 1960 neben den Veranstaltungen im Großzelt eine Freiversammlung an einem historischen Platz durchführen. Daraufhin ließen wir vor dem ehemaligen Reichstagsgebäude ein hohes Gerüst mit einer Tribüne aufbauen, und es kamen dann wirklich etwa 90 000 Menschen.

Ich hatte diese Veranstaltung zu leiten, wobei das Gerüst für zusätzliche Schwierigkeiten sorgte. Zwar waren wir da oben dem Himmel näher, aber man hatte kaum Zeit, einen Blick hinauf zu riskieren. Hinter mir saß die politische und kirchliche

»Prominenz«, vor mir stand die riesige Menschenmenge; um den eigenen menschlichen Halt aber war es nicht allzu gut bestellt: Ich bewegte mich auf einer leicht vibrierender Bohle, darunter kamen vier Meter Frischluft und erst dann der sichere Erdboden. Aber die Tatsache, daß da oben gestandene Pietisten schwankten, störte die Veranstaltung nicht. Wir sangen die alten Erweckungslieder, und Billy Graham sprach, von Peter Schneider übersetzt, mit überzeugender Vollmacht.

In dieser Zeit stand die Berliner Mauer noch nicht, und es gab eine Art kleinen Grenzverkehr zwischen den östlichen und den westlichen Stadtteilen. Viele Ostberliner konnten an den Veranstaltungen teilnehmen, sie erhielten nach der Versammlung jeweils eine kleine Erfrischung. Gelegentlich forderte ich während des Vorprogramms Besucher von außerhalb oder aus bestimmten Stadtteilen auf, sich durch Winken mit dem Taschentuch zu erkennen zu geben. Eine Ostberliner Zeitung schrieb daraufhin: »Ein jovialer Dicker« (ich stand damals ziemlich gut im Futter) habe während der Zeltveranstaltung in unverantwortlicher Weise eine Grippeepidemie provoziert, indem er die Teilnehmer aufgefordert habe, die in ihren Taschentüchern enthaltenen Bazillen vor der ganzen Menge auszuschütteln.

Das Vorprogramm

Damals begannen für uns die Freuden und Leiden des Vorprogramms; denn wir mußten die Zeit überbrücken, die so viele Menschen benötigen, um sich auf einem großen Platz zu sammeln oder die Sitze in einem Großzelt einzunehmen. Gerhard Bergmann und ich leiteten abwechselnd die Veranstaltungen. Nun besaßen wir in diesen Dingen natürlich mehr guten Willen als Erfahrung.

Einerseits mußten wir darauf Rücksicht nehmen, daß die Menschen noch nicht zur Ruhe gekommen waren, zum anderen darf ein Vorprogramm Spannung und Konzentration nicht vorwegnehmen, die dem evangelistischen Vortrag vorbehalten bleiben sollen. Also versuchten wir, die Menge auf das bevorstehende Ereignis einzustimmen: durch Gesangs- und Posaunenchöre, durch gemeinsames Singen, durch teils heitere, teils besinnliche und informative Gesprächsbeiträge. Die Mischung, die daraus entstand, empfanden durchaus nicht alle als bekömmlich: Die einen fanden es ganz in Ordnung, wenn wir den Auftakt gelockert-humorvoll gestalteten; andere äußerten kritisch, daß dies doch wohl entschieden zu weit gehe.

Das wird vermutlich so bleiben, solange es evangelistische Veranstaltungen mit den dazugehörigen Vorprogrammen gibt. Die Männer und Frauen, denen die Gestaltung übertragen ist, werden sich sowohl an der Kritik wie am Beifall orientieren müssen, um immer neu den jeweils richtigen Weg zu suchen. So einfach allerdings ist dieser gar nicht zu ermitteln; eine Freiveranstaltung oder eine Versammlung im Großzelt ist nun einmal etwas ganz anderes als ein Konfirmationsgottesdienst oder ein Kirchenkonzert. Es geht darum, daß dem Evangelium fernstehende Menschen sich in einer für sie ungewohnten Umgebung wohl fühlen; es hat sich oft erwiesen, daß sich vor allem Musik und Gesang dazu eignen, die Menschen auf die folgende evangelistische Verkündigung vorzubereiten.

Paul Schmidt, der Unermüdliche

Durch viele Jahre hindurch hatten wir bei Konferenzen, Großveranstaltungen und Hauptvorstandssitzungen mit einem weiteren Problem fertigzuwerden: mit der schier unermüdlichen Arbeits- und Sitzungsbereitschaft des von uns allen herzlich geliebten und verehrten ersten Vorsitzenden Paul Schmidt. Keine Nachtstunde war ihm zu spät, um Arbeitsgespräche anzusetzen und wichtige Probleme mit uns zu erörtern. Bis ins hohe Alter behielt er diese unglaubliche Aktivität. Schlaf, zumal wenn er sich über mehrere Stunden erstreckte, schien für ihn ein Fremdwort, eine unnütze Zeitverschwendung. Zum Ausruhen, meinte er ungerührt, bliebe uns im Sarg noch Zeit genug.

Hielten uns die Arbeitsbesprechungen mit unserem verehrten Vorsitzenden bis weit über Mitternacht wach, so zwangen uns morgens Pressekonferenzen, Mitarbeitersitzungen und ähnliche Verpflichtungen aus den Federn. Zu unserer Schande sei es gestanden: Wir Jüngeren brachten die Kondition unseres Vorarbeiters nicht auf. Müdigkeit und Erschöpfung, unleugbar Kennzeichen der erfinderisch machenden Not, ließen uns dann im Fahrstuhl des Hotels prompt den falschen Knopf erwischen, so daß wir vom Speisesaal aus nicht in das höher gelegene Sitzungszimmer, sondern zum rettenden Ausgang gelangten. Glücklich entflohen, drehten wir schnell drei Runden durch den Hotelpark, schnupperten wie Ziegen am frischen Grün der Sträucher und nahmen, reumütig zurückgekehrt, die vorwurfsvollen Blicke unseres Vorsitzers demütig in Kauf.

In Israel

Aber es hieße ein falsches Bild zeichnen, wollte man nur von den Strapazen der Arbeit im Hauptvorstand und nicht von ihren Freuden sprechen. Emanuel Götze, der unermüdlich »Bäumchen für Israel« sammelte und dessen Initiative das waldarme Israel sicher so manchen neuen Olivenhain verdankt, hat einmal für den gesamten Hauptvorstand eine eigene Israel-Fahrt organisiert; er tat das so liebevoll, daß wir schon meinten, er hätte uns mit Olivenbäumchen verwechselt.

Es war immer mein stiller Wunsch, einmal das Heilige Land zu besuchen, nun wurde er unter der sachkundigen Führung und organisatorischen Leitung von Emanuel Götze Wirklichkeit. Knapp zwei Wochen reisten wir durch das Land und sammelten unvergeßliche Eindrücke. Sicher, manches war ganz anders, als wir es uns vorgestellt hatten. Aber dann saßen wir am Jakobsbrunnen und dachten daran, daß Jesus vermutlich daraus getrunken hatte. Unter Leitung von Kurt Heimbucher feierten wir beim sog. Gartengrab das Abendmahl. Wir badeten im See Genezareth und wußten: über das Wasser dieses Sees ist Jesus gegangen und oft mit den Jüngern im Boot darüber gefahren; Petrus aber war darin versunken, bis die Hand des Meisters ihn wieder herausgehoben hatte.

An einem Freitagabend erlebten wir den Beginn des Sabbat mit. Schlagartig veränderte sich die Haltung der im Hotel anwesenden Israelis; sie erhoben sich, bedeckten in Ermangelung von Hüten den Kopf mit Servietten und begannen zu singen und zu tanzen. Zeichenhaft schimmerte da mitten im modernen, liberalen Israel das alte Gottesvolk durch und erinnerte uns daran, daß eines Tages das alte und das neue Israel identisch sein werden. Wenn das alttestamentliche Bundesvolk, das sich Gott als erstes zum Partner auserwählt hatte, in Jesus den Messias erkennt, wird es zwischen den alten Israeliten von damals und den modernen Israelis keinen grundsätzlichen Unterschied mehr geben.

Allianz-Gebetswoche

Im Lauf der Jahre habe ich während der Allianz-Gebetswoche hin und her im Land an vielen Zusammenkünften teilgenommen. Natürlich gibt es da manches zu kritisieren und zu bemängeln, und wir werden nie aus der Sorge entlassen werden, daß diese Einrichtung zu einer formellen Tradition erstarren könnte. Aber ist die Gefahr, daß man 1980 nur deshalb an der Gebetswoche teilnehmen könnte, weil man auch 1979 dort gewesen ist, wirklich so groß? Man kann ein Gemeindeblatt nur deshalb Woche für Woche ins Haus geschickt bekommen, weil man vergessen hat, es abzubestellen — aber läßt sich dieses Bild auf die Allianz-Gebetswoche übertragen? Da kommt doch nichts auf mich zu, weil ich vergessen habe — aus Gewöhnung, Vergeßlichkeit oder warum auch immer — mich davon zu distanzieren, sondern hier muß ich den Kontakt selbst herstellen, indem ich Abend für Abend hingehe. In einer Zeit der tausend Hindernisse, in der jeder gute Gründe für sein Fernbleiben angeben könnte, bedeutet das immer neue Entscheidung und Überwindung.

Es ist wichtig, Gefahren im Auge zu behalten, aber man darf dabei den Blick auf die Sache selbst nicht verlieren. Und hier geht es doch um nicht weniger, als daß die glaubende Gemeinde einer Stadt, eines ganzen Landes eine Woche lang Abend für Abend zum gemeinsamen Beten zusammenkommt: um Gott zu loben, um sich unter die eigenen Fehler zu demütigen, um für die Gemeinde in der Welt und für die Welt, in der die Gemeinde lebt, zu bitten.

Durch diese Woche werden wir keine besseren Christen werden. Aber sie kann uns um die Erfahrung reicher machen, daß wir am Handeln Gottes in unseren Tagen beteiligt sind, auch wenn wir meistens keine spektakulären Erhörungen erleben. Gott weiß, warum er den Schleier des Geheimnisses darübergebreitet hat, wann und wo unsere Gebete wirksam werden; er hat uns nur versprochen, daß keins davon verloren geht.

Vertrauen, Geheimnis und Nüchternheit gehören beim Beten zusammen: in der eigenen Kammer und erst recht in der Öffentlichkeit. Auch als Beter können wir nach Veranlagung und Herkunft unterschiedlich geprägt sein, und darauf hat auch eine betende Gemeinde Rücksicht zu nehmen. Es gibt Menschen, die nur den Auftrag der stillen Fürbitte erhalten haben; sie erfüllen ihre Aufgabe durch das Gespräch mit Gott in den eigenen vier Wänden. Ich weise bei Allianz-Gebetsstunden immer wieder darauf hin, daß diese Christen sich nicht dazu verleiten lassen sollen, nun öffentlich zu beten. Wer aber laut betet, für den gilt, daß er in Anwesenheit der Gemeinde mit Gott redet und nicht seinen Mitbetern Vorträge hält.

Auch hier kann uns Nüchternheit nur gut tun. Ich erinnere mich daran, wie Oberkirchenrat Rudolf Schmidt einmal im Anschluß an eine Gebetsstunde sagte: »Brüder, wenn ich unsere Gebete auf Tonband aufgenommen hätte und sie euch jetzt vorspielen würde, ihr würdet alle davonlaufen!« Was er meinte, war schlicht dies: Ihr würdet eure eigenen Gebete nicht ertragen können — eure schwülstigen Formulierungen, eure gespreizten Ausdrücke und diejenigen Passagen in euren Gebeten, die gar nicht für Gott, sondern für die Gemeinde bestimmt waren.

Dabei geht einem erst auf, welche Geduld Gott während einer solchen Gebetswoche mit uns allen haben muß, und was er da so alles zu hören bekommt. Aber es gilt eben auch das andere: daß Gott diese Geduld aufbringt und daß er uns über alle verschnörkelten und alle unbeholfenen Formulierungsversuche hinweg versteht.

Rudolf Schmidt hat die Tatsache, daß er selbst ein treuer Allianzmann ist, nie daran gehindert, die Allianz realistisch zu sehen.

»Weißt du, Paul«, sagte er einmal zu mir, »es gibt auch fiese Brüder und Schwestern. Sie sind beides, merk dir das: Brüder und Schwestern in Christus und können trotzdem fies in ihrer Verhaltensweise sein.«

Jeder von uns macht da seine eigenen Erfahrungen. Sie erinnern uns daran, daß Gemeinde Jesu heute noch Gemeinde unterwegs ist. Aber wenn wir davon sprechen, daß das Evangelium von Jesus Christus ein Evangelium der Tatsachen ist, dann bedeutet dies, daß es auch dieser Tatsache Rechnung trägt.

Gotthold Lesser: Vorsicht, bissiger Hund!

Von den vielen Persönlichkeiten, die ich während meiner Zeit im Hauptvorstand kennengelernt habe, und die heiligen Ernst, menschliche Originalität und Fröhlichkeit sehr wohl miteinander zu vereinbaren wußten, kann ich nur einige wenige erwähnen.

Der Wuppertaler Pfarrer Gotthold Lesser hat mich vor allem durch sein weites, brüderliches Herz beeindruckt. Er wußte sich mit allen Leuten Gottes als seinen Brüdern und Schwestern verbunden, ganz gleich, welcher Benennung sie angehörten.

Lesser war Blaukreuzler wie ich, und wenn wir uns begegneten, brachte er mir hin und wieder eine kleine Schachtel Zigarillos mit. »Weißt du, Paul«, erklärte er dazu augenzwinkernd, »jeder Abstinenzler hat einen Vogel. Wer weder raucht noch trinkt, der hat zwei Vögel, deshalb nimm dir mal getrost ein Zigarillo.«

Aber bei diesem Liebesbeweis endete die Bruderschaft von Gotthold Lesser nicht. Anläßlich einer Tagung des Hauptvorstandes waren wir in einem christlichen Heim untergebracht. Am Abend hatte es eine erregte Diskussion gegeben, und anschließend plagten mich heftige Magenkrämpfe. Ich schleppte mich bis zu Gotthold Lessers Zimmer, klopfte an und fragte ihn, ob er wohl so freundlich sein würde, mir etwas warmes Wasser aus der Küche zu besorgen, damit ich mir Aufschläge machen könne.

Obwohl es mitten in der Nacht war, stand Lesser sofort auf, warf seinen Morgenmantel über und machte sich auf die Suche nach Hilfe. Das Klingeln an der Wohnungstür des Heimleiters erwies sich als nutzlos; die guten Leute waren offensichtlich übermüdet, lagen im ersten Schlaf und hörten ihn nicht. Daraufhin stieg Lesser eine weitere Treppe hinunter und drang bis in die Küche vor. An sich ist das keine Leistung, die einen Sonderapplaus verdient, aber Lesser hatte Angst vor Hunden, und der Heimleiter hielt im Erdgeschoß einen großen scharfen Wachhund. »Ich habe einfach darum gebetet, daß ich dem Hund nicht begegnen möchte«, gestand mir Lesser später. (Er hätte es auch einfacher haben und die Hilfsaktion mit dem Hinweis auf den schlafenden Heimleiter abbrechen können.)

Lesser betrat das vom Hund besetzte Erdgeschoß, ohne daß dieser Notiz von ihm nahm. Der nächtliche Samariter suchte und fand den Gasofen, zündete ihn an und setzte Wasser auf. Dabei hörte er dann, was er die ganze Zeit über befürchtet hatte: in den Räumen auf der anderen Seite des Flurs machte sich der Hund bemerkbar. Lesser schlich hinaus und warf, von der Angst in Kombinationsgabe und Entschlußkraft beflügelt, blitzschnell die Tür zu, die dem Hund den Zutritt zum Gang verwehrte. Dann brachte er mir das nicht ohne Risiko erkämpfte Wasser nach oben, und während die Schmerzen allmählich zurückgingen, dachte ich dankbar, daß die Liebe uns oft die größten Wohltaten zufügt, wo sie das Risiko im Kleinen nicht scheut.

Friedrich Heitmüller: »Kurz, aber erbaulich«

Eine der prägenden Gestalten des Hauptvorstandes war zu seiner Zeit zweifellos Friedrich Heitmüller, Prediger der Freien evangelischen Gemeinde in Hamburg. Schon von seiner Statur her war er ein überragender Mann, von geistlicher Originalität und ob seiner Diskussionsbeiträge ebenso geschätzt wie manchmal gefürchtet. Wenn er aufstand, um seinen Worten mehr Geltung zu verschaffen, schob er die Hand in die untere Westentasche, und jeder wußte, was das zu bedeuten hatte: Es würde nicht leicht sein, diese Hand und die Argumente, die sie eben mit eindeutiger Geste unterstrichen hatte, zu verrücken.

Wenn es sein mußte, konnte Heitmüller in seiner Kritik sehr deutlich werden und damit zur schnelleren Klärung der Situation verdienstvoll beitragen. Allerdings war die Ehre, die man ihm allseitig erwies, deshalb nicht immer ganz frei von Furcht. Seiner vielen Verpflichtungen wegen konnte er manchmal an den Sitzungen des Hauptvorstandes nicht teilnehmen. Einem der Brüder fiel dann die Aufgabe zu, bekanntzugeben: »Bruder Heitmüller kann diesmal leider nicht kommen«, und nicht selten merkte man der Stimme des Sprechers an, daß Bedauern und Erleichterung in ihm einen Kampf mit noch ungewissem Ausgang austrugen.

Heitmüller, an Hamburger Klima gewöhnt und in seiner äußeren Erscheinung einem Senator nicht unähnlich, forderte auch im Hauptvorstand: »Brüder, sprecht kurz, aber erbaulich.« Ich kann nicht sagen, ob es diese von ihm geschätzten Eigenschaften waren, die zu einer der folgenschwersten Bekehrungen während seines Dienstes beitrugen. Durch eine seiner Evangelisationen kam ein Mann zum Glauben und schenkte Heitmüller zum Dank später 1 Million RM. Dieser hat davon ein Krankenhaus gebaut und mit dem stolzen Startkapital das Diakoniewerk »Elim« in Hamburg begonnen. Gott zieht im Leben und im Dienst seiner Leute nun einmal geheimnisvolle Fäden.

Karl Merz, der Stille

Vielleicht war er das Gegenstück zu Friedrich Heitmüller im Hauptvorstand — und gerade deshalb verdient er Erwähnung, der Methodistenprediger Karl Merz aus München. An den Diskussionen während der Sitzungen beteiligte er sich nur selten, aber man hatte das Gefühl, daß er alle Beratungen stets betend begleitete. Uns anderen, die wir uns leicht im Gespräch erhitzten, hat er gerade durch sein Schweigen manche eindrückliche Lehre erteilt.

In der Pause nahm er mich manchmal beiseite. »Bleib fest, Paul«, ermahnte er mich dann, wenn es um entscheidende Dinge wie etwa die Bibelfrage ging.

Wilhelm Schneck

Ebenfalls Methodistenprediger und daneben viele Jahre hindurch Schriftleiter des Allianzblattes war Wilhelm Schneck aus Bremen. Er hatte einen besonderen Blick für die Schönheit: beim Gottesdienst, in der Schöpfung und in der Kunst.

1954 flog ich gemeinsam mit Walther Zilz und ihm nach London, um die Evangelisation Billy Grahams in der Harringay Arena zu besuchen. Damals bekamen wir die ersten Eindrücke von diesem Mann. Drei Monate lang war die 12 000 Menschen fassende Halle Abend für Abend voll besetzt. Wenn wir nach der Veranstaltung mit der U-Bahn nach Hause fuhren, sangen die Menschen in den verqualmten Abteilen: »This is my Story, this is my Song.«

Tagsüber aber schleppte mich Wilhelm Schneck durch Museen und Kunstgalerien, er führte mich auf den oberen Rundgang der St. Pauls-Kathedrale, auf dem man sich noch über eine Entfernung von 40 Metern im Flüsterton verständigen kann. Als ich von London zurückkam, wußte ich, wer Billy Graham war, ich hatte vieles über Evangelisation dazugelernt und — dank Wilhelm Schneck — ein neues Kunstverständnis bekommen.

Wilhelm Schneck war es auch, der mir von einer methodistischen Konferenz in England erzählte, an der neben Pastoren und Laien auch mehrere Bischöfe teilnahmen. Man war in einem Freizeitheim untergebracht, und an den einzelnen Zimmertüren wiesen kleine Schilder auf Namen und Dienstgrad ihrer Insassen hin. So hieß es denn zum Beispiel: Mr. Müller, Bishop. Die geschlossenen Fenster des Freizeitheims aber hatten die Spaßvögel nicht fernhalten können; an der Tür des nächsten Zimmers nämlich, das einen Laien beherbergte, stand zu lesen: Mr. Fuller, Non-Bishop. Dem Schriftleiter des Allianzblattes konnte so etwas natürlich nicht entgehen.

Zu meiner Frau sagte er einmal: »Wenn ich am Thron Gottes ankomme, will ich ihm als erstes dafür danken, daß er mir meine Frau gegeben hat.« Sie hieß Hildegard, und die beiden haben sich sehr gut verstanden.

Wilhelm Kerstan: ein Brückenbauer

Über viele Jahre gehörte Wilhelm Kerstan, Pastor einer Evangelisch freikirchlichen Gemeinde, dem Hauptvorstand an. Nun herrschte auf unseren Sitzungen keineswegs immer eitle Harmonie; oft haben wir hart miteinander um die Wege und Entscheidungen der Evangelischen Allianz gerungen. Wilhelm Kerstan konnte dabei lange still zuhören. Wenn er dann den Mund aufmachte, hatte man den Eindruck, daß er das, was er uns zu sagen hatte, vorher mit Gott besprochen hatte. Gerade auch mir gegenüber, dem manchmal zu impulsiven jüngeren Landeskirchler, stellte er seine großherzige priesterliche Gesinnung unter Beweis. Er hat mir öfter erzählt, daß er für jeden Tag eine bestimmte Reihe von Brüdern auf seinem Fürbittezettel stehen habe; ich sei immer montags dran.

Daneben hatte sich Wilhelm Kerstan eine originelle Art der »Buchführung« zu eigen gemacht. Über viele Jahre wertete er im Auftrag des Hauptvorstandes die aus allen Teilen des Landes eingehenden Berichte über die Allianz-Gebetswoche aus. Sein schriftlicher Bericht stellte jedesmal eine ausgezeichnete Zusammenfassung der Ergebnisse dar. Die Kerstan'sche Eigenheit bestand darin, daß der Bericht jedesmal auch auf die Minute auswies, wieviel Zeit sein Verfasser darauf verwendet hatte. Als ich einmal mit ihm von einer Vorstandssitzung in Berlin zurückflog, beobachtete ich, wie er bei Start und Landung etwas in sein Notizbuch eintrug. Auf meine Frage erklärte er mir, daß er sich angewöhnt habe, Sitzungen, Reisen und Flüge zeitlich genau festzuhalten. Ich hatte den Eindruck, daß diese äußere Ordnung einem tiefen inneren Geordnetsein entsprach.

Die Junggesellen

Solange ich dazugehöre, besteht der Allianzhauptvorstand aus verheirateten Männern und solchen, die sich diesem Stand, aus was für Gründen immer, nicht anvertrauten. Zu den Junggesellen gehörte Superintendent Georg Traar, der Leiter der Evangelischen Allianz in Österreich, später Präsident der Europäischen Evangelischen Allianz. Er, der innerhalb der österreichischen Kirche viele verantwortliche Aufgaben innehatte, konnte mit seinem sprudelnden Humor eine ganze Gesellschaft unterhalten. Nach schweren Diensten verdanken wir ihm manche kurzweilige, erholsame Abendstunde.

Zu seinen Redensarten gehören Wendungen, die ich nicht ohne Zögern wiedergebe, da man bei uns vielleicht geneigt ist, sie einer weniger intellektuellen Kategorie von Scherzen zuzuordnen — und zwar nur deshalb, weil ich das Wiener Flair und den österreichischen Dialekt des Erzählers weder nachahmen noch übertragen kann, womit, wie ich gerne zugebe, das Entscheidende fehlt. Die blasse schriftdeutsche Übersetzung lautet etwa: »So Sechs wie wir Fünf gibts keine Vier anderen«, und: »Wir drei sind die zwei einzigen«. Mit österreichischem Charme, der ihn auch da liebenswert machte, wo er den Helden der Anekdote ungerührt die Zuschauer aufspießen ließ, konnte er unermüdlich Episoden aus dem Leben anderer Leute erzählen.

Anläßlich einer Allianzkonferenz in Nürnberg fand an einem Abend ein Empfang mit kaltem Buffet statt. Daran standen — gewöhnt, sich an fremdem Herd zu ernähren — drei Junggesellen einträchtig beieinander: Georg Traar, Gerhard Bergmann und Kurt Heimbucher. Das gab mir Gelegenheit, auf die Junggesellen im Hauptvorstand eine kleine humorige Rede zu halten, der ich ein Zitat von Georg Traar zugrunde legte: »Ein Junggeselle ist ein Mann, dem zum Glück eine Frau fehlt.« Georg Traar pflegte die Interpretation dieses Satzes den Zuhörern zu überlassen. Es gibt keinen Grund, warum ich mich diesem weisen Vorbild nicht anschließen sollte.

14. Kapitel

„Ein Prediger muß immer Heu machen“

Predigtvorbereitung. Eigene Predigterfahrungen. Rundfunkarbeit.

Der Glaube kommt aus der Predigt, die Predigt aus dem Wort Gottes. Vom Heiligen Geist veranlaßt und geleitet haben die biblischen Autoren ihre schriftlichen Berichte abgefaßt. Unter der entscheidenden Einflußnahme desselben Geistes soll auch die gesprochene Predigt stehen.

Der Ort, an dem die ewig gültige Wahrheit der Bibel in die kleine, für heute gültige Münze der Predigt umgegossen wird, ist ein Mensch: der Prediger. Hat Gott sich schon in das biblische Wort hinein erniedrigt, so demütigt er sich noch weiter, indem er den Prediger zu seinem Sprecher macht. Er ist ein wunderbarer Gott. Er kann sich das leisten, ohne um sich selbst, um die Darstellung Gottes in Menschenmund Angst haben zu müssen. Das tröstet uns, die wir ihm dienen und bei aller Mühe oft nicht sicher sein können, ob wir ihn recht verstanden haben. Die gleiche Souveränität — vielleicht müssen wir uns das neu bewußt machen — bewahrt Gott auch gegenüber den Propheten, die laufen, ohne daß sie gesandt sind. Gottes gerechtes Urteil wird sie treffen; aber er fürchtet sie nicht.

Die Erniedrigung in Sprachschatz und Gedankenwelt des Predigers ist Gottes Sache. Das Ergebnis hören wir Sonntag für Sonntag von der Kanzel; wie es zustande kommt, bleibt über weite Strecken Geheimnis. Gott verfügt über viele (verborgene und offenbare) Weisen, mit einem Mann zu handeln, der sich auf die Sonntagspredigt vorbereitet. Er hat sogar die Möglichkeit, ohne, ja selbst gegen ihn sein Ziel durchzusetzen; einem Gedanken Ausdruck zu verleihen, den der Prediger noch nicht erkannt hat, oder gegen den er sich sperrt. Wir haben an Jesus gelernt, daß Gott da am herrlichsten ist, wo er sich am tiefsten erniedrigt, und daß seine Macht gerade dort zur Auferstehungskraft wird. Weil das göttliches Prinzip ist, dürfen wir darauf vertrauen, daß es auch für unsere Predigt gilt: wir sprechen, aber er redet; wir rufen, aber er handelt.

Deshalb darf man das, was ich von mir zu berichten habe, nicht als für andere gültiges Rezept mißverstehen. Es ist eine Möglichheit von vielen. Ich erzähle davon, wie Gott mit mir über der Predigt handelt.

Predigtvorbereitung

Für mich ist das Wort von Spurgeon, daß ein Prediger immer Heu machen muß, geradezu eine Befreiung. Denn »immer«, das heißt auch »überall«: auf allen Feldern, in allen Bereichen dieser Welt. Ich brächte es nie und nimmer fertig, stundenlang vor dem Schreibtisch zu sitzen, den Urtext zu lesen, Kommentare zu wälzen und das betend und meditierend erarbeitete Ergebnis Stück für Stück fein säuberlich niederzuschreiben. Wie schön und richtig das auch sein mag, ich kann es einfach nicht. Ich muß dabei in Bewegung sein; vielleicht hängt das damit zusammen, daß bei älteren Herren dann das Gehirn frischer bleiben soll.

Jedenfalls brauche ich die Anregungen und Eindrücke von draußen. In der ganzen dem Predigtsonntag vorausgehenden Woche stehe ich unter Spannung, meine Antenne ist ausgefahren: aus Fernseh- und Rundfunkprogrammen, aus Zeitung und Büchern, aus Reiseeindrücken und mitgehörten Gesprächen nehme ich Gedanken und Sätze auf, die ich in meiner Predigt verwerte.

Ein Prediger darf immer Heu machen. Verkündigung ist für ihn nicht nur ein schweres und zugleich frohmachendes Amt, sondern sein schönstes Hobby: sie ist Teil seiner Freizeitbeschäftigung.

Spaziergänge, die ich allein oder mit meiner Frau unternehme, gehören in diesen Bereich der Vorbereitung. Gerade wenn ich nicht unter einem bestimmten Leistungsdruck am Schreibtisch sitze, erlebe ich oft, wie mir im tiefsten Sinn des Wortes etwas »einfällt«, wie es mir zufällt. Meditieren heißt: um die Mitte kreisen. Christus ist die Mitte. Er ist auch die Mitte des mir geschenkten Predigtthemas, um das sich nun alle Gedanken drehen; es ist, wie wenn ich eine Insel mit meinem Boot von allen Seiten umfahre.

Auch meinen Hund nehme ich gern auf solche Spaziergänge mit, er hat mir schon manche Erkenntnis im Blick auf das Reich Gottes beigebracht. Hunde sind empfindsam, reagieren prompt. Luther hat offensichtlich ähnliche Erfahrungen gemacht: »So kindlich möchte ich auf Gott harren, wie mein Hund darauf wartet, daß ich ihm einen Happen Fleisch zuwerfe.«

Ich besitze eine Reihe von Kladden mit alphabetischem Register, in die ich Zitate, Lesefrüchte, Predigtaussprüche und andere mir wichtig erscheinende Sätze eintrage. Diese Bücher nehme ich in den letzten Tagen der Vorbereitung manchmal zur Hand und lasse mich durch die Formulierungen anderer anregen. Man sagt von Bach, er habe als Anregung zur eigenen Komposition immer wieder Stücke anderer Tondichter gespielt. Mancher Pfarrer liest aus dem gleichen Grund die Predigten, die andere Amtsbrüder zum gleichen Textabschnitt gehalten oder geschrieben haben.

Richtungweisend wurde für mich eine Mahnung von Walter Michaelis, dem ehemaligen Präses des Gnadauer Verbandes. Als wir einmal, noch als Studenten, mit ihm zusammensaßen, wies er uns darauf hin, daß auch ein Prediger nicht mehr von sich zu halten habe, »als sich's gebührt« (Röm. 12, 3), und deshalb darauf achten müsse, daß er sein Konto nicht überzieht. Ich predige zwar immer trotz meiner selbst und über mich selbst hinweg — aber ich muß darauf achten, daß nicht der Eindruck entsteht, ich hätte das Ziel meiner Predigten schon erreicht. Auch ein Verkündiger muß immer im Rahmen seines Erkenntnis- und Erfahrungsraumes bleiben.

Einem großen Prediger verdanken wir den Rat: »Man kann mit der Predigtvorbereitung nicht früh genug anfangen und nicht spät genug aufhören.« Noch konkreter hat es Adolf Schlatter ausgedrückt: »Eine Predigt wird erst fertig, wenn man auf der Kanzel steht.«

Ich bin dankbar, wenn ich die Leitlinien für eine Predigt weiß, weiter aber kann ich mich nicht im voraus festlegen. Bei Johannes Busch habe ich gelernt, daß eine Predigt drei Haken haben soll: bestimmte Punkte, die klar formuliert herausgestellt werden. Mir sind solche Leitsätze für meine eigenen Predigten sehr wichtig geworden. Ich bemühe mich, nicht zu viele Beispiele oder Geschichten einzuflechten. Lieber begnüge ich mich mit einem Beispiel, das ich im Verlauf der Predigt immer wieder anklingen lasse: denn man kann in einer Predigt mit zu vielen Geschichten die eigentliche Textaussage auch in den Hintergrund drängen.

»Leitsätze«

Wesentlich erscheint mir, daß der Prediger im Text einen Satz entdeckt, der die Gemeinde unmittelbar angeht, der, wie wir sagen, »den Sitz im Leben« hat. Dieser Satz soll sich dem Hörer durch Wiederholung einprägen, damit er unverlierbar mit ihm geht. Er kann für ihn zur »großen Beute« werden, die ihm zur Freude am Wort der Bibel verhilft.

In der Predigt am Heiligen Abend habe ich einen einzigen Satz herausgetellt: »Zu Jesus kommen, heißt, nach Hause kommen.«

Ein andermal sprach ich anhand von Jesaja 42, 5 (»Der Herr wird sich über dich freuen wie ein Bräutigam über seine Braut‹«) über die voraussetzungslose Liebe Gottes: »Gott freut sich über mich, obwohl bei mir so viel zum Weinen ist. — Gott hat mich lieb, obwohl bei mir so wenig zu lieben ist.« Im Anschluß an diese Predigt kam ein Prokurist auf mich zu und sagte: »Heute ist mir aufgegangen, daß ich bei Gott keine Vorleistungen erbringen muß, sondern daß ich mich mit leeren Händen beschenken lassen darf.«

Bei einer Predigt zum Thema »Dienende Liebe« aufgrund des Berichts über die Fußwaschung (Joh. 13) kann der Leitsatz etwa lauten: »Praktizierte Alltagsliebe ist schenkende Aufmerksamkeit.«

»Jesus liebt dich. Jesus sucht dich. Jesus ruft dich.« Unter den Tausenden von Menschen, unter denen ich lebe, meint Jesus uneingeschränkt mich und schenkt mir seine ganze Aufmerksamkeit. Er kümmert sich um mich, geht mir nach. Er spricht mich an, er will mich verpflichten. Er kann und darf es; denn er hat meine Vergangenheit geordnet, ist in meiner Gegenwart bei mir, und die Zukunft gehört ihm.

»Der Heilige Geist ist der Anwalt Jesu für Orientierungsbedürftige und für Vergeßliche.« — Im Bibeltext heißt es: Der Heilige Geist will euch alles »lehren«: das gilt für die Orientierungsuchenden. Und er wird euch »erinnern an all das, was ich euch gesagt habe« (Joh. 14, 26): das gilt für die Vergeßlichen.

»Jesus ist als Hoherpriester unser Fürsprecher, unser Leidtragender und unser Kraftspender« (Hebr. 4, 15—16). Er verwendet sich beim Vater für uns und setzt sich für uns ein. Er leidet mit unseren Schwachheiten; deshalb dürfen wir den Mut haben, ihm alles zu sagen, was uns bewegt. Er wird dafür sorgen, daß wir für die jeweilige Stunde die dafür nötige Kraft empfangen.

Das Menschliche in der Predigt

Neben den Leitsätzen ist mir für die eigene Predigt bedeutsam geworden, daß den Menschen vor allem der Mensch interessiert. Wenn ich »per ich« spreche, horchen die Leute sofort auf. Deshalb versuche ich, in die Predigt einfließen zu lassen, wie sich Glaube in den alltäglichen menschlichen Situationen auswirken kann, die Umsetzung von göttlichem Zuspruch in menschliche Erfahrung deutlich zu machen.

Natürlich spielt bei der Predigt auch die Zahl der Zuhörer eine Rolle, doch sind Zahlen immer relativ. Für den einen liegt die »Schallmauer«, die ihm die Unbefangenheit nimmt, bei 30000 bis 40000, für den anderen bei 3000 bis 4000, und für einen weiteren bei 300 bis 400.

Ich habe in der Fabrikmission, bei großen Konferenzen und evangelistischen Veranstaltungen vor vielen Tausenden von

Menschen gestanden. Ich habe Gott dann jedesmal gebeten, daß mich die große Zahl der Zuhörer nicht bedrücken oder irritieren möge. Ich habe mir vor Augen gehalten, daß es sich im Grunde nicht um eine riesige Menge, sondern um 40 000 einzelne Menschen handelt, die alle mit ihrem Latein am Ende sind, wenn sie Jesus nicht kennen. Vielleicht klopfen sie abends um zehn am Stammtisch große Sprüche, aber wenn sie morgens um drei wach im Bett liegen, denken sie anders. Das heißt, daß ich den einzelnen Menschen mitten in der großen Menge da ansprechen darf, wo ich ihn vielleicht besser kenne als er sich selbst, weil ich weiß, was ihm vielleicht noch nicht klar ist: weil ich weiß, wer ihm fehlt.

Wenn mir solche Anrede gelingen soll, muß ich die geistliche Aussage, die ich ausdrücken will, der Kritik durch nichtchristliche Erfahrung aussetzen; nicht, um christliche Substanz in einen nichtchristlichen Erfahrungshorizont einzuebnen, sondern um das, was ich sagen will, für den Menschen vor den Toren der Kirche verständlich zu machen. Vielleicht meint Thielicke das, wenn er sagt, daß der Prediger bei der Predigtvorbereitung in sich selbst auch das Gespräch des alten Menschen mit dem neuen Menschen führen müsse.

Mit oder ohne Konzept?

Es war einmal ein weiser Prediger. Als er merkte, daß die Leute ihn zu bestaunen begannen, weil er immer frei und ohne Konzept sprach, sagte er sich: »Von jetzt an werde ich ein Papier mit auf die Kanzel nehmen; ich werde es umblättern und darauf starren, auch wenn ich es nicht brauche. Es ist der Inhalt einer Predigt, der zählt, nicht, ob der Pfarrer dabei ein Manuskript benutzt oder nicht.«

Mir hat Gott bei einer EC-Jahrestagung in der großen Killesberg-Halle einmal ein Manuskript weggenommen; nicht einfach so, fast möchte ich sagen, auf die feine englische Art. Ich wohnte damals bei Christen in Stuttgart. Das Frühstück war für acht Uhr angesetzt, aber als ich frisch gewaschen und rasiert die Treppe herunterkam und dem Frühstückszimmer zustrebte, begegnete mir der Hausherr noch im Bademantel. Die Zeit verging, es wurde später, als ich geplant hatte. Für die anderen war es natürlich immer noch früh genug, aber ich hatte schließlich die Festpredigt zu halten. Als wir dann endlich alle fertig waren, habe ich in Eile und Aufregung des Aufbruchs mein Konzept liegen lassen. Ich merkte das erst auf dem Killesberg, als die Posaunen bereits die Intrade bliesen. Zurückfahren und meine Predigtnotizen holen, war aus zeitlichen Gründen ausgeschlossen; also bin ich mit Zittern und Zagen, aber ohne Konzept auf die Kanzel gestiegen. Und dann habe ich erfahren, daß Gott auch ohne schriftliche Anhaltspunkte und Stichworte die gedankliche Vorbereitung der letzten Wochen in mir lebendig machen konnte. Und solche Erfahrung macht getrost.

Das hat mit Faulheit nichts zu tun; wohl aber kann Gott über ein verlorenes oder verlegtes Manuskript hinweghelfen. Er kann aus den biblischen Meditationen zurückliegender Wochen auch mit einem Schlag ein Predigtkonzept in uns formen, wenn wir zu einem überraschenden Dienst gerufen werden, zu dem jede Vorbereitung unmöglich war.

Die Sorge um den Inhalt der Predigt und um ihre rechte Aufnahme durch die Zuhörer verbindet sich für mich in dem Ziel, das ich bei meiner gesamten Verkündigungsarbeit verfolge: Ich möchte die alte Botschaft des Evangeliums mit Worten, die meinen Zeitgenossen vertraut sind, so überraschend neu ausdrücken, daß es ihnen vorkommt, als hörten sie diese zum ersten Mal. Ich weiß, daß dies entscheidend von der Wirkung des Heiligen Geistes abhängt. Gerade deshalb möchte ich mich an meinem bescheidenen Teil plagen und nichts versäumen.

Die Rundfunkandachten

Die Morgenandachten im Rundfunk sind dazu eine gute Möglichkeit und zugleich eine große Herausforderung. Im Lauf der

Jahre habe ich 18 Andachtsreihen, jeweils für den Zeitraum einer Woche, halten können. Dabei wird mir die ungeheure Chance, die uns die Technik zur Verkündigung des Evangeliums im Vorraum der Kirche bietet, immer neu bewußt.

Man sitzt in einem einsamen, kleinen Studio vor dem Mikrophon und fühlt sich allein und hilflos. Aber jedes Wort, das man spricht, wird später auf unsichtbaren Wellen über kaum vorstellbare Entfernungen getragen: vielleicht zu Millionen von Menschen; zu Frommen, Zweiflern und Enttäuschten; zu Menschen mit unterschiedlichen Schicksalen, in unterschiedlichen Verhältnissen und Situationen; und vielleicht ist gerade das Wort, das ich jetzt spreche, für einen ganz draußen die entscheidende Hilfe, der letzte Rettungsanker.

Ich kenne die Menschen nicht, zu denen ich spreche, ich sehe sie nicht. Aber sie hören meine Stimme, über räumliche Entfernungen, soziale Barrieren und viele andere Schranken hinweg. Ich darf lebenspendendes Brot »aufs Wasser werfen«, und durch das Medium des Rundfunks multipliziert es sich in einer für mich unvorstellbaren Weise. Was damit geschieht, entzieht sich meiner Kenntnis, das weiß nur Gott. Mir aber gibt er die Zusage, daß es am anderen Ende des Wassers ankommen wird. Mehr darf der Mann am Ufer nicht erwarten.

Er bleibt bescheiden, im Blick auf sich selbst unsicher; aber er darf die großen Möglichkeiten, die Gott durch die technischen Gegebenheiten heute zur Ausbreitung seines Evangeliums bereithält, staunend und dankbar nutzen. Es liegt etwas Besonderes, Geheimnisvolles über allem, was mit christlicher Rundfunkarbeit zu tun hat. Wenn ich Monate vorher den nächsten Termin zugeteilt bekomme, bitte ich Gott zunächst um das Grundthema. Manchmal halte ich mich an die Tageslosung oder an die vorgegebene Bibellese. In einer Woche habe ich die Geschichte des Kämmerers aus dem Mohrenland behandelt. Oder ich wende mich den kleinen Dingen des Alltags zu, die, weil sie einen so großen Teil unseres Lebens ausmachen, viele Ansatzpunkte zum Gespräch über den Glauben bieten. Hier wird unser Christsein konkret, und an meinem Verhalten in diesen Situationen entscheidet es sich, ob das Evangelium als anziehend oder abstoßend empfunden wird.

Die erarbeiteten Manuskripte werden zur Prüfung an den Beauftragten des Kirchenfunks eingeschickt. Für WDR und NDR war das Kirchenrat Gattwinkel, dessen Anregungen mir immer eine große Hilfe gewesen sind. Man merkt erst dann, wie sehr man, trotz aller Bemühungen, sich auf den Hörer einzustellen, in eigenen Gedanken- und Sprachkreisen gefangen bleibt. Oft erkennt ein anderer besser, wo inhaltliche Überschneidungen, mißverständliche oder unklare Formulierungen vorliegen. Kirchenrat Gattwinkel hat mir hier, in brüderlichem Ernst und doch zugleich sehr freundlich, viele Hinweise gegeben. Er hat mich nie bedrängt und die letzte Entscheidung immer mir überlassen.

In all den Jahren meiner Zusammenarbeit mit den Rundfunkanstalten hat nie jemand versucht, sachlich in das einzugreifen, was ich sagen wollte. Vielleicht hat man den Pietisten hie und da belächelt, aber man hat ihn respektiert.

Dann kommt der Termin im Funkhaus, auf der einsamen Insel, die Aufnahmeraum heißt. Natürlich spreche ich auf Band und nicht live, aber was ändert das! Mein Part läuft jetzt: was ich zu geben habe, das muß ich jetzt geben. Was Gott dann damit tut, wie er auf den Hörer einwirkt, liegt außerhalb meiner Möglichkeiten.

Ich bin allein und habe doch mehr Menschen vor mir als jemals in einer Großveranstaltung. Ich bete, denn die Technik um mich her darf und soll mich nicht bedrücken. Ich darf sie benutzen, aber sie soll mich nicht beherrschen. Ich bete und stelle mir die Menschen vor, die zuhören: vielleicht liegen sie noch im Bett, vielleicht sind sie krank, vielleicht sitzen sie am Frühstückstisch oder sind schon im Auto unterwegs. Andere setzen sich vielleicht gerade still hin, halten für sich Andacht und lassen mich nicht allein beten.

Dabei bemühe ich mich, zugleich freundlich zu den Technikern zu sein. Wenn ich sie, die ich durch die Trennscheibe vor mir sehe, nicht erreiche — wie soll ich dann die vielen gewinnen, die sich hinter ihnen zu einer unsichtbaren Hörergemeinde sammeln?

Am Rande einer solchen Aufnahme habe ich einmal etwas erlebt, was mich stark beeindruckt hat. Im Studio nebenan hatte ein Sänger ein Lied vorzutragen: »Unter einem blühenden Apfelbaum saß ich mit Dorothee am Bodensee« oder so ähnlich hieß der Text. Regie und Technik waren nicht zufrieden, und er mußte es mehrmals wiederholen. Jedes Mal lächelte er ins Mikrophon, wenn er den blühenden Apfelbaum über und die schöne Dorothee neben sich besang. Auch beim fünften Mal noch. Er sang nur ins Mikrophon, keine Fernsehkamera weit und breit — aber dieser Mann wußte, daß er seine ganze Persönlichkeit einsetzen mußte; die Leute würden an seiner Stimme merken, ob er alles gab, was er hatte, auch wenn sie ihn nicht sahen. Daran habe ich später manchmal gedacht, wenn ich selbst vor dem Mikrophon saß.

Während der Kriegsgefangenschaft unterhielt ich mich einmal mit einem Kameraden, der längere Zeit als Caféhaus-Musiker gearbeitet hatte. Was denn das Besondere daran sei, wenn man als Musiker Menschen in einem Lokal zu unterhalten habe, fragte ich ihn. Die Aufmerksamkeit der Gäste sei doch oft nur zum Teil der Musik gewidmet; manchmal werde sie vielleicht nur als stimulierende oder schützende Geräuschkulisse empfunden, die dafür sorgt, daß das eigene Gespräch am Nachbartisch nicht mehr verstanden wird. Darauf gab er mir zur Antwort, daß es natürlich auf die Auswahl der Musikstücke und den gekonnten Vortrag ankomme. Für den Alleinunterhalter aber sei genau so wichtig, daß er seine Musik richtig »verkaufe«. Das heißt: Musik wird nicht allein durch die Qualität der Komposition und des Vortrags, sondern nicht zuletzt durch den Menschen vermittelt: durch die Art seines Auftretens, den persönlichen Kontakt, den er zu seinem Publikum zu schaffen versteht.

Manchmal wünsche ich mir, wir würden daraus etwas mehr für die Weitergabe des Evangeliums lernen. Wir haben doch die beste Sache der Welt zu »verkaufen«, auch wenn sie nichts kostet. Oft haben wir sie Menschen anzubieten, die uns ihre Aufmerksamkeit nur sehr geteilt zuwenden. Absolvieren wir unser Zeugnis oder unseren Vortrag dann lediglich wie eine Pflichtübung, oder bemühen wir uns, jenen menschlichen Kontakt herzustellen, jenes Stück Sympathie und Aufmerksamkeit zu gewinnen, das bei der Übermittlung einer Nachricht so entscheidend wichtig sein kann?

Nach einer solchen Reihe von Rundfunkandachten erhalte ich meist viele Anrufe, Karten und Briefe. Ich lasse die Texte der Andachten jeweils schon vorher drucken, damit ich sie allen, die sich an mich wenden, sofort zusenden kann.

Hier wird ein kleiner Teil der unsichtbaren Hörergemeinde dann doch für mich faßbar: Namen, Orte und Schicksale reihen sich aneinander. Dabei läßt sich erkennen, daß es auf diese Weise wirklich möglich ist, viele Menschen außerhalb der Kirche zu erreichen und anzusprechen.

Manchmal verknüpfen sich hier die Begegnungen. Einmal schrieb mir ein Rundfunkhörer anonym, daß ich ihn zwar nicht kennen könne, er mich aber wohl schon getroffen habe. Morgens um sieben sei ich einmal mit Gerhard Bergmann durch die Bahnhofsunterführung in Hagen marschiert, dabei hätten wir ein christliches Morgenlied gesungen. Es habe ihn damals beeindruckt, daß jemand so etwas wage.

Rundfunkandachten unterscheiden sich grundsätzlich von Predigten. Da ich meine Hörer nicht kenne, nicht weiß, ob sie noch zur Kirche gehen oder nicht, darf und will ich sie nicht anpredigen. Aber ich kann versuchen, mit ihnen ein Gespräch anzuknüpfen, so als säßen sie mir am Tisch gegenüber, dort, wo jetzt die Glaswand ist, mit dem konzentrierten Gesicht des Technikers dahinter.

Ich will in ihrer Sprache mit ihnen reden, in Begriffen, die sie verstehen. Ich möchte sie in einer ihnen bekannten Situation ansprechen und suche nach einem gemeinsamen Anknüpfungspunkt. Gleichzeitig kreist alles, was ich sage, um ein Bibelwort, vielleicht um eine Verheißung Gottes. Denn so sehr es mir um Menschlichkeit und damit auch um Mitmenschlichkeit geht — was ich sage, muß immer im Sinn des Evangeliums identifizierbar bleiben. Denn ich bin kein Vertreter des Roten Kreuzes oder eines Sozialverbandes, sondern ich sitze wegen Jesus hier; das muß immer deutlich sein, man darf meine Rede nicht ver- oder auswechseln können.

Rundfunk-Gottesdienste

Neben den morgendlichen Rundfunkandachten haben sowohl NDR, WDR und der Sender Freies Berlin Rundfunk-Gottesdienste aus Lüdenscheid übertragen. Dabei steht der Prediger vor einer doppelten Aufgabe. Er hat einmal die eigene Gemeinde vor sich, der sein Auftrag ohne Rücksicht auf das gilt, was darüber hinaus geschieht. Andererseits weiß er, daß seine Kirche gewissermaßen nach hinten »offen« ist und daß sich unter seiner Predigt unsichtbar gleichzeitig Millionen von Rundfunkhörern versammeln.

Dabei bin ich als ein Mann, der das Thema seiner Predigt zwar tagelang meditiert und memoriert, sich aber nicht an ein geschriebenes Manuskript halten kann, besonders herausgefordert. Doch vermutlich gibt es keinen Prediger, der hier nicht mit seiner ganzen erbärmlichen Existenz auf die Barmherzigkeit Gottes angewiesen ist.

Mit meiner Eigenart bringe ich die Techniker immer wieder ins Schwitzen. Weil ich mich nicht starr an ein Manuskript halte, fällt es ihnen schwer, während der Sendung die Zeit zu überprüfen. Bei einem Rundfunk-Gottesdienst, der um 10 Uhr beginnt, lautet die magische Zahl 10.43 Uhr. Bis dahin muß alles abgeschlossen sein, sonst wird die Übertragung vielleicht mitten im Vaterunser abgebrochen.

Es ist mir wichtig, daß ich die Männer des Rundfunks in diesem Punkt nicht enttäusche. Und wenn sie dann vor sich hinmurmeln: »Donnerwetter, er hat wahrhaftig Wort gehalten«, dann ist das für mich eine schöne Belohnung, denn ich möchte verläßlich sein; auch in dieser Beziehung soll mein Wort gelten.

Gerade bei der Rundfunkarbeit wird die Schar derer, die für mich beten, zur großen Stütze und zum festen Halt. Ich weiß, daß in einem Altenheim unserer Stadt, unter der Leitung von Schwester Lieselotte, solcher Fürbittedienst geleistet wird, und ich vergesse nicht, mich anschließend dafür zu bedanken. Ich sage es unserem Bibelkreis und anderen Gebetsgruppen, ich verschicke vor solchen Gottesdiensten Postkarten an Kranke, Einsame und Alte, von denen ich weiß, daß sie in der entscheidenden Stunde für mich beten.

In meine eigene Fürbitte sind viele Mitarbeiter bei Rundfunk und Fernsehen eingeschlossen: Regieassistenten, Kameraleute, verantwortliche Programmgestalter. Sie haben eine wichtige Aufgabe zu erfüllen, wir dürfen sie nicht sich selbst überlassen.

Ich kann nur immer wieder betonen, daß wir das Ausmaß der Möglichkeiten, die die elektronischen Medien uns bieten, noch keineswegs begriffen haben. Solange wir diese nicht erkennen, sind wir aber nicht in der Lage, sie voll zu nutzen.

Zusammenarbeit mit dem Evangeliums-Rundfunk

Die rein missionarisch ausgerichtete Rundfunkarbeit — in Ergänzung zu den Programmen des Kirchenfunks an den öffentlich-rechtlichen Rundfunkanstalten — begann damit, daß sich deutsche Evangelisten an ausländischen Sendestationen um den Kauf von Sendezeit bemühten. Dem Beispiel Anton Schultes, der diese Arbeit anfing, folgten im Lauf der Jahre eine ganze Reihe von Evangelisten und Missionswerken.

Daneben entstand der Evangeliums-Rundfunk, deutscher Zweig der weltweit arbeitenden Radio-Missionsgesellschaft »Trans World Radio«. Nach einer harten Aufbauphase, in der vor allem der jetzige Sendeleiter Horst Marquardt um die Anerkennung dieser Arbeit im Raum der Gemeinde kämpfte, verfügt der Evangeliums-Rundfunk heute über ein eigenes Haus in Wetzlar mit eigenen Studios und einem großen Stab von Mitarbeitern. Die Arbeit des Evangeliums-Rundfunks gehört zum Verantwortungsbereich der Deutschen Evangelischen Allianz, Auszüge aus dem Sendeprogramm werden in vielen christlichen Zeitschriften veröffentlicht. Die aus allen Kreisen der Allianz kommenden Redner werden in rundfunk-homiletischen Seminaren für diese besondere Aufgabe geschult.

Persönlich empfinde ich die Mitarbeiter des Evangeliums-Rundfunks nicht zuletzt deshalb als besonders nett, weil sie mir die Fahrt ins Studio nach Wetzlar ersparen und mit ihren Aufnahmegeräten nach Lüdenscheid kommen. Ein Zimmer wird dann zum »Studio« umfunktioniert, was auf die gesamte Hausgemeinschaft nicht ohne Auswirkungen bleibt.

Die Haustür wird leicht geöffnet und mit einem Schild: »Bitte leise, Rundfunkaufnahmen« versehen. Unser Hund wird in die Nachbarschaft ausquartiert, weil die Techniker auf sein Knurren oder Bellen als akustische Untermalung keinen Wert legen. Auch die Kuckucksuhr wird abgestellt; der ihr innewohnende Vogel hatte sich erdreistet, seine Stimme mitten in einer Sendung erschallen zu lassen. Ich empfand dies als ganz lustig, fand bei den Technikern jedoch keine Unterstützung. Sie hätten den Auftrag, Paul Deitenbeck, nicht aber seinen Vogel aufzunehmen, erklärten sie.

Naturgemäß herrscht bei diesen Aufnahmen eine ganz andere Atmosphäre als in den Funkhäusern. Zu Beginn befehlen wir Gott in einer Gebetsgemeinschaft die vor uns liegende Aufgabe an, nach getaner Arbeit stärken wir uns bei einer Tasse Kaffee und bitten Gott noch einmal, das gesprochene Wort an vielen Hörern zu segnen.

»Das Mikrophon ist durchlässig für geistliche Atmosphäre und geistliche Wirkungen.« Dieser Satz stammt aus dem Mund eines Rundfunkmannes, und ich möchte ihn nie vergessen.

Fernseh-Gottesdienst an der Glörtalsperre

Seit vielen Jahren, ich habe bereits davon erzählt, führen wir am Pfingstmontag einen Waldgottesdienst an der Glörtalsperre durch, an dem immer mehrere tausend Besucher teilnehmen.

Daß er im Jahre 1978 vom ZDF übertragen wurde, geschah wieder ohne mein Zutun; die Sache war so ins Rollen gekommen: Anläßlich der Europäischen Allianzkonferenz 1977 waren verschiedene Vertreter, darunter Wilhelm Gilbert und ich, zu einem kurzen Interview für den Kirchenfunk aufgefordert worden. Aufgrund eines technischen Defekts mißlangen die Aufnahmen von Dr. Gilbert und mir. Programmdirektor Fried Thumser vom »Evangelischen Tagebuch« schlug daraufhin vor, neue Aufnahmen zu machen, und besuchte mich dazu wenig später in Lüdenscheid. Bei dieser Gelegenheit sah er in meinem Arbeitszimmer ein Foto vom Waldgottesdienst an der Glörtalsperre hängen. Als ich ihm auf seine Frage erklärte, worum es sich handele, meinte er, daß dies doch eigentlich eine Sache für eine live-Sendung des ZDF sei. Er, Thumser, wolle sich jedenfalls dafür einzetzen. Und einige Wochen später kam tatsächlich die offizielle Bestätigung; auch Intendant von Hase hatte das Projekt genehmigt.

Für mich kam es dabei vor allem darauf an, daß ich mir nicht »selbst die Tür aufgemacht«, mich nicht in den Vordergrund gespielt hatte. Es verlief ähnlich wie bei den Morgenandachten, zu denen ich mich ebenfalls nie gedrängt hatte, sondern zu denen ich aufgefordert worden war. Dasselbe gilt für frühere Fernsehauftritte anläßlich des Gemeindetages in Dortmund und für ein Rundgespräch über die »Evangelikalen in Deutschland«.

Für den Waldgottesdienst 1978 übernahm Pfarrerin Bärbel Wilde die Vorgespräche mit den Fernsehteams. Sie verfügte bereits über Erfahrungen auf diesem Gebiet, denn sie hatte beim Gemeindetag 1977 in Dortmund die Zusammenarbeit mit den Massenmedien vorbereitet.

Bei der Ortsbesichtigung stellte sich heraus, daß der traditionelle Platz, an dem der Waldgottesdienst sonst stattfand, nicht geeignet war, weil die mehrachsigen Übertragungswagen nicht bis an Ort und Stelle gebracht werden konnten. Schließlich fand man in der Nähe der Sperrmauer eine geeignete Stelle.

Nun begannen die üblichen Vorbereitungen; sie standen nicht nur unter dem Druck, einer zusätzlichen, nach Millionen zählenden Zuschauermenge gerecht zu werden, sondern gleichzeitig wurde ein minutiöser Zeitplan festgelegt; der gesamte Gottesdienst durfte die vorgeschriebene Sendezeit von 56 Minuten nicht überschreiten.

Seit 30 Jahren, auch das habe ich bereits erwähnt, hatte der Pfingstgottesdienst an der Glör nicht wegen Regen ausfallen müssen. In Lüdenscheid galt es schon fast als Sprichwort: »Während des Waldgottesdienstes regnet es nicht.« — »PD-Wetter«, sagten die Leute.

Nun fielen in diesem Jahr die Pfingsttage mit den »Eisheiligen« zusammen, und Glaube und Besorgnis lieferten sich in uns harte Kämpfe. In der Überzeugung, daß Gott uns auch in diesem Jahr gutes Wetter geben könne, haben wir ihn oft darum gebeten. Aber er hat uns gedemütigt und die Dusche nicht abgedreht. Es regnete kurz vorher noch heftig, und auch während des Gottesdienstes blieben die Regenschirme in Aktion.

Wir hatten befürchtet, daß sich das ungünstige Wetter negativ auf die Besucherzahl auswirken könnte, aber wir wurden beschämt: Es kamen über 4000 Menschen, mehr als im Vorjahr. Diese Zahl wiegt um so schwerer, als wir uns sagen mußten, daß mancher, der sonst dabei war, diesmal zu Hause bleiben würde, weil er auch am Fernsehgerät miterleben konnte, was sich an der Glörtalsperre tat. Aber viele der Treuen blieben auch diesmal bei der Stange, und manche andere kamen hinzu.

Nur ein Beispiel will ich erwähnen: Wenn ich Hausbesuche mache, schelle ich meist auch bei den anderen Bewohnern der Etage und sage »Guten Tag«. Bei einer dieser Gelegenheiten lud ich eine Dame ein, mit ihrer Familie doch auch einmal zum Waldgottesdienst zu kommen. Als ich sie Wochen später wiedertraf, erzählte sie mir, daß sie zu einem aus zwölf Ehepaaren bestehenden Tanzkreis gehöre; sie kämen jede Woche zu einem geselligen Zusammensein und zum Tanzen zusammen. Diese Tanzpartner hatte sie nun, trotz des ungünstigen Wetters, zum Besuch des Waldgottesdienstes mobil gemacht. Bis Schalksmühle waren sie mit dem Zug gefahren und dann gewandert. Und sie hatten es nicht bereut, obwohl sie erst am Abend und sicher nicht ganz trocken nach Hause gekommen waren.

Für mich bedeutete der Regen Verzicht auf das Predigt-Manuskript; denn durchnäßte Papierblätter sind nutzlose Fetzen, und mit einem Regenschirm bewaffnet konnte ich nun wirklich schlecht auf der improvisierten Kanzel auftreten. So blieb mir gar nichts anderes übrig, als mich völlig in Gottes Hand fallen zu lassen. Und so bat ich ihn um die rechten Gedankengänge und Formulierungen; denn ich wollte nicht nur eine Pfingstpredigt, sondern eine wirklich evangelistische Ansprache halten, überraschend auch in mancher ungewohnten, der Alltagssprache entnommenen Formulierung. Meine Nerven vibrierten, nicht nur während des Gottesdienstes, sondern noch Tage danach, und trotzdem empfand ich mich als gehalten und geführt. Ich dachte an Paulus, der von sich sagt, daß er mit großem »Zittern« bei den Korinthern war. Jedenfalls sind hier alle Vorstellungen von geistlichem Athletentum absurd.

Meine Nerven waren, natürlich besonders während der Predigt, bis zum letzten angespannt und strapaziert. Immer wieder dachte ich: Jetzt verlierst du den Zusammenhang, kannst deinen Gedankengang nicht weiterführen. Und dennoch spürte ich mitten in dieser Anspannung, daß ich nicht allein war, daß Gott mir Satz für Satz gab, was ich brauchte.

Viele Hörer haben das nachträglich bestätigt. Zwar habe ich mich hier und da verhaspelt oder versprochen, das ist ganz natürlich; aber vom Inhalt der Predigt fehlte nichts. Ich habe sogar Dinge gesagt und Beispiele gebraucht, die ich gar nicht vorgesehen hatte. Ich spürte, daß mir der Kontakt zur Menge der Zuhörer gelungen war, obwohl diese ja nicht am Waldrand endete, sondern bis ins letzte Dorf der Bundesrepublik reichte.

Anschließend meinten sogar die Fernsehleute, daß sie nun dankbar nach Hause gingen, und zwar nicht nur, weil sie aus der Nässe in die Wärme kamen. Das war eigentlich auch die Summe aller Echos, die mich am Nachmittag und an den folgenden Tagen aus allen Teilen der Bundesrepublik per Telefon, durch Briefe und Karten erreichten. Der Dank, der darin zum Ausdruck kam, galt auch den mitwirkenden Chören wie dem liturgischen Dienst von Bärbel Wilde.

Auch hier erwiesen sich Bildröhre und Mikrophon als durchlässig für geistliche Wirkungen. »Am meisten hat uns beeindruckt, daß man trotz Mikrophon und Bildübertragung spüren konnte, daß Sie glauben, was Sie sagen« — das schrieben nicht nur Leute, die Sonntag für Sonntag in die Kirche gehen. Auch Menschen, die

Jesus Christus noch nicht begegnet sind, haben ein Gespür für die größere Dimension der Botschaft des Evangeliums.

Von Bekannten und Unbekannten, von Kameraden aus der Kriegsgefangenschaft kamen Kartengrüße und Anrufe: »Bist Du das gewesen, der da gesprochen hat?« — Ein Arzt aus Bayern sagte am Telefon: »Sie haben in dieser Predigt die Wunde aufgedeckt und Sehnsucht geweckt.« Das war für mich eine der schönsten Reaktionen, denn genau das war mein Ziel gewesen: Ich hatte davon gesprochen, daß das Herz die Vorratskammer von Geheimnissen, eine Dunkelkammer der Schuld sei, und ich hatte von der Sehnsucht geredet, die jeden Menschen erfaßt, weil er Licht in dieses Dunkel bringen möchte.

Der Direktor einer Schule bestellte ein Tonband für seine Schüler. Altenheime, Krankenhausstationen, Jugendkreise, Hausfrauen und Industriearbeiter schrieben, daß sie die Sendung »zufällig« angestellt hätten. Dr. Bergmann meinte: »Vielleicht war das Wetter an diesem Tag deshalb so ungünstig, damit viele, die auf das vorgesehene Picknick im Wald verzichten mußten, zu Hause dann aus Langeweile den Fernseher eingeschaltet haben.«

Die Fernsehleute schätzen jedenfalls, daß die Einschaltquote um etwa 2 Millionen über dem Durchschnitt gelegen haben könne. Ich will nicht zählen, nicht rechnen. Aber ich habe dankbar zurückgedacht an die Losung am Tag meiner Heimkehr aus der Kriegsgefangenschaft: »Mir ist eine große Tür aufgetan, die viel Frucht wirkt . . .« Ich habe mich in meinem Leben oft gefragt, wie Gott diese Zusage wahrmachen will. Er hat mir manche Tür aufgetan: in der Allianz, bei den Billy Graham-Evangelisationen, im Raum der Bekenntnisbewegung, bei Rundfunkandachten und Rundfunkgottesdiensten. Nun kam eine weitere dazu: eine ungekürzte, ungeschmälerte und unzensierte Predigt vor Millionen von Fernsehzuschauern, und zwar 30 Jahre nach meiner Rückkehr aus der Kriegsgefangenschaft. Für mich war das ein stilles Jubiläum, der Tag einer offenen Tür, die ich in tiefster nervlicher Anfechtung durchschritten habe, aber gehalten durch Gottes Hand. Was dadurch geschehen konnte, bleibt verborgen. Es ist nur bei Gott offenbar, und auch das ist gut.

Manchmal tun wir so, als sei es eine jener bedenklichen Neuerungen unseres Jahrhunderts, wenn in der christlichen Gemeinde über Geld geredet wird, und schon deshalb könne das nicht viel taugen.

Aber der erste Mann, der in christlichen Gemeinden Geld sammelte, und zwar überall, wo er hinkam, war Paulus von Tarsus und seines Zeichens ein Apostel. Lebte er heute, würde er seine Aktion vielleicht »Hilfe für Brüder« oder »Brot für Jerusalem« nennen.

Es irritierte ihn keineswegs, daß wenige Jahre vorher 30 Silberlinge in die falsche Tasche gewandert waren; in die Tasche eines Mannes, der nominell ebenfalls zu Jesus gehörte. Richtige Verwendung und Mißbrauch von Geld lagen schon in der ersten Gemeinde nahe beieinander. Ananias hatte Unehrlichkeit bei der Ablieferung des Gemeindebeitrags mit dem Leben bezahlen müssen, aber selbst »Rücksicht auf die Schwachen« bewog Paulus nicht, seine Unterstützungsaktion für Jerusalem abzublasen.

Was den Stellenwert der Kollekte angeht, so habe ich viel bei Wilhelm Busch gelernt, der einmal gesagt hat: »Zu einem richtigen Gottesdienst gehört das Singen der Gemeinde, das Hören auf die Predigt, das Beten und das Opfer.« Und damit war es ihm ernst.

Im übrigen hat es schon lange vor uns Leute gegeben, die ganz schön zur Sache kommen konnten, wenn die Kollekte an der Reihe war. Samuel Keller soll einmal eine sehr kurze, aber um so eindeutigere Kollektenrede gehalten haben: »Ich erwarte von euch, daß ihr alles gebt, was ihr in euren Brieftaschen habt.« Erzählt hat mir das ein Pfarrer, der es als junger Mann miterlebt hat und bei dem es, wie er selbst zugab, einiger Liedverse bedurft hatte, bis er bereit war, sein Säckel auszuleeren.

Ich weiß, daß einmal ein junger Mann in einer christlichen Versammlung saß und nur einen bereits verplanten Geldbetrag in der Tasche hatte. Und dann ließ es ihm doch keine Ruhe, bis Münzen und Scheine im Opferbeutel verschwunden waren.

Ich sage es meinen Konfirmanden, und ich sage es im Jugendkreis: »Ihr könnt auch von eurem Taschengeld schon etwas für das Reich Gottes geben. Übt euch früh darin.« Wenn im Alten Testament von der Abgabe des Zehnten die Rede ist, so darf man daraus sicher kein Gesetz für die christliche Gemeinde ableiten; aber man gewinnt einen Orientierungspunkt. Gott verbindet mit der Abgabe des Zehnten besondere Segnungen.

Nein, neu ist das Reden von Geld weder in der Kirche noch in der Gemeinde. Aber die heutigen Großveranstaltungen, die Übertragungen durch Massenkommunikationsmittel wie Rundfunk und Fernsehen haben auch die Kollektenrede stärker ins Blickfeld der Öffentlichkeit gebracht.

Besonders deutlich wurde das bei der »Euro '70« mit Billy Graham. Wenn ich in der Westfalenhalle aufstand und über die Deckung der Unkosten sprach, dann war das gleichzeitig in vielen Großstädten Europas zu sehen und zu hören. Am nächsten Morgen hagelte es dann prompt Anrufe bei mir zu Hause. Die einen meinten, ich hätte zuviel, andere, ich hätte zu wenig gesagt. Wie schwer es ist, hier immer das richtige wohlausgewogene Mittelmaß zu finden, wird nur der ermessen, der selbst einmal in ähnlicher Situation gestanden hat.

Da spielen so viele Dinge mit: die Atmosphäre in der Halle, die eigene Verfassung, die drückende Last unbezahlter Rechnungen, vielleicht Gespräche mit Brüdern, die man kurz vorher geführt hat: mit ängstlichen und burschikosen, mit zurückhaltenden und mit Draufgängern. Dann hat es der Heilige Geist oft gar nicht leicht, so ein Kollektenpredigerlein dahin zu bringen, wo er es haben will.

Ich helfe mir bei solchen Gelegenheiten gern mit einem Scherz. Aber auch da kann man leicht des Guten zuviel tun, gerade dann, wenn man Sorge hat, man könne die Zuhörer von der Wichtigkeit ihrer Spende nicht genügend überzeugen. Ich vergesse nicht, daß Anton Schulte mich bei einer solchen Gelegenheit einmal beiseite nahm und mir riet: »Paul, den Leuten ist Geld etwas Heiliges. Sie mögen es nicht, wenn man sie in diesem Punkt nicht ernstnimmt; ein Scherz zuviel kann hier mehr schaden als nutzen.«

Manchmal ist es wirklich nicht einfach. Gott selbst sagt: »Mein ist Silber und Gold.« Ist es denn dann richtig, wenn sich im Opferbeutel so viele Kupferpfennige finden? Wo fängt hier die Verantwortung des Mannes an, der zum Opfer aufruft? Natürlich ist Gott über alle Maßen reich, aber steckt sein Bargeld schließlich nicht doch in den Taschen seiner Kinder? Im Anschluß an die »Euro '70« hat mich eine Tageszeitung als modernen Ablaßprediger bezeichnet. Aber wer sagt uns, wo hier eigene Schuld liegt, wo um der Pointe willen produziertes journalistisches Mißverständnis?

Ich halte mich auch da gern an Luther: »Wenn ich einen reichen Hansen um Gottes Willen ärmer mache, das reut mich nicht.« Ganz sicher soll und darf man niemanden unter Druck setzen; aber man kann zum Opfer ermutigen.

Ich vergesse nicht, wie mir während einer Evangelisation mit Billy Graham einmal Eltern das Sparschwein ihres Kindes brachten. Der Junge hatte aus völlig freiem Antrieb sein »Bankkonto« geplündert. In der Abendveranstaltung habe ich diese Geschichte erzählt und das Sparschwein hochgehalten (es waren übrigens 60,— DM drin). Das hat andere angeregt und ermutigt, nun auch ihrerseits in ihren Taschen Umschau zu halten.

Ich weiß, es hat bestimmt auch Menschen gegeben, die das als peinlich oder geschmacklos empfunden haben. Damit werden wir uns abfinden müssen. Gott hat uns zwar seinen Sohn gesandt, und er hat ein Holzkreuz für ihn als erhöhten Standort gewählt; aber eine Filiale der »Himmelsbank«, bei der die ungedeckten Schecks aus Gemeindearbeit, Mission, Evangelisation und Diakonie eingelöst werden, hat er uns nicht eingerichtet. Er hat sich, auch was den Finanzhaushalt seiner Gemeinde angeht, erniedrigt und in die Hände seiner Kinder begeben.

Deshalb werden wir auch hinsichtlich Finanzfragen und Kollekten-Predigten weiterhin aneinander Barmherzigkeit üben und miteinander Geduld haben müssen: mit Kollekten-Rednern, die ihren Mund zu weit oder zu wenig weit aufmachen, zu laut und zu forsch oder zu leise und zurückhaltend vom Geld sprechen — aber auch mit uns selbst, die wir oft so ungelenke Finger haben, wenn es gilt, in die eigene Brieftasche zu fassen, und die wir uns manchmal sehr schwer tun, bevor wir eine größere Zahl und eine entschlossene Unterschrift auf einen Scheck setzen, der für die Arbeit im Reich Gottes bestimmt ist.

15. Kapitel

Warten können auf die Stunde der Gnade

Erfahrungen im eigenen Dienst

Karl Barth hat gesagt, daß wir durch den Heiligen Geist »noch hier — schon jetzt« von dem leben dürfen, was wir einmal in Christus sein werden.

Mein Leben ist noch Stückwerk, ich bin noch nicht am Ziel, aber ich darf schon jetzt von dem Kapital leben, das bei meinem endgültigen Eintritt in die Herrlichkeit Gottes frei wird. Ich lebe nicht nur vom Konto der Gnade, sondern es darf sich in meinem Leben, gewissermaßen vorweg, etwas vom Bild des Christus verwirklichen.

Das Geheimnis, daß etwas von der Herrlichkeit der zukünftigen Welt Gottes schon heute im Leben des Christen offenbar werden darf, hat ein Bildhauer einmal so ausgedrückt: Das Entscheidende ist — warten können auf die Stunde der Gnade.

Ich kann und brauche die zeichenhafte Christusähnlichkeit in meinem Leben und in meinem Dienst nicht zu »machen«, zu organisieren oder zu managen. Ich darf darum bitten und brauche nicht nervös zu werden, nicht aus Angst, Überheblichkeit oder Minderwertigkeitsgefühlen heraus handeln; weder im Blick auf mein eigenes kleines Leben noch im Blick auf das Reich Gottes, das, so wichtig es mir werden darf, doch nie von mir abhängig ist.

Das Eigentliche ist immer Geschenk. Gott gibt die Stunde, er öffnet die Tür, legt mir das Wort, auf das es ankommt, in den Mund. Er erwartet von uns nicht die große Leistung, sondern daß wir unser Leben auf die Königsherrschaft Gottes ausrichten. Dann will er uns alles andere geben, »zufallen« lassen. Ich darf damit rechnen, daß mir zur rechten Stunde das rechte Buch in die Hand kommt, die treffende Formulierung gegeben wird, der rechte Mensch begegnet, daß mir im entscheidenden Moment in Erinnerung kommt, was gerade dann gebraucht und gefordert wird.

Den Arbeitsmodus von Gott lösen lassen

Dr. Müller-Hilchenbach, einer der geistlichen Väter des Siegerlandes, hat, für einen bestimmten Aspekt unseres Dienstes, eine treffende Formulierung gefunden: »Wir dürfen uns im Blick auf unseren Arbeitsmodus von Gott selbst ablösen lassen.« Ich habe mich an diesem Satz immer wieder orientiert, denn ich hatte neben meinem Pfarrbezirk eine ganze Reihe von überparochialen Aufgaben wahrzunehmen, die über den Bereich der Ortsgemeinde weit hinausgingen: in der Synode, in Gemeinschaftsbewegung und Allianz, bei der Tersteegen-Konferenz und vielen anderen Tagungen. Dabei gerät man zwangsläufig in die Spannung zwischen der Kleinarbeit in der eigenen Gemeinde und den übergeordneten Diensten. Dann steht der Krankenbesuch bei Mutter X gegen die Festpredigt bei einem großen Jahresfest; man darf den einen einsamen Menschen in der Gemeinde nicht enttäuschen, aber kann nicht auch in der Einladung der Vielen ein Ruf Gottes verborgen sein?

Herbert Claus hat sich einmal auf einer Konferenz vorzeitig mit der Begründung verabschiedet: »Gott kann mich bei euch nicht segnen, wenn ich zu Hause meine Pflicht versäume.« Aber manchmal ist eben sehr schwer auszumachen, wo die Priorität liegt, und die daraus resultierenden Spannungen reichen nicht selten bis an die Grenze menschlicher Belastbarkeit. Gerade dann aber darf ich wissen: Ich brauche nicht dauernd zu wechseln, übereifrig und gehetzt hin- und herzuspringen; ich darf warten, bis Gott mich ablöst und in einem Rhythmus, den er festlegt, eins nach dem anderen tun. »Entscheidend«, sagt Dr. Müller, »ist demütig sein, aber zugleich unabhängig von menschlicher Meinung; es kommt letztlich allein auf die Wertung unter dem Gesichtspunkt der Ewigkeit an.«

Die »kleine Organisation« eines Gemeindepfarrers

Gerade weil alles, was wir tun, unter den Augen Gottes geschieht, halte ich die kleinen menschlichen Stützen, die unscheinbaren organisatorischen Hilfen für wichtig. Gerade weil bei mir jede Spur von Großartigkeit fehlt, erwähne ich sie; ich komme mit ein paar kleinen Tagebüchern und einem großen Zettelkasten aus.

Seit Jahr und Tag führe ich ein Geburtstags- und Gedenkbuch. Es enthält nach Daten geordnet die Geburtstage aller Freunde und der über 70jährigen in der Gemeinde. Dazu kommen Silberhochzeiten, Goldene Hochzeiten und die Gedenktage der Verstorbenen. In den ersten Jahren schicke ich den Angehörigen zu diesem Tag gern einen Blumengruß. Trauernden tut es wohl, wenn man diese Daten nicht übersieht.

Daneben besitze ich einen Fürbittezettel, der seinen ständigen Platz im Losungsbuch hat. Darauf stehen zunächst die Namen all derer, die mich um Fürbitte gebeten haben. Darunter sind Menschen, denen ich im weiten Bereich meines Dienstes begegnet bin, Männer in den Kirchenleitungen, aber auch Journalisten von großen Zeitungen und aus den Rundfunkanstalten sowie Männer und Frauen in den Parlamenten. Wenn ich jemandem versprochen habe, für ihn zu beten, dann muß ich das auch halten.

Eine zweite Kategorie von Namen ergibt sich ohne unmittelbare Aufforderung; dazu gehören führende Politiker und Menschen, deren schwere Schicksale mir bekanntgeworden sind, vielleicht durch einen Briefwechsel im Anschluß an eine Rundfunkandacht. Den einen oder anderen Namen streicht man wieder, wenn ein Problem gelöst, ein Kranker gesund geworden ist. Manchmal werden Menschen einfach dadurch berührt und angesprochen, daß sie wissen: da ist einer, der denkt täglich vor Gott an mich. Oft fällt es ihnen schwer, das überhaupt zu begreifen. »Wie, und das tun Sie täglich für mich?« fragen sie.

Der christliche Philosoph Johann Georg Hamann hat gesagt: »Gott hat uns die Fürbitte verordnet, um uns die Würde der Ursächlichkeit zu schenken.« — Gott weiß doch, was der Mensch, für den wir bitten, braucht. Aber er will, daß wir es ihm sagen, und indem wir ihn darum bitten, werden wir zur Ursache der Segnung, sind wir daran beteiligt.

Über dem Erinnern liegt noch in anderem Zusammenhang ein göttliches Geheimnis. In der Bibel ist immer wieder davon die

Rede, daß ich Gott im Gebet an seine Verheißungen erinnern darf. Als ob er die je vergessen hätte! Es ist doch nichts anderes als Barmherzigkeit Gottes, daß er sich wie ein Vergeßlicher von uns erinnern läßt. Denn indem wir ihn an die Verheißung erinnern, machen wir sie uns selbst neu bewußt und öffnen uns für ihre Einlösung in unserem Leben.

Die Ergänzung zu Gedenkbuch und Fürbitteliste bilden viele kleine Zettel aus dem Zettelkasten auf meinem Schreibtisch. Auf ihnen notiere ich Arbeiten, Verpflichtungen, Anrufe, die ich in den nächsten Tagen nicht vergessen darf; diese Zettel finden ihren Platz ebenfalls im Losungsbuch, den jeweiligen Tagen zugeordnet.

Ich weiß, daß die Fachleute jetzt mitleidig die Köpfe schütteln werden. Aber eine primitive Ordnung ist für mich mehr wert als das raffinierteste Organisationsschema, hinter dem ich doch dauernd atemlos hinterherjapsen würde, weil es mich überfordert. Wer nur vier Töne spielen kann, braucht kein Klavier mit acht Oktaven; die vielen Tasten hindern ihn nur, die wenigen Töne, auf die es ihm ankommt, schnell und sicher zu finden.

Welches Organisationsschema wir benutzen, ist sicher nicht entscheidend; aber man sollte einen Christen an einer weitgefächerten Aufmerksamkeit erkennen, mit der er anderen Menschen begegnet. Die Tatsache, daß wir hier oft versagen, sollte uns nicht hindern, uns immer neu darin zu üben.

Die Zettel im Losungsbuch sind lediglich Gedächtnisstützen. Sie werden ihren Zweck nur erfüllen, wenn ich in mir Raum und in meinem Tagesplan Zeit habe, um diese Anmerkungen in Liebe und Aufmerksamkeit umzusetzen. Versage ich hier, so wird die schriftliche Erinnerung auch dadurch nicht zu einem Impuls der Liebe, daß sie auf einer modernen Hängekartei festgehalten ist.

Platzanweisung:
Wo meine Berufung zur vollen Auswirkung kommt

Ich lebe unter Gottes Augen. Was er von meiner Arbeit denkt, ist allein entscheidend. Bescheidene Organisationsmittel helfen mir, meine Tage zu ordnen, nichts zu übersehen. Und das alles spielt sich auf dem Platz ab, auf den Gott mich gestellt hat.

In den langen Jahren russischer Gefangenschaft habe ich Gott immer wieder gebeten, mir einen Platz zuzuweisen, an dem meine göttliche Berufung voll zur Auswirkung kommen kann. Ich bin davon überzeugt, daß es entscheidend darauf ankommt, daß wir unser Leben der Führung Gottes anvertrauen; dazu müssen wir lernen, auf eigene Wege zu verzichten, auch wenn das schwer ist und manchmal mißlingt. Aber den Platz, an dem wir unsere Gaben voll zur Entfaltung bringen können, kennt letztlich eben nur Gott. — Und nur an diesem Ort können wir wir selbst sein und müssen uns nicht dauernd ebenso mühsam wie vergeblich plagen, jemand anderes zu kopieren.

Es ist auch deshalb wichtig, daß wir wissen, wo wir hingehören, weil wir oft die seltsame Vorstellung haben, mit den Gaben eines anderen am Platz eines Dritten könnten wir erst so richtig zeigen, wer wir sind: im privaten Bereich, im Beruf und vor allem im Reich Gottes. Ein französiches Sprichwort sagt: »In dem Garten, in den du hingesät bist, da sollst du blühen.« Es geht um den Ort, an den ich gestellt bin, und den erkenne ich eben nur unter der Führung Gottes. Dieser Platzanweisung gilt es zuzustimmen, denn ich soll an diesem Platz nicht verkümmern, die dort gegebenen Möglichkeiten nicht versäumen, weil ich mich dauernd nach einem anderen Ort der Wirksamkeit sehne, sondern hier soll ich blühen und Frucht bringen, mit aller Freude, allem Ernst und aller Konsequenz. Um es mit Hudson Taylor zu sagen: »Es kommt darauf an, daß von Gott gerufene Menschen an dem von Gott bestimmten Platz mit den von Gott geschenkten Gaben Gottes Auftrag erfüllen.«

Nach der Weise von Paul Deitenbeck

Mir selbst ist das keineswegs immer leicht gefallen, vor allem in den Jahren, in denen ich viel mit Johannes und Wilhelm Busch zusammen war. Das waren Männer, die durch ihre

Art beeindruckten, zu denen man aufsah. So wie sie, so wollte ich werden. Und dann dauert es gar nicht lange, bis man anfängt, die verehrten Vorbilder nachzuahmen.

Oft wird einem das selbst gar nicht bewußt, aber die anderen merken es. Eine Mitarbeiterin des MBK war glücklicherweise couragiert genug, mir freundlich, aber bestimmt die Leviten zu lesen: »Nun hängen Sie sich nicht an Johannes und Wilhelm Busch«, erklärte sie mir. »Natürlich sollen Sie sich von solchen Männern anregen lassen, aber Sie dürfen sich nicht auf fremde Vorbilder fixieren. Bleiben Sie Ihrer eigenen Art treu, und machen Sie Christus auf Ihre Weise groß, auf die Weise von Paul Deitenbeck.«

Manchmal wünschte ich, wir hätten mehr Leute, die uns immer wieder mit der Nase darauf stoßen, daß jeder von uns Christus auf seine eigene Weise groß machen soll. Gott will Originale, keine Kopien. Leider gibt es auch im Pietismus denselben Nivellierungsprozeß, den wir bei den Nichtchristen so hart kritisieren: es gibt sehr streng festgelegte Modellvorstellungen für das, was »man« als Christ tut und wie man es zu tun hat.

Natürlich gibt es christliche Grundprinzipien, nach denen wir uns alle zu richten haben; aber sie lassen viel Spielraum zu persönlicher Originalität, Spielraum, den wir zu wenig nutzen. Hier wird Christsein, hier wird christliche Gemeinde »langweilig«, weil wir von Gott gegebene Freiräume zur Entfaltung unserer eigenen christlichen Persönlichkeit nicht nutzen. Warum werden wir denn aufgefordert, daß jeder seines eigenen Glaubens gewiß sein soll, wenn wir doch nur beim Nachbarn abgucken, wie wir uns als Christen zu verhalten haben? Die christlichen Väter, deren Vorbild wir in Ehren halten, wollen uns ja gerade das sagen: daß wir ihnen nicht alles nachmachen, sondern daß wir, wie sie, den Freiraum unseres Christseins zur Entfaltung der individuellen Persönlichkeit nutzen sollen.

Ich liebe die Kirchengeschichte und lebe darin. Bei uns im Flur, im Treppenaufgang und in meinem Arbeitszimmer hängen die Wände voller Bilder der Vollendeten. Sie sind für mich Bild der »Ecclesia viatorum«, der Gemeinde derer, die unterwegs sind.

Und als solche Weggefährten rufen sie mir zu: »Mach du in deiner Zeit auf deine Weise, was wir in unserer Zeit auf unsere Weise gemacht haben!«

Wieviel Mißverständnisse gibt es zwischen Gemeinde und Welt, weil wir Vorbilder, die einer vergangenen Epoche angehören, in Verhalten und Sprache kopieren und uns dann wundern, wenn unsere Zeitgenossen uns nicht verstehen. Die Väter würden mit dem Kopf schütteln; denn sie würden heute in vielen Dingen anders handeln und anders leben, um genau das zu erreichen, was sie zu ihrer Zeit erreichen wollten und erreicht haben. Sie würden heute anders handeln, um das gleiche Ziel zu erreichen; wir handeln wie sie damals, ohne die eigenen Möglichkeiten und die veränderte Zeitsituation zu berücksichtigen, und erreichen das Ziel oft nicht.

Gemeinde unterwegs orientiert sich nach vorn. Die Bibel fordert uns auf, an unsere Lehrer zu denken, nicht nur an Professoren und kluge Leute, sondern auch an die Arbeiter und Handwerker, die uns das Einmaleins des Glaubens beigebracht haben. Aber wir sollen nicht ihr Verhalten, sondern ihren Glauben nachahmen. Und Glaube wird im Heute konkret, Glaube richtet sich auf Jesus — und der will jeden von uns als ein Original.

Wenn jeder von uns Christus auf die ihm gegebene Weise groß macht — das muß wie ein Sprengsatz sein, der uns zu uns selbst und auf Christus hin befreit. Jesus geht mit mir einen Weg, der mir entspricht, ganz allein mir. Das führt zu einer innersten Lebensgemeinschaft, die ich letztlich mit niemandem mehr teile, die mich aber die gleiche Individualität des Bruders achten läßt.

Es kann schon sein, daß ich einiges nicht so tue, wie »man« es tut. Aber je mehr wir alle zur Originalität befreit werden, um so weniger Probleme werden wir miteinander haben, um so großzügiger werden wir die Andersartigkeit des anderen respektieren können. Letztlich sind wir nicht den anderen und schon gar nicht dem »man« verantwortlich, sondern wir stehen und fallen allein unserem Herrn.

Daß ich Christus auf die Weise von Paul Deitenbeck groß mache — dazu gehört, daß ich schon mal ein Glaubenslied singe, wo das nicht üblich ist: auf der Straße, in der Bahnhofsunterführung, mitten in der Predigt auf der Kanzel, nach dem Gottesdienst an der Kirchentür. Das soll nur ja keiner nachmachen, zu dessen Wesen das nicht paßt. Aber wer bereit ist, mir meine Art zu lassen, wie ich ihm die seine lasse, der wird dann vielleicht den Kopf schütteln, doch zu ärgern braucht er sich nicht.

Einmal sang ich aus vollem Herzen und nicht eben leise nach dem Besuch der Kirche noch ein Lied. Der Präsident des Landeskirchenamtes Bielefeld war da, und Oberkirchenrat Rudolf Schmidt erklärte ihm: »Daran müssen Sie sich gewöhnen, bei Pastor Deitenbeck kann das schon mal vorkommen.« Mittlerweile genieße ich eine Art Narrenfreiheit. Mir soll es recht sein; die Narren an den mittelalterlichen Fürstenhöfen waren manchmal die einzigen, die es riskierten, sie selbst zu sein, sich gegen die Etikette bei Hof — gegen das, was »man« tat — zu behaupten und die Wahrheit zu sagen.

Bei Veranstaltungen hin und her im Land sind meine Tochter Magdalene und ich verschiedentlich als »Singeteam« aufgetreten. Und das hat wieder seine eigene Geschichte. Es begann auf einer Allianzkonferenz in Süddeutschland, wo Magdalene und ich im Vorprogramm der Schlußveranstaltung das Lied »O Heiland, fülle meinen Tag« sangen. Damals wurde es so still in der großen Halle, daß wir beide ganz betroffen waren. Anschließend haben mich mehrere Teilnehmer darauf angesprochen, und der frühere Präses Hermann Haarbeck meinte: »Das solltest du öfters machen, zusammen mit deiner Tochter singen.« Ermutigt durch dieses Erlebnis haben wir das dann auch getan: in der Hammerhütte, bei Glaubenskonferenzen und anderen Zusammenkünften.

Zur Weise von Paul Deitenbeck gehört auch die »Königskasse«, das ist die Opferschatulle von meiner Frau und mir, die aber auch von vielen anderen mit aufgefüllt wird. Viele Christen handeln ähnlich, nur geben sie ihrem Unternehmen einen bescheideneren Namen. Aber bezüglich der Königskasse bin ich nun einmal nicht bescheiden; durch sie ist schon so mancher Betrag zur Unterstützung von Mission, Evangelisation und Diakonie hindurchgegangen, vor allem aber, um einzelnen eine Freude zu machen. Es gibt manche Bestätigung, die mir zeigt, daß ich damit auf dem rechten Weg bin. Damit meine ich weniger die Menschen, die mir zu diesem Zweck größere Beträge zur Verfügung stellen, ohne daß ich auch nur ein Wort zu ihnen sage; aber wenn ich morgens aus dieser Kasse einen bestimmten Betrag für eine Aufgabe im Reich Gottes ausgebe und am selben Abend die gleiche Summe von jemand anderem wiedererhalte, dann ist das für mich schon ein Zeichen. Natürlich geht das nicht immer so, aber es ist schon oft vorgekommen.

Pedaltheologie: Haus- und Krankenbesuche

Ein Pfarer in Westfalen hat mich einmal gefragt, ob ich wisse, welches eine der wichtigsten Theologien sei; er meinte eben die »Pedaltheologie«, die Hausbesuche. Nun läßt sich das selbst dann leichter sagen als in die Tat umsetzen, wenn man aus der Pedaltheologie eine Gas-Pedaltheologie macht und Haus- und Krankenbesuche mit dem Auto absolviert. Der Pfarrer ist heute nun einmal die kleinste Kirchenleitung, ob ihm das gefällt oder nicht. Und es gehört viel Zucht, Konzentration und Opfer dazu, unter diesen Umständen wenigstens ein Mindestmaß an Besuchsdienst aufrechtzuerhalten.

Aber die Zeit ist keineswegs das einzige Problem, mit dem der Pfarrer dabei zu kämpfen hat. Bei einem Vikariatskurs in Lüdenscheid fragten die Vikare: »Was sollen wir denn eigentlich bei den Hausbesuchen sagen? Die Leute wollen ja doch nur vom Wetter reden.« — Nun kann ein Tagesereignis durchaus den Anknüpfungspunkt bilden. Es kann auch sein, daß mir einmal nichts anderes aufgetragen ist, als still zuzuhören; aber grundsätzlich mache ich Besuche, weil ich etwas ganz anderes anzubieten habe. Ich verkaufe doch nicht einfach Schnürsenkel! Mein Gespräch und mein Besuch haben letztlich nur Sinn, wenn es mir gelingt, die Botschaft von Jesus in unser Gespräch einfließen zu lassen.

Den Vikaren habe ich gesagt, was ich auch mir selbst sage: »Habt den Mut, den Menschen die Fremdartigkeit des Evangeliums zuzumuten; denn ihr könnt die Menschen für die Botschaft ohnehin nicht aufschließen. Das muß der Heilige Geist tun.« Das entbindet mich nicht davon, taktvoll vorzugehen und zu überlegen, wie ich meine Botschaft in der rechten Weise ausrichten kann. Aber im Vertrauen auf das Wirken des Heiligen Geistes habe ich den Mut, die Menschen mit dem Evangelium zu konfrontieren, und wenn ich vielleicht nur ganz schlicht sage: »Wir haben doch Jesus alle viel zu danken.«

Allerdings trägt diesen Mut keiner in der Aktentasche bei sich. Man muß ihn immer neu erbitten. Einmal traf ich auf dem Weg zum Kreiskrankenhaus den mir befreundeten Pfarrer Walter Gayk. Ich wollte ein paar Besuche auf der Männerstation machen, und da kann es einem durchaus passieren, daß man das Herz nicht mehr da schlagen fühlt, wo es hingehört, sondern einige Etagen tiefer. Damals hat jener Walter Gayk mir mit einem Wort von Wilhelm Löhe Mut gemacht: »Paul«, rief er mir zu, »schäme dich nicht, zu tun, was deines Amtes ist!«

Man hat in einem solchen Krankensaal oft nur wenig Zeit. Es braucht nur eine Schwester zu kommen, die einem Patienten eine Injektion machen muß, schon ist man wieder draußen. Daher sollte man sich mit den Fragen nach der Verdauung und der Fieberkurve, so wichtig sie sind, nicht zu lange aufhalten. Ich bitte in solchen Fällen darum, daß ich aus der Überlegenheit des Glaubens und der Liebe heraus die Freiheit bekomme, meinen Spruch zu sagen.

Ich grüße den Kranken freundlich, bringe bei gegebenem Anlaß eine Kleinigkeit mit, etwa ein Blümchen, eine Tafel Schokolade, eine Erfrischung, dazu ein christliches Verteilblatt. Meist singe ich ein Lied, lese ein Bibelwort und bete. Und eingedenk der Mahnung Volkenings, daß man Krankenbesuche nicht über fünf Minuten ausdehnen soll, verabschiede ich mich dann bald, falls der Kranke mir nicht zu verstehen gibt, daß er ein längeres Gespräch wünscht.

Gerade beim Krankenbesuch wird sich unsere theologische Substanz ausweisen. Man hat bestimmte liberale Theologen mit Kaninchen verglichen: Sie könnten zwar die Kohlblätter abfressen und sehr geschickt Gänge und Höhlen in einen Wiesenrand graben — Analysen aufstellen und philosophische Betrachtungen daran anknüpfen —, aber beim Gespräch angesichts des möglichen Todes offenbare sich ihre Hilflosigkeit; sie haben das Evangelium durchlöchert und abgenagt, so daß es seine entscheidende Substanz, die Kraft zum Leben und die Kraft zum Sterben, eingebüßt hat.

Wahrheit am Krankenbett

Damit stoßen wir auf eines der schwierigsten Probleme, das dem Seelsorger beim Krankenbesuch begegnen kann: die Frage nach der Wahrheit am Krankenbett. Ich selbst bin da, vor allem bei »unheilbar« Kranken, sehr behutsam geworden. Zwar muß alles, was ich sage, wahr sein; aber ich kann nicht immer alles sagen, was wahr ist; ich muß auch fragen, was ich dem Kranken zumuten darf und was er ertragen kann. Ein gläubiger Arzt hat mir einmal erzählt, daß ein Patient, ebenfalls ein Christ, ihn aufgefordert habe, ihm offen die Wahrheit zu sagen. Der Arzt ist der Bitte nachgekommen und hat jenem Patienten eröffnet, daß er an Krebs leide. Dieser aber ist damit nicht fertiggeworden, und sein Leben verfiel von Stund an zusehends der Resignation.

Andererseits weiß ich von einer Christin, deren Arzt ihr die gleiche Eröffnung machte. Diese Frau hat darauf sehr gefaßt reagiert und in die vom Arzt vorgeschlagene Behandlung eingewilligt. Um sicher zu gehen, daß kein Mißverständnis vorliege, hat der Arzt für den nächsten Morgen die Kinder jener Frau zu sich bestellt, doch die haben ihm bestätigt: »Unsere Mutter ist im Glauben so gefestigt, daß sie den Befund gefaßt aufnehmen konnte.«

Zwei Krankheitsfälle, in beiden handelt es sich um Christen, und doch begegnen wir völlig unterschiedlichen Reaktionen. Wir haben in beiden Fällen kein Urteil zu sprechen; hier können neben dem Glauben viele Faktoren mitspielen. Aber wir dürfen daraus lernen, auf die jeweilige Situation eines Kranken Rücksicht zu nehmen. Christen sind auch in dieser Beziehung keine Helden, der Sieg Gottes kann sich bei ihnen im gefaßt ruhigen, ja feierlichen Heimgang, aber auch in tiefstem Schmerz und bitterster Qual offenbaren.

Das Herz liebt die Wiederholung

Als Seelsorger am Krankenbett darf man aber auch positive Erfahrungen machen. Ich habe einen Kranken betreut, der, bereits vom Tode gezeichnet, monatelang das Bett hüten mußte. Dieser Mann ließ jeden Morgen die Schallplatte mit meiner Predigt vom ersten Gemeindetag in Dortmund ablaufen. Ihre drei Leitsätze lauteten: Jesus ist da — Jesus ist für mich da — Jesus ist für mich für immer da! Das hat jener Kranke sich jeden Morgen neu ins Gedächtnis gerufen.

An diesem Beispiel hat sich für mich das Wort der Schriftstellerin Esther von Kirchbach bestätigt: »Der Verstand liebt die Abwechslung, das Herz die Wiederholung.« Es will die Tatsache der Liebe Gottes täglich neu bestätigt bekommen. Und das gilt keineswegs nur für Kranke. Deshalb sind Kassette und Tonband im Dienst der christlichen Verkündigung so wertvoll; sie ermöglichen es dem Hörer, Predigten, Texte, Lieder, die ihm wichtig geworden sind, mehrmals zu hören.

In der Gemeinde der Kreuzkirche haben wir eine Reihe von Mitarbeitern, die von sich aus Gottesdienste und Bibelstunden auf Tonbandkassetten aufnehmen und zu den Alten und Kranken bringen. Die können dann nicht nur die Predigt, sondern die gesamte Atmosphäre des Gottesdienstes mit Gesang und Liturgie miterleben. Manche Kassetten und Tonbänder finden ihren Weg bis nach Afrika, werden vervielfältigt und wieder an andere verteilt, so daß hier eine Multiplikation der Predigt entsteht, die sich der Kontrolle des Predigers längst entzogen hat.

Manchmal scheuen wir uns, in einer Predigt oder Andacht bestimmte biblische Kernsätze mehrfach zu wiederholen; vom intellektuellen Standpunkt aus halten wir das für ermüdend und langweilig. Aber die Gemeinde hört nicht nur mit dem Verstand, sondern auch mit Herz und Gemüt.

Eine bestimmte Feierstunde würde ich manchmal gern mit den gleichen Menschen ein Jahr später noch einmal wiederholen; im gleichen Raum, mit demselben anschließenden Festmenü. Es würde trotzdem nicht dasselbe sein, denn alle Beteiligten haben sich zwangsläufig verändert. Es läßt sich nichts festhalten, aber Wiederholung ist etwas Tröstliches in dieser vergehenden Welt.

Nur Glied in einer Kette: ein oft unterbewerteter Aspekt christlichen Zeugnisses

Einer mir völlig unbekannten Dame habe ich einmal lediglich geholfen, die Koffer zu tragen. Ich sah, wie sie sich mit ihren schweren Gepäckstücken abmühte, und sprang hinzu. Es kostete mich ein paar hundert Meter Umweg und ein schweißdurchnäßtes Hemd, das war alles. Beim Abschied meinte sie: »Kavaliere findet man heute selten.« Ich antwortete darauf nur: »Wissen Sie, wir haben Jesus viel zu danken.«

Vielleicht empfinden das viele als reichlich wenig, aber ich bin da nicht so sicher. Ich habe den Eindruck, daß wir manche Möglichkeit zum Zeugnis verpassen, weil wir immer auf die Gelegenheit warten, in der wir den Leuten den ganzen Heilsplan Gottes erklären können. Das kommt mir so ähnlich vor, als wenn eine Hausfrau, die einen Kuchen backt, meint, sie müsse den Weizen selbst säen, ernten und mahlen, um das Mehl für ihren Teig zu bekommen, und wegen des bißchens Milch, das ebenfalls dazugehört, eine eigene Kuh halten.

Ich denke anders über das christliche Zeugnis: für mich ist es — um im Bild zu bleiben — Gott, der den Kuchen bäckt; wer sonst wollte sich denn zutrauen, einem anderen Menschen die Schönheit Jesu hinreichend zu beschreiben? Ich habe also nur das Meine beizutragen und darf damit rechnen, daß Gott diesem Menschen das nächste Mal durch einen anderen Christen begegnet, daß ich nur Glied in einer Kette bin. Das macht mich frei, die kleinen

Chancen zu nutzen und die oft bescheidenen Möglichkeiten viel unbeschwerter einzusetzen.

Ich verstehe vom Fußballspielen wenig, aber das Bild gefällt mir: Da läuft der Ball über viele Stationen, von Spieler zu Spieler, und nur einem gelingt der Torschuß — dieser aber wäre ohne die vorausgegangene Ballstafette unmöglich. Bei vielen Menschen fällt der entscheidende »Torschuß« vielleicht in einer Evangelisation, im Nachgespräch zu einer Predigt, aber viele kleine Erlebnisse haben sie darauf vorbereitet. Manchmal versäumen wir es, den Ball weiterzureichen, den kleinen Beitrag zu leisten, weil wir uns gern selbst in die Torschützenliste eintragen möchten, ohne daß die Situation bereits reif dafür ist; oder weil wir meinen, Gott verlangte von uns um jeden Preis einen Torschuß, obwohl er nur einen Steilpaß erwartet.

500 000 »Jesus lebt«-Abzeichen

Eine solche kleine Möglichkeit ist unser »Jesus lebt«-Abzeichen, von dem in Europa inzwischen über 500 000 Stück verbreitet worden sind. Der Gedanke kam mir anläßlich der Billy Graham-Evangelisationen, als so viele Menschen nach vorn gingen und seelsorgerlich betreut wurden. Damals suchte ich nach einer Möglichkeit, die es vor allem jungen Menschen erleichterte, sich als Christen zu erkennen zu geben; denn es ist ja nicht jeder so veranlagt, daß er gleich mit anderen über seinen Glauben sprechen kann.

Nun gab es schon genug Abzeichen, aber sie wiesen alle auf einen christlichen Kreis hin; ich suchte ein Motto, das alle Christen verbinden konnte. Schließlich kam ich auf den Satz: »Jesus lebt«, der ein kurzgefaßtes christliches Glaubensbekenntnis darstellt. Zuerst dachte ich, man könnte daraus einen poppigen runden Knopf machen, aber auch davon bin ich abgekommen. Lüdenscheid ist dafür bekannt, daß hier Knöpfe und Abzeichen hergestellt werden; also habe ich mir von einer Firma Entwürfe machen lassen. So entstand eine schlichte, sachliche, keiner Mode unterworfene Anstecknadel. Ich bat Gott, die Sache zu bestätigen, wenn sie seinem Willen entspräche, oder sie zunichte zu machen. Und dann erlebte ich zu meiner Überraschung, daß ganze Jugendgruppen, Gebets- und Schülerkreise dieses Abzeichen anforderten. Junge Menschen schrieben mir von ihren Erfahrungen. Viele wollten einfach auch nach außen hin bekennen, daß sie nun zu Jesus gehörten. Manchmal wurden sie aufgrund des Abzeichens angesprochen, und dann war es an ihnen, Rechenschaft von ihrem Glauben abzulegen, so gut sie es eben konnten.

Auch Erwachsene fanden diese Möglichkeit hilfreich; es war ihnen klargeworden, daß sie sich nun freischwimmen mußten. Sie wollten von vornherein klarstellen, wo sie hingehörten. So wurde dieses kleine Stück Metall in ganz Europa verbreitet. Inzwischen gibt es auch eine englische und eine indonesische Ausgabe, und in ähnlicher Form ist es auch in Afrika anzutreffen.

Traktat und Zigarillo

Nun ist das mit dem Zeugnisgeben für einen Pfarrer so eine Sache. Einmal hat er nicht selten genauso viele Hemmungen, muß sich genauso überwinden wie andere Leute, und wenn es ihm schließlich gelingt, dann heißt es: »Der muß ja, er wird dafür bezahlt.« Und der Herr Pastor kann dann mitnichten seinen Anstellungsvertrag aus der Tasche ziehen und den Leuten erklären, wozu er laut kirchlicher Regelung verpflichtet ist und wozu nicht. Ein Pfarrer kann auf der Straße seine christliche Glaubwürdigkeit keineswegs leichter unter Beweis stellen als ein Christ seiner Gemeinde.

Nun werden sicher einige sagen, daß es nach der Weise von Paul Deitenbeck vielleicht doch ein wenig leichter gehe als bei anderen, und ich will das schon deshalb nicht in Abrede stellen, weil ich gar nicht in der Lage bin, die Schwierigkeiten anderer zu beurteilen und mit meinen eigenen zu vergleichen.

Jedenfalls habe ich mir angewöhnt, immer ein paar Verteilblätter in meinen Taschen zu haben. Einmal traf ich unterwegs auf eine Baustelle. Arbeiter waren damit beschäftigt, am Straßenrand einen Graben auszuheben. Ich kletterte zu ihnen hinunter und drückte jedem ein Verteilblatt und ein Zigarillo in die Hand. Einige Zeit später war ich bei einem Tiefbauunternehmer zu Besuch, und dieser erzählte mir, daß einer seiner Arbeiter ihm auf sauerländer Platt, das ich hier nur andeutungsweise wiedergeben kann, von dieser Begebenheit berichtet habe: »Nu haert hei mi dei Zigarre egavt, nu mout ick ut Aanstand dat Blaa ouk laesen« (= »Nun hat er mir die Zigarre gegeben, nun muß ich aus Anstand das Blatt auch lesen«).

Zigarillo hin, Zigarillo her — das Prinzip, das sich dahinter verbirgt, ist für mich ein seelsorgerlicher Aspekt. Ich verteile doch nicht die Prospekte einer Möbelfirma, ich kann Arbeitern in der Baugrube aber auch keine lange Rede halten. Dann, meine ich, verstünden sie mich am schnellsten, wenn das Evangelium gewissermaßen »zweispännig« fährt: durch Wort und Tat.

Und damit bin ich bei einem meiner Lieblingsthemen.

Verleiblichung — Ziel aller Wege Gottes

Jesus Christus, so sagt die Bibel, ist »das Wort«. Aber dieses Wort nahm menschliche Gestalt an, verkörperte sich in Fleisch und Blut. Und gerade in dieser Verleiblichung wird das Wort zum Abglanz göttlicher Herrlichkeit und zum Ebenbild göttlichen Wesens. »Wir sahen seine Herrlichkeit«, staunten die Jünger. Eigentlich sollten wir uns das immer bewußt machen, wenn wir den Namen Jesus Christus aussprechen: im Menschensohn »Jesus« findet der »Christus«, der Gesalbte Gottes, in dieser Welt vollendeten Ausdruck: in dem, was er sagt, aber eben auch in dem, was er tut und wie er lebt. Jesus ist Gott in der Gestalt eines Menschen, und dieser Mensch ist vollkommene Schöpfung Gottes.

Wenn Jesus Christus in das Leben eines Menschen eintritt und in ihm Gestalt gewinnt, dann ist das im Grunde wiederum nichts anderes als Fleischwerdung, Inkarnation; dann macht er uns eben nicht nur zu einem Sprachrohr des Evangeliums, sondern er gestaltet uns zugleich in sein Bild und in sein Wesen; er wird durch uns nicht nur hörbar, sondern in unserem Leben sichtbar und spürbar.

Auch wenn wir das, was da an Umwandlung in unserem Leben geschieht, als noch so bruchstückhaft empfinden, es ist nichtsdestoweniger Wirklichkeit. Und wenn wir eines Tages Christus begegnen, wie er ist, und als Folge ihm gleich sein werden — so bedeutet auch das nicht, daß wir uns in absolute Geistlichkeit auflösen, sondern dann wird die vollkommene Verwandlung in einer neuen Leiblichkeit Ausdruck finden; denn der Gottessohn ist zugleich Menschensohn, er ist der »zweite Adam«, und das heißt, er ist »vollkommener Mensch«.

Diese Überlegung führt für mich zu einem konkreten Ergebnis: Gott offenbart sich hier und heute in meinem Menschsein, wie er sich auf vollkommene Weise in dem Menschen Jesus offenbart hat; denn Jesus setzt unsere Sendung in die Welt mit seiner Sendung gleich: »Gleichwie der Vater mich gesandt hat, also sende ich euch.« Die Verwandlung in das Bild Christi, die der Heilige Geist an mir vornimmt, vollzieht sich in meinem Menschsein, offenbart sich mit Hilfe meiner Leiblichkeit.

Wir haben nicht nur einen Mund, wir haben Hände und Füße und damit unzählige Möglichkeiten, anderen wohlzutun, unser Wort zu unterstreichen, unser Christsein glaubhaft zu machen. Und das geschieht nicht in großen Programmen, sondern in kleinen, alltäglichen Handgriffen und Tätigkeiten.

Grüße sind Segnungen

Wenn Glieder aus unserer Gemeinde oder Menschen aus unserem Bekanntenkreis ins Krankenhaus kommen, so schicke ich ihnen gern schon am ersten Tag einen Gruß, damit sie bereits bei der Ankunft merken, daß sie nicht allein sind, daß der Kontakt zu den Freunden auch jetzt aufrechterhalten bleibt. Nach der Operation stellen wir ihnen einen kleinen Blumenstrauß auf den Nachttisch, dazu eine Karte mit einem Bibelwort. Wir sind doch alle Menschen und keine Glaubensmaschinen.

Überhaupt die persönlichen Kartengrüße: sie sind so schnell geschrieben, kosten wenig, und doch — was für ein Defizit an spürbarer Liebe entsteht oft aus Schreibfaulheit oder Gedankenlosigkeit, oder weil wir uns durch gedruckte Routinegrüße zu Weihnachten und Neujahr den persönlichen Kartengruß vergällen lassen (obzwar er damit überhaupt nichts gemein hat).

Erich Schnepel fand, wenn er an einem fremden Ort evangelisierte, jedesmal bereits die Karte eines Oberwachtmeisters an einer brandenburgischen Strafanstalt vor, ein mutmachendes Zeichen brüderlicher Verbundenheit; vielleicht nur mit einem Gruß, einem Satz versehen: »Ich will während der vierzehn Tage Ihrer Evangelisation Ihre stille Reserve sein.« Wer wäre nicht für solche »Reserven« dankbar, auch wenn er keine Evangelisation zu halten, sondern nur still seinen täglichen Pflichten nachzugehen hat?

Warum machen Sie nicht einen verregneten Urlaubstag zum vielleicht schönsten Ihrer ganzen Ferien? Wir klagen so oft, daß es uns schwerfällt, für andere Menschen zu beten. Hier haben wir Zeit, uns mit guten Gedanken unserer Freunde zu erinnern und dem mit einer einfachen Ansichtskarte Ausdruck zu verleihen. Es gibt so viele Leidtragende, Einsame und Angefochtene in unserer Umgebung, denen jedes kleinste Zeichen des Gedenkens neuen Mut gibt.

Ich habe das nach der Weise von Paul Deitenbeck vielleicht manchmal übertrieben, und meine Frau schritt energisch ein, als die Zahl der aus einem Urlaub verschickten Kartengrüße 500 überstieg. Aber ich habe nicht den Eindruck, daß wir hier allgemein gefährdet sind.

Übrigens fand ich für die eingeschränkten Kartengrüße einen überaus befriedigenden Ersatz. Wir verbringen unseren Urlaub seit vielen Jahren an der See, und ich habe da ein Geschäft entdeckt, das auf den Versand von Aalen spezialisiert ist. Man braucht gar nicht viel zu tun, die Leute besorgen alles.

Seitdem verschicke ich Aale, nicht gerade hundert, aber immer eine ganze Reihe. Ohne alles Brimborium: Herzliche Grüße, Euer, Punkt.

Der Schriftleiter einer bekannten Zeitschrift schrieb mir daraufhin einmal: »Das will ich mir tief ins Herz brennen, was für eine Wohltat so ein Gruß sein kann, wenn man selbst am Boden liegt.«

Die Schönheit des Lebens, die Schönheit des Christseins kann sich in kleinen, nahezu unscheinbaren Bezügen entfalten; auch hier sind es die vielen kleinen Münzen, die sich zu Reichtum addieren.

Einmal habe ich dem Chefarzt eines Krankenhauses eine Tafel Schokolade geschenkt. Natürlich konnte er sich hundert selber kaufen, aber wissen Sie, was er gesagt hat? »Sie glauben gar nicht, wie ich mich darüber freue, daß Sie mir die geben.«

Die Schokolade war's sicher nicht; vielleicht hielt er sie sogar für ungesund. Aber daß ihn einer mit noch so bescheidenen Mitteln als Mensch ernst nahm, das ist an diesem Mann nicht spurlos vorübergegangen.

Als unsere kleine Annette über ein Jahr lang schwer krank war, hat uns der Frauenarzt Dr. Uellner sein modernes Kurzwellengerät zur Verfügung gestellt und sich selbst mit einem älteren beholfen, ohne daß darüber viele Worte gewechselt worden wären. Es bedurfte ihrer auch nicht, meine Frau und ich wußten genau, was gemeint war.

Kurt Heimbucher hat, als er noch Gemeindepfarrer war, bei einem Elternabend mit seinen Konfirmanden jeder Mutter eine Rose geschenkt. Am nächsten Tag war Muttertag. Darüber haben die Frauen in der Gemeinde noch jahrelang gesprochen.

Für die Vorweihnachtszeit haben wir uns etwas anderes einfallen lassen; da verschenken wir Christstollen. Wie soll ich denn sonst manchem Mitbürger begreiflich machen, daß der Pfarrer in seiner Straße nicht nur predigen, sondern Liebe Gottes konkret weitergeben möchte?

Verleiblichung ist nicht nur das Ziel der Wege Gottes; im Grunde darf all unser Dienst Nachvollzug der Menschlichkeit Gottes sein, die in Jesus Christus sichtbaren Ausdruck findet. Weil Gott für uns Mensch wurde, dürfen auch wir unserem Nächsten zum mutmachenden, helfenden Menschen werden. Glaube und Liebe, hat Luther gesagt, sind zwei Seiten derselben Münze.

Dabei müssen wir weder in den kleinen Dingen der Liebe noch in anderen Bereichen unseres Dienstes auf alle guten Gedanken selbst kommen. Oft stößt uns Gott durch andere mit der Nase darauf, wenn wir nur bereit sind, auf solche Nasenstüber zu achten.

In meinem eigenen Dienst sind viele Dinge durch Anstöße von außen ausgelöst worden. Ich war gar nicht so schlau, klug und erfinderisch; in vieles bin ich hineingeschoben und -gestoßen worden.

Einem Berliner Kaufmann, meinem Freund Wilhelm Hahn, ist auf unseren Freizeiten aufgefallen, daß ich viele Zitate und Liedverse auswendig kannte. »Wie wär's«, schlug er vor, »wenn du die einmal sammeln und als kleines Heft herausgeben würdest?« Begünstigt durch die Tatsache, daß ich immer eine Schwäche für Zitate hatte, die ich gewissermaßen für »eingeweckte Erfahrungen der Väter« halte, entstand so das Heft »Schlüsselbund«.

Einem Lüdenscheider Kaufmann verdanke ich die Anregung zu dem Büchlein »Botschafter von der anderen Seite«. Oft bin ich von außen auf Dinge hingewiesen worden, die mich selbst schon lange bewegt und beschäftigt haben.

Auch die Idee zu diesem Buch stammt keineswegs von mir, sondern geht auf eine Anregung meines langjährigen Freundes Rolf Brockhaus zurück. Wir sind beide lange in russischer Kriegsgefangenschaft gewesen, haben uns anschließend kennengelernt und dann viele Jahre im Hauptvorstand der Allianz zusammen gearbeitet. Er hat mich immer wieder aufgefordert, meine Erfahrungen und Erinnerungen in einer Biographie zusammenzufassen, aber ich habe etwas gegen den stillen Glanz unangefochtener Heiligkeit, den solche Bücher oft ausstrahlen und damit unter Beweis stellen, daß sie nur einen Teil der Wirklichkeit darstellen. Ich habe Angst, gleicher Versuchung zu erliegen. Aber der Anstoß war da, und ich kann nur hoffen, daß der nun gefundene Weg den aufgezeigten Gefahren keinen Vorschub leistet.

»Bitte nicht mit der Mistgabel am Auge«
Notizen zum Thema Seelsorge

Die auf die Seelsorge bezogene Mahnung, nicht mit der Mistgabel am Auge zu operieren, stammt von dem freikirchlichen Prediger Erwin Bohle, und der hat genau gewußt, was er damit sagen wollte. Ein erfahrener Seelsorger in Männedorf in der Schweiz hat mir mit seinen Worten das Gleiche bestätigt: »Um eine Fliege zu töten, soll man keine Fensterscheibe einschlagen.«

In der Politik nennt man das die Angemessenheit der Mittel, und die Seele eines Menschen ist ein ebenso zartes wie kostbares Gebilde. Wer einen Fuß amputiert, um ein Hühnerauge zu entfernen, ist ein schlechter Arzt; und es gibt auch weniger gute Seelsorger.

Die Wahrheitsfrage z. B. stellt sich nicht nur am Krankenbett, sie spielt in der Seelsorge allgemein eine wesentliche Rolle. Es gehört oft viel Weisheit dazu, um zu erkennen, wo ich einen Beichtenden dazu aufzufordern habe, seine Verfehlungen auch anderen gegenüber auszusprechen. Wenn sein Bekenntnis Dritten gegenüber Schaden anrichten kann, bin ich vielleicht dazu gerufen, die Last des Beichthörens allein zu tragen, das Gehörte im Grab der Vergessenheit zu verschließen und dem Beichtenden anstelle des durch seine Verfehlung Geschädigten die Vergebung zuzusprechen.

Hier spielt herein, was ich als »ganzheitliche Seelsorge« im christlichen Alltag bezeichnen möchte. Ich kann einen Menschen doch nicht zerteilen; in allem, was er sagt und tut, ist Seelsorge, Zeugnis, Verkündigung, Nächstenliebe und tatkräftiges Zupacken für den anderen enthalten. Ich möchte weder mich selbst noch den »homo christianus«, den Christenmenschen schlechthin (den es in dieser Pauschalität gar nicht gibt) auf den Operationstisch zerren und sezieren. In allem, was wir tun, ist Seelsorge, und nicht nur Pfarrer und Pastoren, sondern alle Christen haben einander seelsorgerlich zu helfen.

Seelenlage und Glaubensleben

Das ist mir durch meinen Freund Gerhard Bergmann in der Seelsorge wichtig geworden: daß die Grenze zwischen Natur und Gnade, d. h. zwischen Natur und Heiligung, nur Gott bekannt ist. Wir halten leicht jemanden für demütig, nur weil er von Natur aus bescheiden und zurückhaltend veranlagt ist; der kommt nie auf »achtzig«, sein Temperament kocht nicht über wie das des Jähzornigen und Unbeherrschten.

Erich Schnepel hat unseren Berliner Bibelkreis einmal mit dem Ausspruch schockiert: »Die Engel im Himmel werden sich freuen über einen Bruder, der einem anderen eine Ohrfeige herunterhaut.« Entsetzte Stille, erschrockene Augen ringsum; daraufhin erklärte Schnepel: »Weil dieser Mann den anderen seinem Naturell nach erschlagen hätte. In einem solchen Fall ist eine Ohrfeige bereits ein Sieg Gottes.«

Seelenlage und Glaubensleben dürfen nicht verwechselt werden. Mancher Christ neigt von Natur aus zu Ängstlichkeit oder zum Jähzorn. Als Folge erweckt er den Eindruck, weniger geheiligt zu sein als ein anderer, der über ein ruhiges und ausgeglichenes Wesen verfügt, obwohl dies ja keineswegs sein Verdienst ist.

Meine Mutter war eine schüchterne und bescheidene Frau, eine treue Priesterin, die aber nie gewagt hätte, in der Öffentlichkeit zu beten. Ich habe oft beobachten können, wie sie auch tagsüber vor ihrem Bett im Schlafzimmer gekniet hat, aber in einer Gebetsstunde hätte sie kein Wort über die Lippen gebracht. Sie hat sehr darunter gelitten, daß sie von anderen deswegen immer wieder kritisiert wurde.

Zum äußeren Erscheinungsbild eines Christen

Ich habe schon erwähnt, daß ich keine Chance hätte, zu den bestgekleideten Männern Deutschlands gerechnet zu werden, und ich werde sicher auch nie Krawattenkönig. Doch ich sage einem anderen gern: »Du hast aber heute einen schönen Anzug an.« Oder:

»Sie sind aber heute ansprechend gekleidet.« — »Oh«, sagen die Leute dann, »haben Sie dafür etwa auch einen Blick?«

Warum sollte ich eigentlich nicht? Es gehört doch nicht zu den Kennzeichen echten Christseins, mit schmutzigem Kragen, bekleckerter Weste und ungeputzten Schuhen herumzulaufen. Christen dürfen adrett gekleidet sein; wenn sie sich selbst als Bettler bezeichnen, so geschieht das in völlig anderem Zusammenhang.

Auch irdische Gaben sind Gaben Gottes, aber sie stehen zugleich unter dem Beschuß des Teufels. Sie sind unser, aber wir gehören Christus; wir verfügen über sie, aber so, als hätten wir sie nicht. Es gibt ein Übermaß an Eleganz, das den Christen, Frau wie Mann, in Mißkredit bringen kann, und eine gepflegte Frisur, ein bestimmtes Make-up, schlagen in die gegenteilige Wirkung um, wenn sie mondän übertrieben werden. Wo dies geschieht, wird es an der Zeit sein, nach dem Motiv zu fragen.

Christen sind keine Leute, die das vorige Jahrhundert vergessen hat. Sie dürfen auch in ihrem äußeren Erscheinungsbild den Griechen ein Grieche, den Zeitgenossen Zeitgenosse sein. Aber für sie ist das nicht Ziel, nicht Statussymbol und Image, wie für so viele andere, sondern angenehme Nebensache.

Einer jungen Buchhändlerin habe ich einmal gesagt: »Sie sind schön und klug, Sie brauchen viel Fürbitte.« Klugheit kann hochmütig machen, Schönheit für den Betreffenden selbst und für andere zur Gefährdung werden. Zu jeder Gabe, die Gott gibt, gehört die Verantwortung, sie recht einzusetzen.

Mit dem Besten im Menschen im Bunde

Was wir heute brauchen, ist ein Leben aus der Ursprünglichkeit, in der sich von Gott geschenkte Veranlagung elementar mit dem Betroffensein durch Christus verbindet. Warum kann ich so sein, wie ich bin? Weil ich mich von Jesus erlöst weiß. Das ist keine pausbäckig-pharisäische Sicherheit oder Überheblichkeit, sondern immer neu geschenkte Gewißheit des Glaubens. Weil ich erlöst bin, darf ich mich unter den Menschen erlöst bewegen, darf ich über mich selbst lachen und dem anderen begegnen als jemand, der mit dem Besten im Menschen im Bunde ist.

Mit dem Besten im Menschen im Bunde sein — das ist eines der tiefsten Geheimnisse christlicher Seelsorge. Ich rechne damit, daß der Heilige Geist an dem Menschen arbeitet, dem ich begegne, mit dem ich mich unterhalte; und ich vertraue darauf, daß Gott mein Verhalten und die Reaktion meines Partners koordiniert. Pfarrer Johannes Hansen hat einmal gesagt: »Im persönlichen Gespräch wie in der Predigt vertraue ich darauf, daß Gott meine Partner ebenso wie mich auf diese Situation vorbereitet hat.« Das veranlaßt mich, immer neu zu hören und zu fragen, was ich jetzt sagen oder tun darf, und zwar ohne daß dabei rote Punkte oder andere Signale ins Sucherbild eingeblendet werden, sondern immer neu als Wagnis des Glaubens. Das bringt mich zu kindlicher Einfalt zurück, ohne daß ich damit kindisch werde oder vergessen muß, was ich in meinem Leben gelernt habe.

Das Ursprüngliche und das Einfache christlichen Menschseins und menschlichen Christseins, wonach wir uns im Grunde alle zutiefst sehnen, das möchte ich so verlockend darstellen und anbieten, daß keiner daran vorbeigehen will, der es noch nicht erfahren hat. Ich möchte es so einfach und ursprünglich hinausrufen, daß auch mancher verkrampfte Pietist herausgelockt wird aus seiner verkniffenen Gläubigkeit zur ganzen Freiheit der Menschen Gottes; denn viele sind fromm, aber nicht froh, fromm, aber nicht barmherzig. Jesus aber lockt die von drinnen und die von draußen in sein Licht, in seine Wärme, in seine Freiheit.

Geht es hier nicht ein Stück weit um die Befreiung des Pietismus? Wir sind oft die großen Schwarzmaler, die Unheilverkünder, und wir sind es zu Recht; aber das ist nur die eine Seite. Die andere ist eben die, daß ich mit dem Besten im Menschen im Bunde sein darf, daß ich mir Mühe gebe, es in seinem Leben zu entdecken und ihn darauf anzusprechen.

Mir ist das nicht zuletzt durch die Auseinandersetzung deutlich geworden, die wir in der Bekenntnisbewegung führen. Wir müssen unseren Kampf geistlich austragen. Unser Ziel kann nicht darin bestehen, unsere theologischen Gegner abzuschießen, sondern sie zu gewinnen. Das entbindet uns nicht von kompromißloser Klarheit, wenn es um die ganze Wahrheit des Evangeliums geht; aber gerade weil dabei unantastbare Wahrheit Gottes auf dem Spiel steht, brauchen wir uns ihretwegen nicht zu prügeln.

Auch das gehört zur Seelsorge, daß wir unsere geistlichen Auseinandersetzungen so führen, daß wir morgen ans Sterbebett unseres andersdenkenden Gesprächspartners gerufen werden können. Wenn man uns beschimpft, gibt uns das kein Recht, zu schimpfen; wenn man uns verhöhnt, haben wir daraus kein Recht abzuleiten, unsererseits auch andere zu verspotten. Ich fürchte, manchmal sind wir es gewesen, die sich zuerst im Ton vergriffen haben, als wenn wir Gottes Sache auf unsere Weise retten könnten oder müßten. Auch ich bin in diesem Zusammenhang durch einen Wachstumsprozeß gegangen, ich habe durch fanatisierende Aussprüche manches falsch gemacht.

Bei theologischen Auseinandersetzungen, in der Familie, am Arbeitsplatz und in der Gemeinde — bei allen Sachfragen geht es zugleich um Menschen. Sie mögen uns verletzt haben oder uns unsympatisch sein, irgendwo haben auch sie ihr »Bestes«, und sie haben ein Recht darauf, daß wir sie gerade da ansprechen.

Es ist in jedem Ding ein Klang
wie in der Kirchenglocke
und wartet auf den Glöckner bang,
daß er den Klang entlocke.
Herr, gib uns Glöckner, die verstehn,
die Glocken recht zu schwingen.

Schlüsselworte

Es liegt mir daran, daß die Schlüsselworte nicht mit Schlagworten verwechselt werden. Da ich, wie fast alle Evangelisten, gern Schlagworte benutze, nehme ich mir das Recht heraus, sie auch zu kritisieren.

Mit einem Schlagwort kann ich z. B. einer großen Zuhörerschaft blitzartig einen bestimmten Gedanken deutlich machen, wenn mir weder Zeit noch Möglichkeiten für lange Erklärungen zur Verfügung stehen. Das Schlagwort muß einen bestimmten Gedanken abstrakt, vereinfacht, einseitig, vor allem aber einleuchtend darstellen; und Vereinfachung und Anschaulichkeit gehen dabei fast notwendig zu Lasten der Wahrheit im Gesamtzusammenhang. Mit einem Schlagwort — man kann das fast wörtlich nehmen — gibt mir einer einen Schubs, damit ich hochspringe, merke, worum es geht und daß ich gemeint bin. Schlagworte und Schläge haben eins gemeinsam: sie machen munter, aber man kann davon nicht leben. Deshalb sollten wir sie sorgfältig dosieren, vor allem in der Theologie.

Das Schlagwort gleicht einem Feuerwerkskörper, der mit einem mordsmäßigen Knall farbenprächtig und funkensprühend für kurze Zeit die Aufmerksamkeit erregt, um dann wieder zu verglühen und die Nacht in Dunkel zu hüllen. Schlüsselworte dagegen verbreiten eine weit weniger aufwendige, aber stetige Helligkeit.

Die Grenze zwischen Sünde und Krankheit

Ein Schlüsselwort ist für mich z. B. der Satz Gerhard Bergmanns: »Die Grenze zwischen Sünde und Krankheit ist nur Gott bekannt.«

Das kann sicher manchmal für unsere eigene Situation gelten, vor allem aber öffnet es uns die Tür zum Verständnis für die seelsorgerliche Betreuung gefährdeter Menschen. Ich werde nie vergessen, wie die Leiterin eines Fürsorgeheims mir sagte: »Wenn es uns schon nicht gelingt, manche dieser Mädchen in ein geordnetes Leben zurückzuführen, so können wir ihnen vielleicht doch zu einem seligen Sterben verhelfen.« Vermutlich gibt es Menschen, die bis ans Ende ihres Lebens immer wieder im Wackelkontakt mit der Not ihrer Erbanlage bleiben. Etwas von diesem Kampf kennen wir alle aus eigener Erfahrung. Manchen Menschen kann Gott vielleicht nur durch diese immer neu erlittene Armut an sich binden, weil er ihn anders nicht festhalten könnte.

»Nicht mitleidig gegen sich selbst sein«

Ich kenne einen Arzt, der den Mut hatte, in seinem Sprechzimmer den Spruch aufzuhängen: »Wirf Sorgen und Schmerz ins liebende Herz des mächtig dir helfenden Jesus.« Das war natürlich nicht seine einzige, aber vielleicht auch nicht die schlechteste Methode, seine Patienten zu behandeln. Von diesem Mann habe ich einen Satz behalten, den andere Leute in ähnlicher Formulierung auch gesagt haben: »Man darf nicht mitleidig gegen sich selbst sein.«

Man muß diesem Arzt lassen, daß er auch im Blick auf uns Christen eine gute Diagnose stellen konnte; denn er hat den Nagel auf den Kopf getroffen. Wir tragen um niemanden so gern, so inständig und soviel Leid wie um uns selbst. Die Tränen können uns kommen, wenn wir daran denken, wie andere uns behandeln. Und haben wir etwa nicht recht?

Vielleicht gehört der Satz vom verbotenen Selbstmitleid zu denen, die man zweimal lesen muß; denn er stellt unsere landläufige Auffassung auf den Kopf und will uns deutlich machen, wie wir uns als Christen mit unserem Selbstmitleid selbst auf den Leim gehen. Wer sich selbst bemitleidet, sieht immer in den anderen die bösen Leute, die ihn ärgern, ihn nicht verstehen, ihm Lasten aufbürden und Schaden zufügen wollen.

Christen aber sind gerufen, nach dem Leid anderer zu fragen, mit der Erfindungskraft der Liebe herauszufinden, warum sie so reagieren, daß wir es als unfair, boshaft und gegen uns gerichtet empfinden. Christen fragen nach dem Leid, das ihren Bruder quält und veranlaßt, andere zu verletzen. Wer sich selbst bemitleidet, ist nicht mehr in der Lage, im Blick auf andere Menschen als Christ zu reagieren und zu handeln.

»Verliert bei näherer Bekanntschaft«

Ich glaube, von Graf Pückler, dem Gründer der DCSV, stammt der Ausspruch: »Eigentlich müßte man unter jede Visitenkarte schreiben: Verliert bei näherer Bekanntschaft.«

Wie leicht liebt es sich doch auf Distanz. Da sind die Glaubenshelden und alle unsere Bekannten so nette Leute. Gott müßte uns einmal mit Vorder- und Nebenmännern zusammen in Noahs Arche einschließen; zehn Tage würden vollauf genügen. Dann würden wir nicht nur die Sonntagvormittags-Gesichter unserer Freunde kennen, sondern auch ihre weniger sympathischen Seiten, die sie genau so gut zu verbergen verstehen wie wir. Erst wenn wir sie dann noch »lieben«, gebrauchen wir dieses Wort genaugenommen zu Recht.

Es ist beides gleich fatal: sich selbst mit einem falschen Nimbus zu umgeben, oder andere durch eine rosarote Brille zu betrachten. Karl Heim hat gesagt: Wenn wir an Menschen, an denen wir zu sehr hinaufschauen, Dinge feststellen, die zu unserer Ernüchterung beitragen, so ist das Barmherzigkeit Gottes; denn wir sollen uns nicht an Menschen verlieren, sondern letztlich allein an Jesus orientieren.

»Dem Einsamen ein Zweiter werden ...«

Wir bezeichnen den Heiligen Geist gern als Tröster. Das Wort »consolatio«, das an dieser Stelle in der lateinischen Bibel steht, ist zusammengesetzt aus dem Adjektiv »solus« (= der Einsame) und der Vorsilbe »con-« (=mit). Der Heilige Geist ist also einer, »der dem Einsamen ein Zweiter, ein Gefährte wird«.

Weil Gott das bei mir tut, darf ich an meinem Nächsten ebenso handeln: ihm in seiner Einsamkeit ein Zweiter werden, ihn zum Grab eines Angehörigen begleiten, ihn am Ort seiner Furcht nicht allein lassen; dabeisein, wenn er seine Einsamkeit nicht ertragen kann. — Das kann durch die Fürbitte geschehen, vor allem aber dann, wenn ich dem anderen das Gefühl körperlicher Nähe gebe.

»Dabeisein ist alles«, sagen die Sportler hinsichtlich großer internationaler Wettbewerbe. »Dabeisein« ist aber auch ein Schlüsselwort christlichen Alltags: Dabeisein in der Not unseres Nächsten, in seinen Problemen, seiner Angst, seiner Einsamkeit. Das ist eine Form »christlicher Präsenz«, die wir, fürchte ich, oft übersehen und versäumen. Der Heilige Geist ist der Tröster; vermutlich könnte er durch uns noch viele andere trösten, wenn wir nur dazu bereit wären. Wie hat Blumhardt gesagt? — »Der Heilige Geist ist kein Kaputtmacher, sondern ein Mutmacher.«

»Gott sorgt dafür, daß diejenigen Menschen, die wir brauchen, zur rechten Zeit in unserem Leben erscheinen.«

Welche Möglichkeiten ergeben sich, wenn wir dieses Wort ernst nehmen und ihm vertrauen, welche Entkrampfung und Befreiung kann damit von uns Besitz ergreifen: Es ist kein Zufall, daß jener Mensch, den ich so unsympathisch finde, sich noch immer in meiner Nähe aufhält; und es ist nicht von ungefähr, daß der eine Mensch, den ich mit allen Fasern meines Herzens herbeisehne, noch nicht in mein Leben getreten ist.

Das braucht sicher nicht zu heißen, daß ich mich nicht um Kontakte und Bekanntschaften bemühe; aber ich kann es als ein erlöster Mensch tun, der von dem Druck befreit ist, sein Leben selbst gestalten zu müssen.

»Gott ist im Kleinsten am allergrößten«

Natürlich haben wir diesen Satz schon hundertmal gehört, aber haben wir ihn nicht neunundneunzigmal auf die wunderbare Welt des Mikrokosmos bezogen, die sich dem menschlichen Auge durch das Mikroskop erschließt?

Wenn er aber dort stimmt, dann muß er auch an anderen Stellen zutreffen, ja dann muß er für mein Leben gelten: Dann ist Gott in den kleinen, in den kleinsten Dingen meines Alltags ganz groß, dann zählen die Sekunden, die unscheinbaren Pläne und Verrichtungen und die kleinen Gedanken meines Herzens. Und wenn Gott in den Sekunden meines Lebens groß ist, dann werden meine Tage und meine Jahre hell und weit sein, selbst im Leid und in der Enttäuschung.

»This day is the first day of the rest of my life« — »Dieser Tag ist der erste Tag vom Rest meines Lebens.«

Jeder Tag ist ein erster Tag, ein taufrisches, völlig unabgenutztes, unberührtes Heute, in das ich voll Freude und Erwartung eintreten darf. Die bösen Erfahrungen von gestern sind noch in Erinnerung, aber sie haben keine Gewalt über den neuen Tag, denn es ist ein erster Tag, über dem Gottes Güte neu und unverbraucht aufleuchtet.

Ich möchte zwei Sätze anfügen, die dem von mir selbst aufgestellten Kriterium eines Schlüsselwortes nicht ganz genügen; wenn ich sie trotzdem nicht weglasse, so nicht wegen des Humors, der aus ihnen spricht, sondern wegen des Trostes, der darin enthalten ist.

»Gott tut das Größte durch theologische Nullen.«

Dieses Schlatterwort bedeutet nicht weniger, als daß die großen Taten Gottes in dieser Welt nicht unbedingt von den Leuten verrichtet werden, die zehn Semester Theologie studiert haben und alle alten Sprachen beherrschen. Ein schlichter Christ, der seine Bibel mit Mühe, aber mit dem Herzen buchstabiert, kann ein dem ihren durchaus ebenbürtiges Werk vollbringen. (Auch wenn die Gescheiten die Arbeit des Einfältigen vielleicht mitleidig belächeln.)

»Die Kirche ist ein Schiff, das durch lauter Nieten zusammengehalten wird.«

Über dieses Wort eines Bischofs aus der DDR darf man ruhig lachen, nur sollte es ein befreiendes Lachen sein. Denn diese Feststellung, so humorvoll sie ist, erlöst uns von allem großen Getue, von aller Wichtigtuerei und falscher Selbstüberschätzung. Sie bezeichnet uns als das, was wir, menschlich gesehen, sind und bleiben. Und wenn die Kirche dennoch nicht untergeht, obwohl wir alle dazugehören — was für einen Herrn muß sie dann haben!

16. Kapitel

„Herr, wir haben Angst"

Begegnungen im eigenen Dienst

Als Gott sich das alttestamentliche Bundesvolk Israel zum Partner erwählte, waren die einzelnen Stämme dieses Volkes als nomadische Viehzüchter insgesamt noch unterwegs, und Gott selbst hat den Anstoß zu ihrer langjährigen Wanderung durch die Wüste der Sinaihalbinsel gegeben.

Inzwischen ist die Gemeinde Gottes längst seßhaft geworden, nur noch einzelne darin sind immer wieder zur »Wanderung« aufgerufen: Missionare, Evangelisten und Pfarrer und Prediger, die hin und her im Land an Konferenzen und anderen Veranstaltungen mitzuwirken haben. Mit solchen Reisen ist zweifellos viel Schönes verbunden: man lernt Menschen und Landschaften kennen, Christen in unterschiedlichen Verhältnissen und Lebenssituationen. Man gibt, aber man empfängt auch Anregungen und Stärkung für den eigenen Glauben. Allerdings gibt es Zeiten, wo man solche Reisen nicht nur als Freude, sondern als Strapaze empfindet. Und auch die eine oder andere Erfahrung, die man unterwegs macht, möchte man nicht unbedingt im Koffer mit nach Hause nehmen.

Konferenzredner präsentieren sich ihren Zuhörern in der Regel nur von der besten Seite; man sieht sie hinter dem Rednerpult stehen, auf der Tribüne sitzen, im Vorraum mit der einheimischen »Prominenz« plaudern; und selbst wenn man ihnen beim geselligen Beisammensein im kleinen Kreis begegnet, sieht man immer nur ihr Besuchergesicht. Man weiß nicht, wie sie sich zu Hause und im Alltag der eigenen Gemeinde danebenbenehmen können; und weil man das nicht tut, erliegt man leicht der trügerischen Vorstellung, die vielen kleinen Fehler, unter denen man selbst leidet, wären bei diesen Leuten nicht vorhanden.

Weil man diese Fehler nicht kennt, staunt man die Leute völlig zu Unrecht an, und es gibt immer wieder liebe und treue Christen, die ihnen dann partout einen Heiligenschein aufsetzen möchten; sie merken nicht, daß jenen das Ding nicht passen will und bei jeder unbedachten Bewegung auf die Seite rutscht.

Dummerweise merkt es der Betroffene in der Regel, wenn er mit solchem falschen Glanz garniert wird, meist aber kann er sich dagegen nicht wehren; denn seine Proteste, wenn er sich dazu aufrafft, werden nicht als Notwehr, sondern als Demut und Bescheidenheit aufgefaßt.

Der Mann, der einen solchen Heiligenschein aufgesetzt bekommt, gerät in mancherlei Schwierigkeiten: ein Unbehagen befällt ihn, auch wenn er sich gegen den glänzenden Reifen gewehrt hat (aber hat er sich wirklich immer mit letzter Entschiedenheit gewehrt, offenbart sich seine Unwürdigkeit nicht manchmal gerade darin, daß er bereit ist, zumindest ein Stück des Glanzes anzunehmen? Wem täte es denn nicht wohl, wenn seine Mitmenschen eine gute Meinung von ihm haben?). Und er wird befangen. Er läuft herum, als müßte er ein rohes Ei auf dem Kopf balancieren (denn das Fatale ist, daß er nun die gute Meinung seiner Mitchristen nicht zerstören möchte!). Er kommt sich vor, als hätte man ihn in seinen eigenen Konfirmationsanzug gepreßt, und auch wenn damit gute Erinnerungen und Traditionen verknüpft sind, so ändert das nichts daran, daß er sich darin nicht bewegen kann.

Kann man sich andererseits einen solchen »Heiligenschein« ohne weiteres vom Kopf reißen, ihn einfach auf den Boden fallen lassen? Ist es nicht immerhin ein »Heiligenschein«?

Es ist gar nicht immer leicht, mit dieser doppelten Beanspruchung fertigzuwerden und der Gemeinde deutlich zu machen, daß die Heiligkeit Gottes auch im Leben von Evangelisten und Konferenzrednern nur sehr unvollkommen, bruchstückhaft und bescheiden aufzuleuchten beginnt, und daß dies dem Glanz der Herrlichkeit Gottes dennoch keinen Abbruch tut. Erschwerend kommt hinzu, daß die Leute, da in der Bibel nichts über »Heiligenscheine« gesagt wird, sehr unterschiedliche Vorstellungen damit verbinden.

Trotzdem — und gerade deshalb! — erlebt ein Pfarrer unterwegs viel, was ihm nützlich und heilsam ist. Er gibt weiter, was Gott ihm anvertraut hat, und empfängt umgekehrt etwas vom Reichtum der Gotteserfahrung und -erkenntnis anderer Christen. Die Situationen, auf die er auswärts trifft, können dabei sehr verschieden sein: einerseits gilt sicher auch für ihn der Satz, daß der Prophet in seiner Vaterstadt nichts gilt und manchmal an anderen Orten mehr Beachtung findet als daheim, wo man an ihn gewöhnt ist; es kann ihm aber auch so gehen wie einer Fußballmannschaft, die bei Auswärtsspielen auf fremdem Platz und vor fremdem Publikum schon mit einem Unentschieden sehr zufrieden ist.

Die Brüder Busch

Zusammen mit Johannes Busch hatte ich einen Dienst in der Neustädter Kirche in Bielefeld zu tun, die damals etwa 2000 Menschen faßte. Wir bereiteten uns in der Sakristei vor und hörten dabei, wie immer mehr Menschen in die Kirche kamen; man kann in der Sakristei sehr wohl merken, ob sich eine Kirche füllt.

Ich sollte an jenem Tag über Glaubenserfahrungen hinter Stacheldraht sprechen. Da ich erst vor kurzem aus Rußland zurückgekommen war, hatte ich die Menschenscheu des »Pleni« noch nicht abgelegt. Als ich spürte, wie sich drinnen immer mehr Menschen sammelten, rutschte mir das Herz in die Kniekehle, und Johannes Busch, der ein guter Beobachter war, muß das gemerkt haben. Bevor wir das Kirchenschiff betraten, betete er: »Herr, wir haben Angst. Gib, daß wir uns nicht fürchten, sondern ganz von dir abhängig sind.«

Das hat mich damals so ermutigt, daß ich anschließend fröhlich auf die Kanzel geklettert bin. Ein Mann, den ich verehrte, scheute sich nicht, einzugestehen, daß auch ihm beklommen zumute war. Aber noch schwerer wog, daß seine Bruderschaft so weit ging, daß er meine Angst auch zu der seinen machte und sie als »unsere« Angst vor Gott brachte.

Bis heute schlafe ich in der Nacht vor einem Predigtgottesdienst schlecht, erfaßt von einer Sorge, die für mein Empfinden nicht unter das Sorgeverbot Jesu fällt. Es ist nicht die Angst, daß ich steckenbleiben oder mich versprechen könnte, sondern eher möchte ich es eine Art festliche Spannung nennen. Sie hält mich wach in der Besorgnis, alles zu hören und zu empfangen, was Gott mir sagen will, damit meine Predigt für die einzelnen Menschen in ihren unterschiedlichen Situationen zu dem in dieser Stunde gültigen Anruf Gottes werden darf.

Der gleiche Johannes Busch konnte aber auch anders. Kurz nach dem Zweiten Weltkrieg hielt er in einem Kino eine Jugendwoche. An einem Abend hatte ein ganz Schlauer einen Autoreifen mitgebracht, aus dem er während des Vortrags für alle deutlich vernehmbar die Luft entweichen ließ. Einen Augenblick herrschte Stille. Dann wandte sich Johannes Busch dem Störenfried zu: »Das glaube ich, mein Lieber, daß dir die Luft ausgeht, wenn du die Botschaft von Jesus hörst!«

Johannes Busch war ein fröhlicher Gastgeber. Vor allem an seinen Geburtstagen sammelte sich in seinem Haus eine große Schar von Gästen, die in verschiedenen Räumen untergebracht wurden. Die Frauen bekamen Kaffee und Kuchen, wir Männer Würstchen mit Kartoffelsalat. Johannes Busch eröffnete das Tischgespräch dann mit der Bemerkung: »Liebe Brüder, wir Männer sind hier zusammen im Zeichen des Senfes.«

Ein nicht weniger großzügiger und humorvoller Gastgeber war sein älterer Bruder Wilhelm. Während der Tersteegen-Konferenz waren wir Referenten mittags regelmäßig bei ihm zu Hause eingeladen. Schon während des Essens begann ein lebhaftes Gespräch. Die Spannung des Konferenzablaufs löste sich, wenn wir unsere Gedanken und Fragen aussprechen konnten, um wieder frei zu sein für den vor uns liegenden Nachmittag.

Wilhelm Busch und seine Frau Emmi legten großen Wert darauf, uns in dieser Mittagspause fürstlich zu bewirten und für Entspannung zu sorgen. Das Beste aus Küche und Keller wurde aufgetragen, und manchmal griffen dabei Freunde helfend ein. Nach dem Essen konnte jeder die verbleibende Zeit nach eigenem Bedürfnis gestalten; wer sich ausruhen wollte, war aufgefordert, sich in die oberen Zimmer zurückzuziehen oder sich im Garten ein stilles Plätzchen zu suchen. Im Arbeitszimmer des Hausherrn standen Zigarren bereit, in einem anderen Zimmer konnte man sich mit einem guten Glas Wein oder Saft bedienen. Dazwischen, dafür sorgend, daß jeder zu seinem Recht käme, Wilhelm Busch. »Hier darf man alles, nur nichts übelnehmen«, pflegte er zu sagen.

Freunde mit und ohne Bäffchen

Bei einem CVJM-Jahresfest im Ruhrgebiet hatte ich morgens die Predigt übernommen und in der Hauptversammlung am Nachmittag die Festansprache zu halten. Der Ortspfarrer versicherte mir, daß er sich auf ein kurzes Grußwort als Einleitung beschränken werde.

Solche Festveranstaltungen haben ihren eigenen Rhythmus: Gemeindegruppen, Chöre und Bläser beanspruchen Zeit für ihre Darbietungen; meist läuft alles nicht so flüssig ab, wie man sich das vorgestellt hat, und das volle Programm neigt ohnehin zu der Tendenz, sich ungebührlich auszudehnen. Zeit jedenfalls ist absolute Mangelware, Minuten sind kostbar und, einmal verloren, nicht mehr einzuholen.

Wir hatten gesungen, der Posaunenchor hatte geblasen, der Ortspfarrer begann das angekündigte kurze Grußwort. Vielleicht inspirierte ihn die festliche Atmosphäre, jedenfalls wurden aus den fünf bei paulinischen Briefen üblichen Eingangsversen fünf Kapitel: nicht nach fünf, sondern nach 25 Minuten verließ er die Kanzel. So haben wir dann die Rollen getauscht, und ich habe eine Festansprache von fünf Minuten gehalten, weil die Zuhörer ermüdeten und das Programm keine weitere Zeitüberschreitung duldete. Für die Kürze im Sinne Friedrich Heitmüllers war also gesorgt; bleibt nur zu hoffen, daß die »Erbaulichkeit« nicht darunter gelitten hat.

An jenem Jahresfest nahm auch Johannes Busch teil; aber er verschmähte den Platz auf dem Podium und mischte sich mit seiner Posaune unter die Bläser; er war ein demütiger Mann, dem das Spaß machte, und nie hat jemand beobachtet, daß ihm dabei »ein Stein aus der Krone« gefallen wäre. In diesem Fall wurde seine Bescheidenheit sogar belohnt; jedenfalls konnte er alle Strophen ungekürzt zu Ende blasen.

Geburtstage werden bei uns, wenn das Wetter es erlaubt, im Garten gefeiert. Bei einer solchen Gelegenheit saßen wir in großer Runde zusammen: die Familie, Mitarbeiter aus der Gemeinde, ein Superintendent aus der DDR als Gast. Um ihm unseren Kreis ein bißchen näherzubringen, stellte ich ihm die einzelnen vor und beschrieb zugleich ihre Aufgaben in der Gemeinde. Schließlich kam die Reihe an den langen Friedhelm Schulte, einen Bauern, der zugleich intensiv auf den Erntefeldern Gottes mitarbeitet. Er hat einen eigenen Jugendkreis begonnen, und manche Aktivitäten in der Gemeinde gehen auf ihn zurück, worauf ich ihn leichtsinnig und enthusiastisch, wie ich nun einmal bin, als unseren »Bischof« vorstellte.

Es wird ein gelungenes, fröhliches Beisammensein. Der Kaffee ist gut, der Kuchen frisch, die Gespräche gehen hin und her. Erst beim Abschied geht die Saat meiner leichtfertigen Rede auf, als der Superintendent sich von Friedhelm Schulte mit »Auf Wiedersehen, Herr Bischof«, verabschiedet. Der lange Bauer kriegt einen roten Kopf, ich muß mich entschuldigen und die Sache aufklären. Aber später haben wir doch noch manches Mal herzlich darüber gelacht.

Manchen Menschen sind wir in unserem Leben wiederholt begegnet, ohne daß wir heitere oder besinnliche Erlebnisse darüber berichten könnten, und doch sind sie auf uns nicht ohne Einfluß geblieben. Stellvertretend für sie alle nenne ich einen Amtsbruder, mit dem mich herzliche Freundschaft verbindet. Wir haben viel zusammen gearbeitet und oft miteinander gesungen. Er war von Jugend an lungenkrank, hat sich immer sehr in acht nehmen müssen und das Handikap dieser Krankheit sein Leben lang getragen. Gott hat es ihm nicht abgenommen, ihn aber auch nicht daran zerbrechen lassen. Die Ärzte haben ihm prophezeit, daß er nicht alt werden würde, aber heute steht er kurz vor der Pensionierung und hat eine große Familie. Wie hat Spurgeon gesagt: »Ich bin solange unsterblich, wie Gott es will.«

Zwischen den Pastoren und den Laien — ich würde mich hüten, genau anzugeben, wo, selbst wenn ich es wüßte — haben die Hausväter christlicher Freizeit- und Erholungsheime ihren Platz. Man erwartet von ihnen, daß sie Andachten und Bibelarbeiten halten wie ein Pfarrer, daß sie etwas von der Küche verstehen — je mehr, desto besser — und gegenüber Mitarbeitern und Gästen möglichst immer den richtigen Ton finden. Da ist der Küchenzettel für morgen aufzustellen, der Gastreferent vom Bahnhof abzuholen, mit dem Lebensmittelhändler die nächste Lieferung zu besprechen, und zwischen anreisenden und abreisenden Gästen sollten auch noch die eigenen Kinder das Gefühl behalten, daß nicht nur das Haus einen Vater hat.

Das Haus hieß »Haus Friede«, der Vater Reese, und gemeint ist »Haus Friede« bei Hattingen. Der Prokurist Reese hatte nach 1945 eine gut bezahlte, einflußreiche Stelle aufgegeben und gegen das schmale Einkommen eines Hausvaters eingetauscht. Das EC-Heim in Hattingen mußte damals neu aufgebaut werden, und es ist nicht zuletzt Reese zu verdanken, daß dies so gut gelang. Für unsere Männer-, Frauen- und Jugendkreise ist das Haus ein Begriff.

Nach den sieben mageren begannen dann in Westdeutschland die etwas besseren Jahre, und aus den Autobussen, die Angehörige der Frauenkreise zum Kaffeetrinken brachten, stiegen nicht mehr ausgemergelte, sondern eher etwas füllige Gestalten. »Ja, ja«, schmunzelte dann Hausvater Reese, »ich weiß schon, das kommt alles von den Drüsen.« Aber er hat es den seiner leiblichen Fürsorge Anbefohlenen nie entgelten lassen und den Klecks Sahne auf der Obsttorte nicht reduziert.

Sein Nachfolger wurde mein Vetter Hans mit seiner Frau Ruth, und auch er hat eine aussichtsreiche Stellung als Ingenieur aufgegeben, um in Haus Friede nach dem Rechten zu sehen. Für mich ist es immer etwas Besonderes, wenn ein Mann seine Karriere opfert, um einen bescheidenen, auch finanziell nicht gerade verlockenden Platz im Reich Gottes auszufüllen.

Die verbrannten Bienenkörbe

Durch Jahre hindurch besuchten mein Bruder Karl und ich regelmäßig unseren gemeinsamen Freund Wilhelm Mattutat. Der heute 88jährige Junggeselle war früher Fabrikarbeiter und ist ein großer Bienenfreund. Sein Haus, in dem er lange Zeit mit seiner vor wenigen Jahren verstorbenen Schwester zusammengelebt hat, ist für mich ein Stück Bethanien: sie eine Martha, er ein Lazarus. Sie war eine hübsche, unverheiratete Frau und erzählte gern von den Evangelisationen Samuel Kellers, die sie in ihrer Jugend miterlebt hatte. Die Kirchen seien überfüllt gewesen, und Keller habe so spannend erzählt, daß kein Mensch in der Kirche auch nur einen Mucks von sich gegeben hätte. Keller habe dann beten können: »Herr, gib mir Macht über Menschenherzen, damit ich sie hineinzwinge in die Erfahrung deiner Liebe.«

Als der gute Wilhelm eines Tages aus der Fabrik zurückkam, war von allen seinen Bienenkörben nur noch ein Häufchen Asche übrig. Die Schwester hatte bei ungünstigem Wind den Wiesenrand abflämmen wollen, aber die Flammen hatten sich andere Nahrung gesucht. Die Arbeit von Jahrzehnten war vernichtet. Später erzählte mir die Schwester, daß über die Lippen des Bruders kein einziges vorwurfsvolles Wort gekommen sei, er habe nie mehr von der Sache gesprochen, sondern mit einigen neuen Bienenkörben von vorn angefangen. Für mich war das eine Predigt ohne Worte; die Schwester aber hat in dieser Begebenheit die Liebe Gottes ohne jeden »Zwang« erfahren. Aber äußeren Zwang hatte vermutlich auch Samuel Keller nicht gemeint.

Der »berufsgeschädigte« Jugendwart

»Ein Jugendwart wird leicht vernarrt, weil ringsum Unsinn seiner harrt.« Herbert Dawin, der sein Leben dem Dienst an jungen Menschen verschrieben hat, bezeichnete sich als durch den Umgang mit jungen Leuten milieugeschädigt; man möge es ihm nicht übelnehmen, wenn er gelegentlich etwas derb würde. Dieser Mann hat in Lüdenscheid eine ganze Generation von jungen Männern geprägt: durch seine Bibelarbeiten, seine begleitende Seelsorge und seinen unverwüstlichen Humor. Aus dem Jugendkreis CVJM-West sind sicher 30 Pastoren, Diakone und Presbyter hervorgegangen.

An den Freizeiten mit Herbert Dawin hatten wir gestandenen Männer wenigstens ebensoviel Spaß wie das junge Volk. Gerade in der engeren Gemeinschaft kam die Verbindung zwischen tiefer Gläubigkeit und Sinn für Humor voll zum Tragen. Ich habe sie immer als etwas Geheimnisvolles und besonders Kostbares empfunden. Auf diesem Fundament konnte Herbert Dawin sich Scherze erlauben, die man einem anderen wohl übelgenommen hätte.

Eine Gemeindegruppe, die es sehr mit der Tradition hielt und für die jungen Leute wenig Verständnis zeigte, kennzeichnete er gern als »Asbach uralt«. Bei seinen urigen Geschichten brauchte er sich über Mangel an Aufmerksamkeit nicht zu beklagen. Wiederholt mußte er die Story von einem württembergischen Professor zum besten geben, der sich, von einem festlichen Empfang nach Hause zurückgekehrt, nicht besonders wohl fühlte. Die besorgte Hausfrau beorderte ihn auf die Chaise und das Mädchen mit dem Blechnapf an die Zimmertür; sie befürchtete, der Herr Professor werde in der nächsten halben Stunde seinen Mund nicht zu geistvoller Rede benutzen, sondern auf diesem Wege seinen Anteil am kalten Buffet zurückerstatten. Doch die Natur beschloß, den Dingen den entgegengesetzten Lauf zu geben, worauf der Frau Professor nichts anderes übrigblieb, als das Dienstmädchen umzudirigieren. Sie tat es mit der Bemerkung: »Der Herr Professor hat umdischponiert.«

»Der Tag meiner Taufe« — Von unterschiedlichen Berufungen

Der Industriearbeiter Richard Schmalenbach hat den Hörsaal einer Universität vermutlich nie betreten; trotzdem ist er auf seine Art ein Forscher, der sich intensiv mit der Heiligen Schrift beschäftigt. Er liebt den Gesang, lebt in den Chorälen und kennt viele von ihnen Strophe für Strophe auswendig. Seine stark lutherische Prägung veranlaßte ihn zu dem Ausspruch: »Der kostbarste Tag meines Lebens ist der Tag meiner Taufe.«

An diesem Punkt haben wir uns manchmal ein wenig gerieben. Er ist ein gläubiger, priesterlicher Mann, der an seiner Kindertaufe festhält: »Paul, da hat Gott an mir gehandelt, das ist der schönste Tag meines Lebens, und dafür danke ich.« Ich mußte ihm gestehen, daß ich nicht einmal wußte, an welchem Tag ich getauft war; anschließend habe ich zu Hause nachgeschaut, wer meine Taufpaten waren. Aber in der sauerländischen Erweckung hat die Tauffrage ebensowenig eine besondere Rolle gespielt wie die sog. charismatischen Zeichen.

Nun, Richard Schmalenbach konnte sich auf Philipp Jakob Spener berufen, der von sich gesagt hat, daß er sein Leben lang in der Taufgnade geblieben sei, während August Hermann Francke und Graf Zinzendorf von einer bewußten Bekehrung sprachen. Ich schließe daraus, daß Gott auch in der Art, wie er seine Kinder beruft, nicht auf ein Konfektionsschema festgelegt ist.

Ähnliches gilt für die Berufung zum Dienst. Der Oberregierungsrat Erich Karnatz hat in seinem Leben nie eine theologische Vorlesung besucht, konnte also gewiß nicht behaupten, zur Zunft der Theologen zu gehören; dennoch war er ein Mann von großem theologischen Verständnis, der bis ins hohe Alter biblische und kirchengeschichtliche Vorträge gehalten hat. Wie ihn gibt es viele Männer im Lande; sie haben zwar nie hebräisch gelernt, durch jahrelanges Eigenstudium aber trotzdem Durchblicke durch die Heilige Schrift gewonnen und wissen, mit biblischen Kommentaren und Nachschlagewerken umzugehen. Sie sind die Theologen des »zweiten Bildungswegs«, und die Gemeinde braucht sie nicht weniger als die Herren mit dem Doktortitel.

Eines Tages besuchte mich ein junger Mann und erklärte, er möchte gern vollzeitlich in die christliche Arbeit eintreten, ob ich ihm dabei behilflich sein könne. Als ich ihn fragte, wie er denn darauf komme, gab er das Erlebnis preis, das diesen Entschluß in ihm hatte reifen lassen:

»Wir haben mit ein paar Freunden in der Fuelbecker Talsperre gebadet und miterlebt, wie einer von uns vor unseren Augen ertrunken ist. Trotz aller Rettungsversuche war nichts mehr zu machen — Herzschlag.

Natürlich war das für uns alle ein Schock, aber für mich stellte sich damit unausweichlich die Frage, ob ich an seiner Stelle zum Sterben bereit gewesen wäre. Da hab ich ganz neu mit Jesus angefangen, jetzt will ich konsequent weitermachen.«

Er bat mich um die Anschriften von Missionsgesellschaften, hat sich beworben und ist dann auch ausgebildet worden und in den Dienst Jesu getreten.

Gott gebraucht nicht nur Evangelisationen und Predigten, um Menschen zu rufen. Er verfügt über seine eigenen geheimnisvollen Wege, um uns deutlich zu machen, daß jetzt wir — ganz allein wir — gemeint sind.

Bekehrungs-Erfahrungen

Vielleicht gibt es für einen Seelsorger keine geheimnisvollere und zugleich hilflosere Situation als die, wenn ein Mensch von neuem geboren wird. Ich kann um diesen Menschen werben, ihm die Liebe Christi großmachen und ihm erklären, daß Jesus am Kreuz seine ganze Schuld ein für allemal getilgt hat, so daß die Barriere der Vergangenheit weggeräumt ist, daß er nur noch Ja zu sagen und diesen Jesus, der vor seiner Tür steht, einzulassen braucht, um ein neuer Mensch zu werden. Aber dann bin ich mit meinem Latein zu Ende. Was dann geschehen muß, vollzieht sich allein und ausschließlich zwischen Christus und jenem Menschen. Die Tür seines Herzens und Lebens muß jeder Jesus selbst aufmachen, und wie der erhöhte Herr dann über die Schwelle dieses Lebens tritt — auch das bleibt Geheimnis zwischen ihm und dem Menschen, den es unmittelbar angeht. Ich habe darauf keinerlei Einfluß.

Deshalb fällt dieser Abschnitt vielleicht kürzer aus, als es manche erwarten. Ich bin selbst überrascht, wenn ich es im Nachhinein betrachte. Aber ich will es so nehmen und an den wenigen Beispielen lediglich die Vielfalt göttlicher Wege aufleuchten lassen.

Er war Fabrikarbeiter und schon viele Jahre im Blauen Kreuz tätig, als er mir erzählte, wie es bei ihm zur Entscheidung gekommen war. Er hatte die Nacht von Samstag auf Sonntag durchgetrunken und befand sich am Morgen leicht schwankend auf dem Heimweg, als er hinter sich eine Polizeistreife bemerkte. Vielleicht hatte er ein wenig gesungen und sie dadurch auf sich aufmerksam gemacht. Verstecken konnte er sich nicht mehr, lediglich eine geöffnete Kirchentür bot sich als letzter Fluchtweg an. Er benutzte ihn und landete in einem Frühgottesdienst. Mit benebeltem Kopf hörte er die Predigt, und deren Inhalt war ihm noch bewußt, als seine Gedanken wieder klar wurden. Er bekehrte sich und trat dem Blauen Kreuz bei.

Mit einem Ehepaar kamen wir einmal auf die Frage zu sprechen, wie unterschiedlich die Wege sein können, auf denen Menschen Christus begegnen. Die Frau war in einem christlichen Elternhaus groß geworden und schon von Kind an mit der Bibel vertraut. »Ich kann weder eine bestimmte Stunde nennen, noch von einer einschneidenden Wendung in meinem Leben berichten«, erklärte sie. »Aber ich weiß, daß ich Jesus gehöre und ein Kind Gottes bin.«

Daraufhin erzählte der Mann: »Bei mir war das völlig anders. Ich wüßte zwar nicht, daß ich je an Gott gezweifelt hätte, und ich habe auch geglaubt, daß Jesus am Kreuz gestorben ist. Ich nehme an, ich war ein Christ wie viele andere auch. Als ich dann während des Ersten Weltkriegs einmal nachts auf Wache stand, ist, und zwar ohne daß ich gebetet hätte, eine ungeheure Freude über das Heilswerk Jesu über mich gekommen. Diese Freude hat mich seitdem nicht mehr verlassen.« — Ohne daß dieser Mann gerufen hatte, hat Gott geantwortet. Ein gefährliches Beispiel? Wir kennen die letzten Vorgänge im Herzen dieses Mannes nicht, aber wir wissen, daß Gott keine Türen aufbricht; folglich muß ihn dieser Mann eingelassen haben, auch wenn aus seinem Bericht nicht hervorgeht, wie das geschehen ist.

Von einer Witwe weiß ich, daß sie durch den Tod ihres Mannes zum Glauben gekommen ist. Er hatte nicht als Christ gelebt, aber auf dem Sterbebett zu Jesus gefunden. Und das hatte sie miterlebt. In der folgenden Zeit des Alleinseins und der Einsamkeit hat sie dann den gleichen Schritt gewagt, den ihr Mann buchstäblich in letzter Minute getan hatte.

Auf einer Presbyterrüstzeit erzählte uns ein Prokurist, daß er den entscheidenden Anstoß zum Glauben durch das Verhalten eines kaufmännischen Lehrlings in seinem Betrieb erhalten habe. Besagter Lehrling nahm einen Telefonanruf entgegen, der für den Prokuristen bestimmt war, doch dieser winkte ab. Er sei nicht da, bedeutete er ihr. Auftragsgemäß erklärte das Mädchen dem Anrufer, daß der Prokurist nicht zu sprechen sei. Dann legte sie den Hörer auf und bat ihren Chef, sie nie mehr zu einer Lüge zu nötigen. Sie sei Christ und könne auch in seinem Interesse nicht lügen.

Ein kleines Lehrmädchen hatte, vermutlich mit Zittern und Herzklopfen, einen schweren Satz gewagt und damit jenen Mann nachdenklich gemacht. Auf dieses Mädchen kann ich mich verlassen, hatte dieser sich nachher gesagt. Wenn sie heute nicht für mich lügen will, wird sie mich morgen auch nicht anlügen. Und er fragte sich weiter, woher das Mädchen den Mut nahm, durch ein so offenes Wort zu riskieren, es sich mit dem Chef ein für allemal zu verderben. Für ihn ist das der Anlaß gewesen, sein Leben ganz neu zu überdenken; später hat er sich seiner Gemeinde als Presbyter und Kirchmeister zur Verfügung gestellt.

Die »Herren« Küster

Wenn eine Gemeinde keinen Küster hätte, würden die Glocken vor dem Gottesdienst nicht geläutet, auf dem Altar läge fingerdick der Staub, die Paramente hingen schief und die Kerzen würden tropfen. Aber das alles ließe sich regeln. Schlimmer wäre, daß der Gemeinde ein Mann fehlte, der für ihr Haus wie für sein eigenes sorgt; und der ist durch Hilfskräfte und moderne Geräte so wenig zu ersetzen wie eine Mutter durch ein Dienstmädchen oder eine Spülmaschine. Während des Dritten Reiches hatte ich in Altenvoerde einen Festgottesdienst zu halten, und mein wichtigster Partner dabei war der Küster Mauerwerk. Die Kollekte war nämlich für die Bekennende Kirche bestimmt, und eventuell anwesende Herren der Gestapo hörten dergleichen Ankündigungen gar nicht gern. Es war aber gerade an diesem Tag sehr wichtig, denn die Kirche war bis auf den letzten Platz besetzt.

Küster Mauerwerk wußte Rat: »Ich paß hinten schon auf«, meinte er. »Wenn ich mit der Hand winke, dann ist die Luft rein, und Sie können ordentlich loslegen.« Er winkte, ich legte los. Einmal mehr hat sich die Zusammenarbeit von Küster und Pfarrer bewährt.

Ein anderes Mal war ich bei einem Küster eingeladen; bei Tisch meinte er: »Es gibt Menschen, die werden in den Armen zu Jesus getragen, andere müssen erst eins vor den Kopf kriegen, um zum Heiland zu finden.« Ein Küster muß das wissen, denn an ihm gehen die Leute vorbei, wenn sie in die Kirche kommen und wenn sie sie verlassen.

Der Küster Richard Brockhaus war seiner Gemeinde nicht nur in den ihm obliegenden Aufgaben eine Stütze, sondern auch beim Gesang. Er hatte eine laute Stimme, die den Zaghaften und Unsicheren zeigte, wo die Melodie entlang ging, so daß sie sich gewissermaßen an einem doppelten Geländer entlang tasten konnten: an der Musik der Orgel, die von oben herniederklang, und an der Stimme des Küsters, die ebenso unbeirrt von hinten-unten an ihr Ohr drang.

Sein Bruder Fritz war schon Küster, als die Pastoren noch mit Pferdeschlitten Hausbesuche machten und zu Taufen oder sonstigen Familienfeiern gefahren wurden. Die Küster waren damals nicht selten die Kutscher der Pastoren, und das galt auch für Fritz Brockhaus; aber einmal hatte er Pech. Entweder fehlte den Pferden das von ihnen zu erwartende Maß an »Frömmigkeit«, oder der Schlitten war aus widerspenstigem Holz gebaut; vielleicht dachte der Kutscher auch nur, er könne hier etwas vom Kirchenschlaf nachholen, zu dem ihm sein Amt nur wenig Zeit ließ. Jedenfalls stürzte das Gefährt um und der Herr Pastor kopfüber in den Schnee. Er wirkte zwar etwas benommen, als man ihn wieder ausgebuddelt hatte, aber seine erste Bemerkung zeigte, daß zur Sorge kein Anlaß bestand: »Aber de Piepe is mi no net utgongen.« Die Pfeife brannte noch; der Herr Pastor konnte seinen Weg ein bißchen durchgeschüttelt, aber sonst unverletzt fortsetzen.

In unserem Kirchenkreis führt der Superintendent seit vielen Jahren regelmäßig Küster-Rüstzeiten durch. Dann halten wir Gottesdienst nur für die Küster und feiern mit ihnen das Abendmahl, so daß sie auch einmal ganz still Gäste am Tisch des Herrn sein und eine Predigt hören können. Sonst sind sie ja immer im Dienst, müssen auf brennende Kerzen, weinende Kinder und viele andere Dinge achten.

Die Küster nehmen diese Gelegenheit gern wahr, kaum daß einmal einer fehlt. Anschließend sprechen wir über ein bestimmtes Thema, über einen Mann der Kirchengeschichte oder über praktische Glaubensfragen, um ihnen Mut zu machen und zu helfen, damit sie im Staub ihrer Alltäglichkeiten nicht ersticken. Vor allem aber geht es uns auch darum, daß wir als Pfarrer auf unsere Küster hören; denn in vielen Dingen sind sie den Gliedern unserer Gemeinde näher als wir.

In der Kreuzkirche verbindet uns seit über 25 Jahren mit unserem Küster Karl Brinkmann eine treue Gemeinschaft. Als wir in der Worthstraße noch mit Koks heizten, hat er mir oft geholfen, die neue Lieferung in den Keller zu schaffen; anschließend hätte man uns eher für zwei Schornsteinfeger halten können als für Küster und Pastor.

Eine Frühvollendete

Zum erstenmal traf ich Ingrid Heuke auf einem der Ahldener Jugendtage. Sie war mit ihrer Jugendgruppe nach Ahlden gekommen. Von Beruf Fürsorgerin, nahm sie sich als Christ der Gescheiterten auch außerhalb der Dienstzeit an. In Ahlden schenkte sie mir ein Abzeichen mit der Aufschrift »BP«, was nicht »British Petrol«, sondern »biblisch positiv« bedeutete. Vielleicht wußte sie damals noch nicht, wie sehr sie die von der Bibel bestimmte positive Einstellung in ihrem eigenen Leben brauchen würde.

Sie hat später eine lange Leidenszeit durchmachen müssen; sie schrieb ganz offen darüber, daß sie Krebs hatte. An einem Ostertag kam sie noch einmal zu einem Gottesdienst in die Kreuzkirche. Beim Abschied, der der letzte sein sollte, sagte sie mir: »Gnade ist mehr.«

Während ihrer Krankheit hatte sie mir einmal erzählt, daß sie wochenlang jeden Morgen mit einem Lied wach wurde, das Gott ihr schenkte. Er kann seinen Leuten auf sehr verschiedene Weise nahesein.

Ingrid war eine priesterliche junge Christin. Uns alle hat ihr Schicksal sehr bewegt, und es ist viel für sie gebetet worden. Aber Gott hat alle diese Gebete nicht in dem Sinn erhört, daß er den Menschen, den sie betrafen, gesund gemacht hätte. Er hat sie als eine »frühe Garbe« zu sich genommen. Bodelschwingh hat einmal gesagt, daß Gott manchen seiner Mitarbeiter schon früh abruft, weil er ihn noch an anderer Stelle braucht; auch das bleibt für uns Geheimnis.

Ostfriesland

Im Lauf der Jahre entwickeln sich im Dienst eines Pfarrers zu bestimmten Landschaften und ihren Menschen besondere Beziehungen. Für mich gilt das vor allem für Ostfriesland.

In den 20iger Jahren hat hier unter dem bekannten Evangelisten Pastor Remmer Jansen eine Erweckung stattgefunden. Man hat damals versäumt, örtliche Gemeinschaftskreise aufzubauen und die Arbeit stark auf die Person des Evangelisten ausgerichtet. Dadurch ist mancher geistliche Aufbruch im Keim steckengeblieben; wo sich aber örtliche Gruppen gebildet haben, ist das Erbe der Erweckung heute noch lebendig. Mit eigenen Mitteln und aus eigener Kraft haben die Gemeindeglieder Gemeinschaftshäuser gebaut; nach den Zusammenkünften am Abend ist es Sitte, daß man noch bei einer Tasse Tee zusammensitzt und ein Nachgespräch führt.

Am Sonntagnachmittag wird dann in einem Gasthof oder einer anderen öffentlichen Halle Volksmissionsfest gefeiert. Einmal erzählte mir eine blonde, hochgewachsene Bäuerin vor der Veranstaltung: »Ich hab schon heute morgen beim Kühemelken für unsere Nachbarn gebetet, daß sie mitkommen und einen entscheidenden Segen empfangen. Anschließend bin ich noch einmal von Haus zu Haus gegangen und hab sie eingeladen.«

Im Scherz nenne ich diese langaufgeschossenen blonden Ostfriesen Enakssöhne. Wenn drei von ihnen um mich herumstehen, kommt das einer vorweggenommenen »Entrückung« gleich; dann ist von mir nichts mehr zu sehen.

Von Beruf sind viele Schiffer, Handwerker und Landwirte. Einer befuhr jahrzehntelang deutsche Flüsse und Kanäle. Oft war er wochenlang unterwegs, und wenn an Schiff oder Maschine Reparaturen erforderlich wurden, mußten sie auch sonntags ausgeführt werden. Das ließ sich mit seiner Vorstellung von Sonntagsheiligung schwer vereinbaren; aber es mußte sein, und er fand einen Ausweg: Den Verdienst, den die aufgezwungene Sonntagsarbeit ihm einbrachte, spendete er für die Mission. Das waren manchmal 300,— bis 400,— DM im Monat; seine Familie hätte dieses Geld gut gebrauchen können, aber in diesem Punkt war er nicht bereit, mit sich selbst zu verhandeln.

Bei einem dieser Besuche lernte ich Pastor Johannes Mindermann kennen, der ein Buch über Remmer Jansen geschrieben hat und selbst ein Original ist. Er hat eine »biblische Zahlenkunde« entwickelt, die vermutlich über Ostfriesland hinaus nicht weiter bekannt geworden ist. Die wichtigste Zahl darin ist die Zahl »1«: Trachtet am ersten nach dem Reich Gottes. — Für die entscheidende Gemeinschaft, für die Verbindung eines Menschen mit Gott, steht die »2«. — Die »3« bezeichnet erweiterte Gemeinschaft: Wo zwei oder drei in meinem Namen versammelt sind, da bin ich mitten unter ihnen. — »4«: Vier Männer waren es, die den Gichtbrüchigen zu Jesus brachten. — Auf diese Weise läßt sich die Zahlenreihe beliebig fortsetzen, über die 144 000 bis zur Unendlichkeit Gottes.

Die Tochter Therese jenes Schiffers Rindert Peters, der den Lohn seiner Sonntagsarbeit für die Mission opferte, arbeitete in Lüdenscheid in einem Haushalt und fuhr mit uns in eine Gemeindefreizeit nach Aeschi. Sie wollte so gern einmal einen »richtigen« Berg besteigen, und dazu bietet das Berner Oberland reichlich Gelegenheit.

Ihre Wahl fiel auf den Niesen, und das paßte gut, weil die Älteren den Gipfel mit der Bergbahn erreichen konnten. Nun ist der Niesen zwar ein imposanter, aber doch ein »zahmer« Berg: ein beliebtes Ausflugsziel für Konfirmandengruppen. Therese war 26 und vom Aufstieg so begeistert, daß sie auch zum Rückweg die Bahn nicht benutzen wollte. Ob sie nun doch müde war, ausglitt oder den Halt verlor, vermag keiner zu sagen. Man fand sie, abgestürzt, einige hundert Meter unterhalb des Weges und brachte sie sofort ins Krankenhaus. Wir alle waren zutiefst erschüttert und haben viel gebetet, aber nach zwei Tagen im Krankenhaus Frutigen ist sie heimgegangen. In Frutigen taten Schwestern des Gemeinschaftsdiakoniewerkes Marburg Dienst, das war in allem Unglück eine freundliche Fügung Gottes.

Therese war ein Segen für die ganze Freizeit; sie hatte uns das Lied beigebracht: »Fürchte dich nicht, denn du bist mein, ich habe dich erlöst.« Dieses Lied ist für uns durch sie zu einem Vermächtnis geworden; wir singen es heute noch.

Die Beerdigung fand in Ostfriesland statt, und der Schiffer Peters bekannte am Grab seiner Tochter, daß er sich dem Plan Gottes — der es am besten wissen müsse, auch wenn er, der Vater Peters, es nicht verstehe — unterordne. Mochten ostfriesische Schiffer auch mächtige Fäuste haben, Gottes Hand war gewaltiger, und unter sie galt es sich zu demütigen. Als Freizeitteilnehmer haben wir am Grab einen Kranz niedergelegt, und unsere langjährige Mitarbeiterin Elsbeth Naber sprach der Trauergemeinde das Wort zu, das wir alle nach den zurückliegenden Erlebnissen nicht vergessen wollten: »Der Tod seiner Heiligen ist wert geachtet vor dem Herrn.«

Mit dem Tod von Therese Peters habe ich, sozusagen in umgekehrter Reihenfolge, von unserer Freizeitarbeit zu berichten begonnen; denn mit den Freizeiten in Aeschi verbindet sich nicht nur die schmerzlichste Erfahrung, die einer urlaubsfrohen Gemeinde aufgegeben werden kann, sie bildeten in der landschaftlichen Schönheit des Berner Oberlandes zugleich den bisherigen äußeren Höhepunkt.

Die Wahl christlicher Freizeitorte spiegelt u. a. auch die wirtschaftliche Situation der Teilnehmer wider. Angefangen hat das alles viel bescheidener, vor den Toren Lüdenscheids, sozusagen zu Fuß erreichbar, mit den Jugendfreizeiten an der Glör-Talsperre. Jahrelang führten wir dort während des Winterhalbjahres jeden Monat eine Wochenendfreizeit durch, an der junge Leute aus den verschiedensten kirchlichen und freikirchlichen Gruppen teilnahmen.

Als ich zum erstenmal als Jugendpfarrer an einer solchen Veranstaltung mitwirkte, überreichte mir Rudolf Ahrens, Prediger der Freien evangelischen Gemeinde in Lüdenscheid, einen Eiszapfen und erklärte dazu: »So wie dieses Eis in meiner Hand zu schmelzen beginnt, so erbitte ich dir, daß du durch deinen Dienst als Jugendpfarrer das Eis zwischen den verschiedenen christlichen Gruppen auftauen helfen darfst.« Das Eis in seiner Hand schmolz, seine Hände aber liefen blau und rot an; vielleicht hat ihn das veranlaßt, mir folgende Mahnung mit auf den Weg zu geben: »Allianz ist eine Sache des Liebens und des Erleidens; wer sich um die Einheit der Leute Jesu bemüht, der muß mit Nackenschlägen rechnen und sich darauf gefaßt machen, daß er viel Menschlichkeit begegnet. Oft ist sie die Ursache von Trennungen, Mißverständnissen und Entfremdungen zwischen christlichen Gruppen.«

Bei den Glörfreizeiten war es üblich, daß jeder Teilnehmer ein Kärtchen erhielt, auf dessen Vorderseite er seinen Namen zu schreiben hatte, während er auf der Rückseite einen Satz vermerken sollte, der ihm während der gemeinsamen Zeit besonders wichtig geworden war. Zum Abschluß der Freizeit wurden dann jeweils alle aufgefordert, ihren Satz vorzulesen.

Einem Mädchen aus der DDR — damals waren solche Besuche noch möglich — verdankten wir dabei folgendes Zitat: »Der größte Dienst, den ich auf dieser Erde tun kann, ist der, daß ich den Dienst Jesu ganz an mir geschehen lasse.« Sie erzählte, daß sie diesen Satz anderswo gehört und seitdem nicht mehr vergessen habe. Auch einigen von uns hat sich dieses Wort anschließend tief eingeprägt; denn darum geht es doch im tiefsten Grund: daß Er in uns sein Werk tut. Er schafft in uns, was vor ihm wohlgefällig ist, er gibt Kraft aus dem unerschöpflichen Reservoir seiner Gnade, und dadurch wird unser inwendiger Mensch stark. Wir dürfen immer neu Empfänger sein und uns von ihm beschenken lassen. Und er verliert die Geduld nicht, obwohl wir ihm so oft, vielleicht ohne es zu wissen und zu wollen, den Zutritt versperrt, seine Hilfe ausgeschlagen haben.

Durch die Glörfreizeiten lernte ich auch Elsbeth Naber kennen, die mir dann in der Gemeinde und im volksmissionarischen Dienst eine treue Mitarbeiterin wurde. Wenn ich ihr Aufsätze oder Konzepte zu Andachten und Predigten diktierte, kam es vor, daß ihre Hand, die bis dahin eifrig auf die Tasten der Schreibmaschine gehämmert hatte, mit einem Ruck innehielt. Sie sah mich kritisch an und fragte: »Ist das nicht ein bißchen zu romantisch, Herr Pastor?« Es war eine gute Zusammenarbeit und ist es bis zum heutigen Tage geblieben. Auch bei der Organisation der Freizeiten hat sie unschätzbare Dienste geleistet; schließlich galt es, bei der Zimmerbestellung sogar die Schnarcher von den friedlicher Träumenden zu trennen.

So manche Gemeindefreizeit haben wir dann im Christlichen Hospiz in Tübingen durchgeführt. Dazu luden wir auch Menschen aus dem Freundeskreis der Gemeinde und natürlich Gastreferenten wie Gerhard Bergmann, Johannes Hansen oder Walter Tlach ein. Morgens wurde die Bibelarbeit gehalten, nachmittags gewandert, und abends fanden wir uns zu geselligem Beisammensein ein. Diese Kombination ist für manchen der Anstoß zum Glauben geworden.

Einmal besuchte uns Frau Professor Heim und erzählte aus der Arbeit ihres Mannes. Die Führung durch die Stadt übernahm jedesmal der Direktor des Hospizes, Diakon Erwin Veihelmann. Als wir wieder mal auf der Schloßbrücke standen und auf die winkeligen Gassen und Giebel der Altstadt hinunterschauten, fragte ich besorgt: »Besteht denn da nicht die Gefahr, daß bei einem Feuer der ganze Stadtteil mit all den vielen schönen, alten Häusern vernichtet wird?« Verschmitzt schüttelte der Diakon den Kopf und meinte trocken: »So schnell wohl kaum, die Besitzer sind alle unterversichert.«

Von Tübingen aus boten sich Tagesausflüge geradezu an. Wir fuhren nach Möttlingen und besichtigten die Kirche, in der Blumhardt gepredigt hat, jener gewaltige Erweckungsprediger, der die Gottliebin Dittus durch Gebet von ihren bösen Bindungen befreien konnte. Als der letzte Teufel ausgetrieben war, rief Blumhardt aus: »Jesus ist Sieger!« Das wurde zum Signal für eine Erweckung in Möttlingen. Innerhalb von 14 Tagen kamen 200 Menschen zur Aussprache und Beichte. Einer der schlimmsten Konfirmanden Blumhardts begann mitten im Unterricht zu weinen, und als Blumhardt ihn nach dem Grund fragte, antwortete er: »Ich habe gerade ins Ohr gesagt bekommen: Dir sind deine Sünden vergeben.«

Blumhardt war in seiner geistlichen Bevollmächtigung ein fröhlicher, weltoffener Mann. Einmal besuchten ihn einige Studenten, als er sich nicht wohlfühlte und auf dem Sofa lag. Da bat er: »Singt mir doch einige von den schönen alten Studentenliedern.«

Ein andermal war Blumhardt eingeladen, und die Hausfrau hatte dafür gesorgt, daß es Blumhardts Leibgericht, nämlich Rotkohl gab. Blumhardt ließ sich denn auch nicht lange bitten und häufte sich eine stattliche Portion auf den Teller. Die Dame zu seiner Rechten musterte mit gerunzelter Stirn und entrüstetem Blick zunächst den über das Maß des Schicklichen gefüllten Teller und dann den Mann, der dafür verantwortlich war. Blumhardt erwiderte den Blick der Dame freundlich. »Dürfen es sich Kinder Gottes nicht gut schmecken lassen?« fragte er nur.

Von Tübingen aus besuchten wir auch das Diakonissen-Mutterhaus in Aidlingen, und alle Freizeitteilnehmer waren von der freundlich-liebevollen, großzügigen Bewirtung und von der geistlichen Atmosphäre des Hauses beeindruckt. Vielleicht muß man nicht so weit gehen wie jener Freund, der mir einmal bekannte, daß er jene christlichen Freizeitheime am meisten liebe, in denen die Andacht kurz und die Bratwürste lang seien; aber ein Mißverhältnis zwischen geistlicher und leiblicher Betreuung wird weder dem Freizeitheim noch dem Evangelium Freunde gewinnen.

In Stuttgart nahmen wir an einer Veranstaltung des »Offenen Abends« teil, bei dessen Zusammenkünften sich bis zu 800 junge Menschen treffen. Zu Beginn kein Lied; ein Gastreferent hielt einen Vortrag, dann wurde für ein Missionsprojekt gesammelt, und mehrere tausend Mark kamen zusammen. Jeder Besucher hatte auf seinem Stuhl einen Zettel liegen; wer es noch nicht bemerkt hatte, wurde aufgefordert, aufzustehen und nachzusehen. Die Zettel bildeten eine Art Lose, mit denen man Gegenstände aus den Missionsgebieten gewinnen konnte, für die gerade gesammelt wurde: einen Speer, ein Deckchen, eine Holzschnitzerei. Anschließend stand man bei einer Cola zusammen und unterhielt sich.

Getragen wird diese Arbeit von Finanzrat Helmut Wenzelmann, der sie ins Leben gerufen hat, und einer großen Schar von Mitarbeitern. Alle 14 Tage trifft man sich im Hospitalhof, in der Woche dazwischen in Hauskreisen in den einzelnen Stadtbezirken.

Wir besuchten das Missionswerk »Licht im Osten« und sprachen mit seinem Leiter, Pfarrer Winrich Scheffbruch. Wir lernten Pastor Fritz Grünzweig, den Leiter der Hofackervereinigung, in der selbständigen Gemeinde in Korntal kennen.

Bei diesen Freizeiten gab es immer einige, die dafür sorgten, daß die Fröhlichkeit nicht zu kurz kam, und sie waren es, die wesentlich auch zum geistlichen Gelingen beitrugen. Denn Lachen sorgt für natürlichen Ausgleich, schützt vor Verstiegenheit und christlichem Krampf und öffnet uns zu neuem Hören auf das Evangelium.

Christliche Erholungsheime sind in der Regel auch auf kranke Gäste eingestellt und halten für sie eine besondere Diät bereit. Prompt hat einer unserer Spaßvögel einen befreundeten Teilnehmer als Diätesser angemeldet, und der mußte dann brav sein Süppchen löffeln, während die anderen ihre knusprig gebratenen Schnitzel verzehrten.

An einem Mittag wollte ich mir nach dem Essen ein wohlverdientes Schläfchen gönnen, doch als ich die Tür meines Zimmers öffnete, sah ich eine alte Dame im Bett liegen. Ich murmelte »Verzeihung« und zog mich diskret zurück, in der Meinung, die Zimmertür verwechselt zu haben. Da brach hinter mir schallendes Gelächter los. Noch einmal kontrollierte ich die Zimmernummer, und siehe da, sie stimmte. Nicht in Ordnung war lediglich Rotkäppchens Großmutter in meinem Bett. Gute Freunde hatten mit liebevoller Sorgfalt eine Attrappe hergestellt: mit Bettjacke, Brille und Häubchen. Vermutlich wäre der Wolf trotzdem nicht auf sie hereingefallen; aber ich bin schließlich nur ein Gemeindepastor, der anderen Menschen immer das Beste zutrauen soll.

Der Gemeindeausflug

Freizeiten sind eine feine Sache, aber sie haben einen Nachteil: es kann immer nur ein kleiner Teil der Gemeinde daran teilnehmen. Doch manchmal möchte man den gesamten Gemeindebezirk zusammentrommeln, die Häuser, die Straßen, selbst die eigene Kirche verlassen und sich in lockerer Gemeinschaft, in nicht an die tägliche Routine erinnernder Umgebung neu begegnen und einander das Wichtigste sagen, was man zu sagen hat.

Also organisierten wir in Lüdenscheid einen Gemeindeausflug en gros. Und die Sensation begann bereits auf dem Bahnhof: Wir brauchten einen Sonderzug mit zehn Waggons, und der paßt in unseren Bahnhof nicht hinein. Die einzelnen Abteile waren durch Lautsprecher erreichbar, so daß alle Teilnehmer bereits im Zug darüber unterrichtet werden konnten, was sie an diesem Tag erwartete. Der gleiche Lautsprecher eignete sich auch vortrefflich dazu, Lieder anzusagen und anzustimmen, so daß wir dem geliebten Lüdenscheid für diesen Tag singend den Rücken kehrten. An dem Zug prangte ein langes Stoffband mit der Aufschrift: »Gemeindefahrt der Evangelischen Kreuzkirche Lüdenscheid«, und die Leute guckten uns staunend nach, denn einen so langen Zug hatte Lüdenscheid seit Jahrzehnten nicht gesehen. Die Fahrzeit reichte dann für mich gerade, um von Abteil zu Abteil zu gehen und alle Teilnehmer zu begrüßen.

In Remagen vertauschten wir den Zug mit einem großen Schiff. Pfarrer Ingfried Woyke hielt an Deck den Gottesdienst. Chöre sangen, und während die Landschaft am Ufer langsam vorbeizog, einzelne Häuser mit kleinen Städtchen und Grünanlagen abwechselten und der Blick auf die ersten Burgen frei wurde, hielt er seine Predigt. Die sich wandelnde Kulisse irritierte die Teilnehmer nicht, denn gerade unterwegs kann man besonders gut zuhören. Diese Predigt wird keiner vergessen.

An festlich gedeckten Tischen versammelten wir uns anschließend zum Mittagessen; auch hier wurde besonders darauf geachtet, daß sich die Einsamen und Alleinstehenden wohlfühlten, als Gäste der Gemeinde ernstgenommen wußten.

Manche staunten, was man auf einem Schiff so alles machen kann. Nach dem Essen zogen sich die Älteren in die unteren Räume zur beschaulichen Siesta zurück; andere schoben die Deckstühle an die Reeling und genossen die auch für viele Rheinländer ungewohnte Schönheit einer Rheinfahrt. Die jungen Leute vergnügten sich mit Spielen verschiedenster Art, und bei dem allem kamen Leute miteinander ins Gespräch, die zu Hause nur zwei Häuserblocks voneinander entfernt wohnen und nicht viel mehr voneinander wußten, als daß der Sohn des anderen auch mit einem viel zu laut aufgedrehten Kofferradio durch die Straße zog.

Das alles geschah im Rahmen des Ausflugs einer christlichen Gemeinde. Wer, wenn nicht der Christ, ist ein »homo festivus«, ein festlicher Mensch, und die Art, wie wir als Christen Feste feiern, soll andere anlocken und anstecken; denn es ist eine Festlichkeit, die nichts mit der Höhe des Bankkontos zu tun hat, sondern bis in die kleinsten Dinge unseres Alltags hineinreichen darf. Wer's nicht glauben will, kann's bei Matthias Claudius nachlesen, der darüber Lieder und Verse geschrieben hat.

Missionsfahrt nach Sumatra

Seit vielen Jahren unterhält der Kirchenkreis Lüdenscheid enge Verbindungen zur Batak-Kirche in Sumatra. Heinrich Berghäuser, Missionar der Vereinigten Evangelischen Mission in Wuppertal, war unser Kontaktmann. Durch ihn erfuhr Helmut Bracht, daß sie drüben auf Sumatra einen Posaunenchor aufbauen wollten. Der Kaufmann Bracht hatte immer ein Herz für die Mission; folglich sorgte er dafür, daß unter tatkräftiger Hilfe der Missionsfreunde die benötigten Posaunen auch beschafft wurden. Schließlich schwamm eine stattliche Anzahl von Instrumenten über den Ozean, auf die in feiner Schrift »Gestiftet vom Kirchenkreis Lüdenscheid« eingraviert war.

Die Empfangsbestätigung durch Heinrich Berghäuser war mit einer Einladung verbunden: Wir sollten hinüberkommen und uns die dortigen Jugendkreise selbst ansehen. Helmut Bracht konnte aus gesundheitlichen Gründen nicht, so fuhren Superintendent Mühlhoff und ich.

Von Frankfurt aus, wo wir bei minus 2 Grad starteten, flogen wir viele Stunden lang in den Sommer. Als wir die Maschine in Djakarta verließen, zeigte das Thermometer 36 Grad Wärme an. Es war später Abend und stockdunkel. Wir beide mußten uns als Westdeutsche in einem besonderen Raum einer Leibesvisitation unterziehen. Wenige Wochen vorher war eine westdeutsche Touristin in den Straßen Djakartas ohnmächtig zusammengebrochen; bei der Untersuchung im Krankenhaus wurde festgestellt, daß sie unter ihren Kleidern mehrere Goldbarren trug. Seitdem hatte man es auf uns Westdeutsche abgesehen, aber wir beide wurden bald in Gnaden entlassen; über Goldbarren waren wir erhaben.

Irgendwer hatte irgendwann für uns eine Übernachtung im Hotel gebucht, aber im Hotel wußte man davon nichts. Also brachte man uns im Gästehaus der Batak-Kirche unter, wo wir schließlich auch hingehörten. Wir schliefen gemeinsam in einem Zimmer. Es war schwül, und der Ventilator verursachte eines jener Geräusche, das einem bis ins Zahnfleisch dringt; also schaltete ich ihn ab. Nach einer halben Stunde wurde ich schweißgebadet wach und gab dem Ventilator schlußendlich den Vorzug.

Aber was bedeutete ein summender Ventilator angesichts der Tatsache, daß wir in Indonesien waren. Die folgenden Wochen vergingen wie im Traum. Jeden Tag hielten wir morgens, nachmittags und abends Gottesdienste in überfüllten Kirchen, fuhren von Ort zu Ort und von Stadt zu Stadt. Wir begegneten den einheimischen Christen, freuten uns an ihrem Gesang in der Gemeinde. Noch im vergangenen Jahrhundert waren ihre Vorfahren z. T. Animisten gewesen.

Zusammen mit einheimischen Christen erstiegen wir den Berg, von dem aus sich Nommensen zum erstenmal der Blick in das Silingdun-Tal geöffnet hat und der heute einen Gedenkstein trägt. An dieser Stelle hat Nommensen gesagt: »Ich sehe im Geist viele Kapellen und Kirchen in diesem Tal und auf der ganzen Insel.« Nach Jahren harter Arbeit und großer Schwierigkeiten ist seine Schau Wirklichkeit geworden.

Wir besuchten das Dorf, in dem Nommensen gelebt, mit den Einheimischen zusammen auf einer Reismatte geschlafen hat. Ein Eingeborener hatte versucht, das Essen für Nommensen zu vergiften; sein Hund starb — er selbst blieb unversehrt. Der Mann aber, der ihn töten wollte, ist wenige Wochen später zu Nommensen in die Aussprache gekommen, hat sich in einem Nachtgespräch als Täter zu erkennen gegeben und die Taufe begehrt. Getauft wurde er auf den Namen Nikodemus, weil er wie dieser im Schutz der Nacht kam.

In einer kleinen Stadt stand ich auf dem Marktplatz, auf dem Nommensen gepredigt hat. Auch hier hatten Einheimische versucht, ihn umzubringen, doch plötzlich hatte sich ein heftiges Gewitter entladen. Da bekamen es die Attentäter mit der Angst zu tun und meinten, mit diesem Mann müsse es doch etwas Besonderes auf sich haben. Auch so kann Gott einen Menschen bewahren.

Wir haben in Nommensens Kirche gepredigt und wurden nach dem Gottesdienst zum Festessen eingeladen. Ein Schwein wurde geschlachtet und gebraten und anschließend auf einem niedrigen Tisch kunstvoll aufgebaut. Die Bataker hocken im Schneidersitz auf dem Boden und essen mit den Fingern. An Tischsitten dieser Art muß man sich erst gewöhnen, aber das gelingt um vieles leichter, wenn man sieht, wie der Friede Gottes die Gesichter der Gastgeber geprägt hat.

Viele Abende verbrachten wir im gastlichen Haus von Heinrich Berghäuser und seiner Frau. Hier konnten wir nach all den Dingen fragen, die wir im Laufe des Tages gehört und gesehen, aber nicht verstanden hatten. Doch nicht nur für uns, sondern auch für so manchen Missionar, der auf Sumatra, Nias oder Mentawai arbeitete, erwies sich die Berghäusersche Hütte als heimatlicher und geistlicher Stützpunkt. Heinrich Berghäuser selbst verstand sich besonders gut mit den Batakkindern, in einem Land mit so kinderreichen Familien ein unschätzbarer Vorteil.

Wir haben die Bibelfrauen kennengelernt, die, ähnlich wie die Bezirksfrauen unserer Frauenhilfe, in die Häuser gehen. Wir haben Mitarbeiterstunden und Sitzungen der Kirchenleitung miterlebt und natürlich auch die Nommensen-Universität besucht. Dabei haben wir überall viele deutsche Mitarbeiter kennengelernt.

Im Krankenhaus von Balige wurden wir von dem deutschen Arzt Dr. Hueck und seiner Frau bewirtet. Er ist nun 90 und hat noch im Alter von 80 Jahren das Haus mit über 300 Betten selbständig geleitet, auch die erforderlichen Operationen selbst ausgeführt. Vorher hatte er mehrere Jahrzehnte als Missionsarzt in China gearbeitet. — In der mit über 2 000 Menchen überfüllten Kirche von Balige haben wir dem betagten Ehepaar im Namen der Gemeinde Lüdenscheid für seine lange, aufopfernde Tätigkeit gedankt. Was sind das für Leute, die bis ins hohe Alter auf einer tropischen Insel still und anspruchslos ihren Weg gehen!

In Pearadja fand ich das Haus, in dem meine Kusine Lina gewohnt und als Missionsschwester gearbeitet hat, und ich traf Leute, die sich noch an sie erinnern konnten. Als kleiner Junge hatte ich zu Hause miterlebt, wie Missionare und Schwestern für sechs Jahre nach Sumatra verabschiedet wurden. Damals war allein die Ausreise mit dem Abenteuer einer sechswöchigen Schiffsreise verbunden, während man heute mit dem Flugzeug etwa mit 20 Stunden auskommt. Kniend haben wir damals für die ausreisende Kusine gebetet, die Eltern und wir Geschwister. Erst jetzt als erwachsener Mann begriff ich die Bedeutung dessen, was damals um mich kleinen Knirps herum vorgegangen war. So schließt sich der Kreis.

Die abschließende Geschichte verdanke ich einem indonesischen Pastor, der uns als Begleiter von Dr. Scheunemann in Lüdenscheid besuchte:

Ein junger Indonesier war von zu Hause weggelaufen und hatte dann, wie der Verlorene Sohn im Gleichnis, in der Fremde Christus gefunden. Nun fragte er sich besorgt, ob ihn die Eltern wohl wieder aufnehmen würden. Er bat einen Freund, seine Eltern aufzusuchen. Wenn er zurückkommen durfte, sollten sie am nächsten Morgen als Zeichen ein Bettlaken auf der Wäscheleine hinter dem Haus aufhängen. Als der Heimkehrer sich im Morgengrauen dem elterlichen Besitz näherte, sah er, daß die Wäscheleine vom einen Ende bis zum anderen voll mit Bettlaken behängt war. Da wußte er, daß er nicht nur heimkommen durfte, sondern herzlich willkommen war.

Jener junge Indonesier erlebte, was im Gleichnis vom Verlorenen Sohn über den Vater ausgesagt ist. Der verlangte von seinem Jungen auch nicht erst Bewährung, sondern lief ihm entgegen und schloß ihn in die Arme. Er stattete ihn mit Schuhen, Ring und neuem Anzug, mit allen Zeichen der Sohnschaft aus und lud zu einem Fest ein. Er ließ keine vertrocknete Hippe schlachten, sondern ein gemästetes Kalb. Und sie fingen an, fröhlich zu sein.

Auch Gott hat mehr als ein »Laken« ausgehängt. Die ganze Leine hängt voll und umspannt die ganze Welt; wenn wir nur begreifen wollten, daß wir nach Hause kommen dürfen, daß uns die Tür nicht nur einen Spalt weit geöffnet wird, sondern daß wir herzlich willkommen sind und daß im Himmel ein Fest beginnt, sobald wir eintreffen.

17. Kapitel

Steine im Mosaik

Erfahrungen, die mir leben helfen

Das Leben besteht aus einer Kette sich aneinanderreihender Erfahrungen: manche sind freundlich, und wir wünschen sie zurück, andere möchten wir ihrer bedrückenden Wirkung wegen aus unserem Leben streichen. Viele dieser Erfahrungen, Steinen vergleichbar, erscheinen uns eintönig und grau, wertlos nach Form und Substanz; andere erinnern an schwarze Kiesel, wiegen schwerer in der Hand, sind aus den leid- und schmerzvollen Erlebnissen unseres Lebens gewonnen; dazwischen aber leuchten, hell und fröhlich, bunte Steine.

Für den Christen ist Lebenserfahrung zugleich Glaubenserfahrung, in der er nicht nur sich selbst, sondern auch Gott erkennt. Das setzt den dunklen wie den bunten Steinen neuen Glanz auf, sorgt für verschärfte Kontraste. Wichtig ist aber auch der unbedeutendste Stein, denn nur alle gemeinsam ergeben das lückenlose Mosaik; das heißt, daß es eigentlich keine unbedeutenden Erlebnisse gibt, weil auch das unscheinbarste mich prägt und damit zu meiner Glaubenserfahrung und Gotterkenntnis beiträgt.

Die dunklen Steine verleihen dem Gesamtbild Charakter und Ausdruck, vertiefen die wesentlichen Linien; die bunten setzten ihm Lichter auf und leuchten auch die dunklen und grauen Zonen aus. Daß sie sich oft auf Erkenntnisse anderer stützen, ist nur natürlich.

»Das Geheimnis des Christusglaubens ist Gegenwärtigkeit« (Kierkegaard)

Dieser Ausspruch Kierkegaards ist für mich zu einem »hellen Stein«, zu einem geistlichen Anstoß geworden. Und zwar zunächst im Blick auf mein eigenes Leben; denn es sagt nicht weniger aus, als daß wir damit rechnen dürfen, daß Gott immer und überall mit uns reden und handeln, uns etwas schenken kann: im Lärm einer Baustelle, im Trubel der Großstadt ebenso wie auf einer stillen Waldwanderung; wenn ich am Steuer meines Wagens oder meditierend an meinem Schreibtisch sitze; beim Sport und beim gemütlichen Plauderstündchen; im Gottesdienst, unter Kollegen wie im Familienkreis; wenn ich nachts wachliege und ihn lobe oder verzweifelt gegen mich bedrängende trübe Gedanken ankämpfe — überall in dieser Welt der Tische und Bänke ist Gott lebendige Gegenwart. Der von uns so strapazierte Begriff »im Glauben« bedeutet nie das Erklimmen der nächsthöheren Sprosse einer imaginären Glaubensleiter, sondern immer Verbindung mit dem gegenwärtigen Gott.

Das gilt dann genauso für Bibelstunden und Predigt: ich darf damit rechnen, daß mir immer wieder Neues zufließt, was die jeweilige Situation meiner Zuhörer unmittelbar trifft. — Das Angewiesensein auf solche Unmittelbarkeit gehört unverwechselbar zu meiner eigenen Prägung. Ich kann den Technikern vor einem Rundfunkgottesdienst zwar versprechen, daß ich zwölf Minuten vor elf fertig sein werde, aber nicht, daß ich mich wortwörtlich an mein Manuskript halte.

Unmittelbarkeit bedeutet das Bewußtsein, in einem Licht zu leben, das ich nicht eingeschaltet habe und für dessen Stromversorgung ich nicht verantwortlich bin, bedeutet die Gegenwart einer Stimme, die zu jeder Zeit und in jeder Situation zu mir sprechen kann; bedeutet eine gute Hand über mir, die sich mir auf die Schulter legen und mich ganz individuell leiten kann. Vielleicht heißt dies, daß auch uns noch eine Decke von den Augen genommen werden muß; laufen auch wir zuviel mit intellektuellen Sonnenbrillen durch die Gegend? Auf jeden Fall bedeutet Unmittelbarkeit: in der Überraschung leben.

Als Allianzvorstand haben wir am Grab Kierkegaards in Kopenhagen einen Blumenstrauß niedergelegt und dabei den Trost in uns aufgenommen, der aus dem Vers auf dem Grabstein des großen Theologen spricht:

»Noch eine kurze Zeit, dann ist's gewonnen,
dann ist der ganze Streit in nichts zerronnen.
Dann darf ich laben mich an Lebensbächen
und ewig, ewiglich mit Jesus sprechen.«

»Der Heilige Geist handelt übernatürlich, aber nicht unnatürlich.«

Dieser Satz, ich verdanke ihn einer langjährigen MBK-Mitarbeiterin, hat mir geholfen zu verstehen, daß der Heilige Geist die Gegebenheiten unserer natürlichen Veranlagung ernst nimmt. Ich bin keineswegs ein besserer Christ, wenn ich geziert wie ein Storch im Salat umherstelze. Alles Unnatürliche, Gespreizte trägt den Stempel des Heiligen Geistes nicht, es macht mich in den Augen anderer höchstens unglaubwürdig; denn Christsein ist geheiligte Natürlichkeit.

Von Angesicht zu Angesicht spiegelt sich in uns die Klarheit Christi, sagt Paulus (2. Kor. 3, 18). Im Griechischen steht da, daß wir Christus im Spiegel des Wortes erkennen. Als Folge werden wir von Klarheit zu Klarheit in sein Bild verwandelt — an uns kleinen Leuten vollzieht sich ein ungeheurer Umgestaltungsprozeß.

Es geht um eine Wechselwirkung: in seinem Wort, unter der Predigt oder beim Lesen der Bibel, darf ich an Jesus immer wieder etwas Neues entdecken, und jeder neue Mosaikstein aus dem Bild Christi, der mir geschenkt wird, wird durch den Heiligen Geist dem Bild von Jesus, das ich in mir trage, hinzugefügt. Das aber führt zu einer Rückwirkung auf meine menschliche Existenz. Ich kann, ich darf nicht bleiben wie ich bin; um eben dieses Neue wird sich auch mein Menschsein verändern. Ich kann hinter das für mich erkennbare Bild des Christus nicht mehr zurück. — »Der Theologe in mir ist dem Jünger in mir voraus.«

In diesem Zusammenhang verstehen wir dann auch den Satz von Paul Walter Schäfer richtig: »Jede Glaubenskonferenz darf zu einer Vergrößerung von Jesus Christus werden.« Er gilt nicht nur für große Zusammenkünfte, sondern ebenso für die persönliche Stille Zeit. Entscheidend ist, daß mir Jesus größer wird. Alles, was danach in meinem Leben geschieht, ist Folge, Konsequenz. Es löst mein Menschsein nicht auf, sondern macht, wenn auch vielleicht bescheiden und zeichenhaft, deutlich, wie Gott mich ursprünglich gedacht hatte und wie ich in seiner neuen Welt einmal sein werde.

Menschliche Wertmaßstäbe verlieren dabei an Bedeutung. Hohe Herren und arme Schlucker — das kann im Blick auf den Geldbeutel ebenso gelten wie für gesellschaftliche Position und charakterliche Veranlagung — stehen hier nebeneinander in einer Reihe. Vielleicht hat das am schönsten Detmar Scheunemann ausgedrückt, der als Missionar in Java arbeitet: »Die Gnade kann sich, wie die Sonne, in einem Kristalleuchter spiegeln, aber ebenso im Deckel einer Konservenbüchse.«

»Der Heilige Geist geht im Leben der Christen denselben Weg der Demut wie Christus im Stall von Bethlehem.«
(Dr. John Thiessen)

Eigenartig, daß mich neben den Worten der theologischen Väter immer wieder Aussprüche von Missionaren besonders beeindruckt haben. Vielleicht hängt das damit zusammen, daß sie gezwungen sind, die vertrauten Denkschemata zu verlassen — die oft zu Klischees erstarrten Bilder und Formulierungen, denen wir in der Trägheit eigener Bequemlichkeit und Gewöhnung so leicht verhaftet bleiben. Der Missionar steht Menschen gegenüber, die weder mit den christlichen Traditionen des Abendlandes noch mit europäischem Kulturverständnis vertraut sind. Also müssen die Missionare unmittelbar vom biblischen Wort her die Glaubensinhalte der Bibel neu in die Vorstellungs- und Sprachwelt jener Menschen hinein formulieren. Vielleicht kommt diese Anstrengung, die wir für unsere nicht mehr christlich erzogenen europäischen Zeitgenosen oft zu unrecht scheuen, uns nun auf dem Umweg über Afrikaner und Asiaten wieder zugute.

Zum Geheimnis von Bethlehem gehört die Erkenntnis der eigenen Unzulänglichkeit; denn der Heilige Geist geht in mir den gleichen Weg der Demut wie Jesus bei seiner Menschwerdung. Er kam in einem unaufgeräumten Stall, vielleicht einer roh aus dem Felsen gehauenen Höhle zur Welt; neben Gerümpel fand sich etwas Heu und Stroh, ein Futtertrog, den man als Wiege verwendete — keine sterilen Handtücher, keine Hebamme, kein nach außen abgesichertes Klinikzimmer, sondern eine Notgeburt in einem Notquartier. Gerade das empfinde ich so unsagbar tröstlich. Er schämt sich wirklich nicht, unser Bruder zu sein.

Diese Demütigung durchlebt Jesus immer neu, wenn er in das Leben eines Menschen, wenn er in mein Leben eintritt. Der Heilige Geist weiß, was durch mein Herz geht, denn er hat es sich zur Wohnung bestimmt. Deshalb weiß er auch um seine Unaufgeräumtheit, kennt die Rumpelkammer, in der ich meine Geheimnisse verberge. Er weiß um den Bildersalat, der sich von vielen Eindrücken des Tages darin sammelt, von dämmrigen wie von schönen Bildern. Aber er wird nicht müde, verliert die Geduld nicht mit mir; ja er übernimmt die Arbeit des Aufräumens, obwohl ich immer neu Unordnung schaffe.

Er geht in mir den Weg der Demut und der ständigen Erniedrigung, denn es ist doch einfach nicht wahr, daß ich von der Stunde meiner Bekehrung an perfekt und fertig bin. Vielmehr werde ich im Blick auf mich selbst immer ärmer, und mein Trost und meine Liebe zu ihm wachsen, indem ich begreife, daß er mich dennoch nicht entläßt, weder als sein Kind noch als seinen Diener. Wir alle sind sein Bethlehem, und er zieht sich dennoch nicht von uns zurück, obwohl er uns bis in die Tiefe unserer Träume hinein kennt.

»Auf Kosten Jesu leben« (Herbert Demmer)

Diesen Satz habe ich aus einer Bibelarbeit von Landeskirchenrat Herbert Demmer auf der Tersteegen-Konferenz in Essen behalten. Auch er ist in meinem Leben zu einem Schlüsselwort geworden: »Von seiner Fülle haben wir alle genommen Gnade um Gnade« (Joh. 1). — »Was hast du, daß du nicht empfangen hast?« — »Willst du Gnade, du darfst nehmen.«

Ich darf von Augenblick zu Augenblick auf Kosten Jesu leben. Ich empfange nicht nur immer neu Versöhnung, sondern auch Kraft »auf seine Kosten«.

Die Rechnung für mein Leben ist beglichen, und zwar nicht nur für ein armseliges Leben, sondern für ein Leben in ganzer Fülle. Das mir zur Verfügung stehende Konto an Gnade, Barmherzigkeit und Kraft reicht nicht nur »gerade eben aus«; es öffnet mir den Weg zum Überfluß an geistlicher Segnung.

»Wir müssen uns beugen unter die Unwirklichkeiten in der Gemeinde Christi« (Werner de Boor)

Im Grunde zieht der Oberkirchenrat aus Schwerin, der durch die Blankenburger Konferenz und als Herausgeber der Wuppertaler Studienbibel bekanntgeworden ist, aus der »Bethlehem-Situation« des einzelnen die Konsequenz für die Gemeinde. Er macht sie auf ihre Unwirklichkeiten aufmerksam, und das sind im Grunde nichts anderes als dem Zugriff Gottes entzogene Unaufgeräumtheiten, all jene Situationen, in denen Gemeinde Christi eben nicht als solche lebt und reagiert.

Und stimmt das etwa nicht? Singen wir nicht oft unsere Glaubenslieder und Choräle, als handle es sich um irgendwelche harmlose, traurige Volksweisen? Hört es sich, wenn wir beten, nicht manchmal so an, als sagten wir in der Schule pflichtschuldig unsere Gedichte auf?

Werner de Boor wirft uns vor, daß wir von der Liebe Christi reden und glaubhaft machen wollen, daß Gott alle Menschen liebhat, während wir gleichzeitig auf den eigenen Vorteil bedacht sind. In unseren Gottesdiensten gehe es oft so kalt und steif zu, daß ein Außenstehender gar nicht auf den Gedanken kommen könne, daß hier Christen unter einer frohen Botschaft zusammen wären; von der pflichtgemäß feierlichen Liturgie könnten wir weder erwarten, daß sie den Zustand der Starre verdecke, noch daß sie fehlendes Leben ersetze.

Schließlich müse man dann auch von unserer Zeiteinteilung reden, und damit stelle sich die Frage, ob unser Christsein mehr sei als eine fromme Silhouette, die auf die Praxis unserer Lebensgestaltung im Grunde relativ wenig Einfluß ausübe.

De Boor ruft uns auf, Christus mit unseren Unwirklichkeiten aufräumen zu lassen, damit die Wirklichkeit Gottes in unserem Leben und im Leben der Gemeinde zum Durchbruch kommen kann: in der Freude des Gottesdienstes, in einer Liebe, die nicht geheuchelt werden muß, weil sie von Gott und nicht von uns selber kommt, in einer praktischen Lebensgestaltung, in der Jesus Christus den Mittelpunkt einnimmt.

Geschieht das nicht, so besteht die Gefahr, daß wir unser Leben in zwei Etagen aufspalten: in der unteren, in der wir uns gewöhnlich aufzuhalten pflegen, geht es höchst weltlich zu, während in der oberen Etage, in die wir uns zu geistlichen Besinnungen, pietätvollen Augenblicken und Gottesdiensten zurückziehen, eine übergeistliche Atmosphäre herrscht.

Dieses Bild stammt von Erich Schnepel, der nicht müde wurde, darauf hinzuweisen, daß sich alles Christsein in ein und demselben Lebensraum abspielt. Bei einer Hochzeit in der Berliner Stadtmission hat er das einmal besonders deutlich gemacht. Im Kirchsaal oben fand die Trauung statt, in den Gemeinderäumen darunter gab es Kartoffelsalat und Würstchen, schloß sich der fröhliche Teil mit Gesellschaftsspielen und dem Vortrag lustiger Episoden aus dem Leben der Brautleute an. Nach der Trauung kam auch Schnepel nach unten, setzte sich, sein Würstchen in der Hand haltend, mitten in den Kreis und sagte: »Die Trauung im Kirchsaal oben und eure Spiele hier unten vollziehen sich unter den Augen Jesu auf der gleichen Ebene mit letztlich der gleichen Wertigkeit. Nur dann leben wir in seiner Wirklichkeit — sonst war entweder die Trauung oben nicht echt, oder eure Spiele hier unten sind es nicht.«

»Nicht es — ER gibt Heilsgewißheit« (Karl Barth)

Ich gestehe, daß ich das Wort Heilsgewißheit nur scheu ausspreche, weil es heute oft im Sinn einer patentierten Sicherheit mißverstanden wird. Dazu kommt, daß wir Christen dieses Wort so mißbraucht haben, daß es oft gerade auf die Menschen, die wir für die Sache Gottes gewinnen wollen, abstoßend wirkt.

Ich ziehe deshalb den Begriff »Glaubensgewißheit« vor. Ich denke dabei an Pastor Buddeberg, der oft gesagt hat: »Heilsgewißheit ist nicht die Voraussetzung zur Seligkeit — das ist der Glaube; sie ist lediglich die Krone des Glaubens.«

Ähnliches meine ich der Barthschen Formulierung abzuspüren. Nicht »es gibt« — es ist kein Gemeinplatz, den man breittreten oder pausbäckig und vollmundig hinausposaunen darf. »ER gibt« — das macht die Sache, um die es geht, souverän und ausschließlich vom Geber abhängig; von seiner Zuwendung, die ich weder anordnen noch erklären und kontrollieren, sondern nur staunend in der Gegenwärtigkeit persönlicher Begegnung — »im Glauben« — erfahren kann.

»Ich will keinen Anspruch auf Freundlichkeit erheben ...« (Jakob Engels)

Jakob Engels war Pfarrer in Nümbrecht im Bergischen Land und ein Mann der Erweckungsbewegung. Nach seinem Tod fand man in der Schublade seines Schreibtisches Manuskriptblätter, auf denen Engels Merksätze zusammengestellt hatte. Sie sind später unter dem Titel: »Hilf, Herr, jeder neue Tag ist dein!« in mehreren Auflagen erschienen. Auf einem dieser Bläter fand ich den Satz: »Ich will keinen Anspruch auf Freundlichkeit anderer erheben, aber selbst gern jedermann dienen.«

Es gehört zum Wesen des Christseins, daß ich mich darin üben darf, andere von den Ansprüchen und Erwartungen, die ich an sie richte, zu entbinden. Denn überall, in Ehe und Familie, unter Freunden und in der Bruderschaft der Gemeinde, werden unsere

Erwartungen immer wieder enttäuscht. Ich darf für den anderen hoffen, alles für ihn von Gott erwarten; für sich selbst aber erwartet wahre Liebe nichts. Denn wer erwartet, will glücklich werden, das Geheimnis aber liegt im Glücklichmachen.

Einmal habe ich das einer Angestellten erzählt, die über Erfahrungen in ihrer Firma tief bekümmert war. Ich habe ihr Mut gemacht, nichts von ihren Arbeitskollegen zu erwarten, nicht von den Lehrlingen, die sie auszubilden hatte, und nicht von ihrem Chef; vielleicht würde er ihren Einsatz und ihre Überstunden lobend anerkennen, vielleicht würde er es aber auch übersehen.

Christen sind Leute, die auch von den Ansprüchen, die sie an andere stellen können, erlöst sind. Wir dürfen von der inneren Überlegenheit der Beschenkten leben. Was wollen wir denn angesichts der Fülle, mit der Jesus uns überschüttet, von Menschen noch erwarten? Eigentlich haben wir gar keine Hand mehr frei, um von anderen noch etwas anzunehmen.

»Vollmacht gilt nur in den Grenzen der eigenen Berufung« (Paul Humburg)

Paul Humburg besaß eine prophetische Gabe. Fast möchte man meinen, er habe diesen Satz in Kenntnis unserer heutigen Situation gesprochen: »Ein Werk im Reich Gottes bleibt nur vollmächtig, wenn es die Grenzen seiner Berufung nicht überschreitet.«

Und was für das Werk gilt, gilt auch für den einzelnen Mann. Es geht nicht darum, daß wir unendlich viele Dinge tun, überall mitmischen und die Hand im Spiel haben. Gott wird uns nur da mit ganzer Kraft ausrüsten, wo wir uns den Aufgaben widmen, zu denen er uns berufen hat; sie mögen groß sein oder klein, von anderen unbeachtet bleiben oder uns ins Rampenlicht der Öffentlichkeit führen. Da, wo er uns hingestellt hat, wird er mit seiner Kraft nicht geizen.

Oft bedrückt uns der Gedanke an die vielen Dinge, die wir nicht oder nicht so gut wie andere können. Aber wir brauchen ja auch gar nicht alle Dinge zu tun. Die Erkenntnis der »Grenzen der eigenen Berufung« macht uns frei, unsere Kraft auf die Dinge zu konzentrieren, die Gott uns ganz speziell als Aufgabe anvertraut und zu denen er uns auch mit den nötigen Gaben ausgerüstet hat. Oft verscherzen wir die beglückende Erfahrung, mit unseren bescheidenen Mitteln, aber von Gottes Kraft unterstützt, das zu tun, wozu wir berufen sind, weil wir neidisch auf Gaben und Aufträge schielen, die jenseits der Grenzen unserer eigenen Berufung liegen.

Pietismus als Chance?

Vielleicht leidet das Gespräch über die Aufgaben des Pietismus heute darunter, daß wir uns oft nicht genügend klarmachen, was wir mit dem Begriff »Pietismus« eigentlich aussagen wollen. Befürworter wie Kritiker stehen dann in der Gefahr, an Vorverständnissen festzuhalten, die zwar ihre sehr unterschiedlichen Positionen ausdrücken, am Kern der Sache aber vielleicht beide vorbeigehen.

Der Pietismus hat im Laufe der Zeit verschiedene Phasen durchgemacht. Sein Aufbruch, der »historische Pietismus«, ist verbunden mit den Namen August Hermann Francke, Zinzendorf und Philipp Jakob Spener. Schon diese drei aber sind völlig unterschiedlich geprägt.

Spener, der Vater des Pietismus und Verfasser der Pia desideria, ist nach eigener Aussage sein Leben lang in der Taufgnade geblieben. Eine Bekehrung in dem Sinn, wie sie der Pietismus heute in der Regel fordert, war ihm fremd. Er ist ohne erkennbaren, bedeutenden Wendepunkt in die Gotteskindschaft hineingewachsen.

August Hermann Francke ist bei einer Predigtvorbereitung zum lebendigen Glauben durchgedrungen, angestoßen durch das Johanneswort: »Dies aber ist geschrieben, daß ihr glaubet, Jesus sei der Christus, der Sohn Gottes, und daß ihr durch den Glauben das Leben habet in seinem Namen« (Joh. 20, 31). Am nächsten Morgen konnte auch die Gemeinde merken, daß da ein anderer Prediger auf der Kanzel stand. Dabei war Francke schon längere Zeit Pfarrer in Glauchau in Sachsen gewesen. In Halle gründete er später die Francke'schen Waisenanstalten und richtete ein eigenes Gymnasium und ein Pädagogium ein.

Zinzendorf hat den letzten Anstoß zum Glauben durch ein Bild des gekreuzigten Christus in einer Düsseldorfer Gemäldegalerie bekommen. Unter dem Gemälde standen die Worte: »Das tat ich für dich, was tust du für mich?« In einer Reihe von Entwicklungen, Erlebnissen und Begegnungen war dies die entscheidende. Zinzendorf schrieb später: »Auch in jungen Jahren hat der Heiland schon viel an mir gearbeitet.«

Zinzendorf hat die sog. »Tropenlehre« (Tropen = Anwendungen und Lebensäußerungen) entwickelt; sie besagt, daß die verschiedenen Kirchen und Gemeindebildungen als Äußerungen der Vielfalt des Heiligen Geistes zu verstehen seien. Deshalb liebte Zinzendorf alle Christen, welcher Denomination sie auch angehörten. In gewissem Sinn war er ein Vorläufer der evangelischen Allianz; denn er vertrat die Auffassung, daß Gott in seiner Weisheit den einzelnen Kirchen bestimmte Erkenntnisstände anvertraut habe, deren Zusammenschau erst in der Gemeinschaft aller möglich werde. Die »ganze« Wahrheit ist nur dem »ganzen« Leib Christi anvertraut und wird deshalb erst in der Ewigkeit erkennbar sein.

Von diesen Ursprüngen ist der »Neupietismus« zu unterscheiden, wie er in der 2. Hälfte des vorigen Jahrhunderts in den Erweckungen in Wales und England entstand, und später auch von Amerika aus in die deutsche Gemeinschaftsbewegung eingeflossen ist. Er hat hier gelegentlich einen Hang zur Gesetzlichkeit ausgelöst und eine Abwendung von Kultur und Politik, zumindest aber eine Unterschätzung der Verantwortung für diese Lebensbereiche zur Folge gehabt.

In jener Zeit gehörte in ein Gemeinschaftshaus ein Harmonium; ein Klavier galt als weltlich. Zugelassen war ein Gipsabdruck der Thorwaldstatue des »segnenden Christus« und ein Spruch an der Wand. Ein Landschaftsbild galt bereits als weltlich. Glücklicherweise haben wir in der Zwischenzeit den ersten Glaubensartikel und die Größe des Schöpfers und der Schöpfung neu entdeckt.

Ich bin gewiß ein Freund frommer Sprüche, aber man kann und braucht nicht immer alles damit ausdrücken zu wollen. In mancher Wohnung hat der Vater einen frommen Spruch aufgehängt. Der Sohn hat ihn hängenlassen, auch als er erwachsen war, obwohl ihm die innere Beziehung bereits fehlte; der Enkel schließlich hat ihn dann abgenommen, weil er ihn für sich als unehrlich empfand. Heute kann man an der gleichen Stelle lesen, daß »einer immer spinnt«. Auch Wandsprüche müssen durch den Glauben der Wohnungsinhaber abgedeckt sein.

Es kann nicht darum gehen, daß wir den geistlichen Standard eines anderen zu imitieren versuchen, wer immer er sei; denn auch er ist vor Gott nur ein Sünder. Ich erinnere mich daran, daß meine Mutter einmal traurig aus einer Bibelstunde nach Hause kam. Als ich sie nach dem Grund ihrer Niedergeschlagenheit fragte, meinte sie: »Ja, ich bin eben noch lange nicht so weit wie jener Prediger.«

Darauf habe ich sie ärgerlich zurechtgewiesen: »Er ist auch nur ein Mensch von Fleisch und Blut; hoffentlich hat er nicht anstelle des Evangeliums einen geistlichen Lebensstandard gepredigt, oder gar sich selbst als geistlichen Standard hingestellt.«

Hier liegt eine der Gefahren des Pietismus: daß er seine großen Vorzüge — die klare Entscheidung für Jesus und die Lebensgemeinschaft mit ihm — nachträglich wieder auf menschliche Normen und Frömmigkeitsmodelle einengt.

Damals galt es manchmal als fromm, sich an den Spruch zu halten: »Diese Welt ist eine Wüste, in der ich nicht zu ›wählen‹ wüßte.« Mit dieser Begründung blieb man den politischen Wahlen fern. Ich erinnere mich noch an ein Gespräch, in dem ich einem Vertreter dieser Auffassung klarzumachen versuchte, daß er sich dann weder zu wundern brauche noch beschweren dürfe, wenn sich bestimmte Dinge im gesellschaftlichen Leben, etwa die Verhältnisse an den Schulen, in einer Richtung entwickelten, die ihm nicht gefiel.

Um mich von solchen Fehlentwicklungen und Mißverständnissen zu distanzieren, spreche ich lieber von einem zeitgemäßen Pietismus im Sinne eines »biblischen Realismus«, eines biblisch begründeten Wirklichkeitsverständnisses. Ähnlich hat auch Otto Schmitz einen »reformatorisch gereinigten Pietismus« gefordert.

Das biblische Wirklichkeitsverständnis verwehrt uns die andauernde geistliche Selbstbespiegelung. Wir wissen um die Rechtfertigung des Sünders allein aus Gnade und allein durch den Glauben. Wir gründen uns auf das Wort der Schrift, aber wir wissen auch den Freiraum zu schätzen, den eine Landeskirche für Evangelisation und Mission bietet. Wir stellen uns der sozialen und politischen Verantwortung. Dabei dürfen wir von den großen diakonischen Leistungen der pietistischen Väter lernen, gleichzeitig aber nicht übersehen, daß sie das, was sie getan haben, für ihre Zeit taten. Lebten sie heute, sie würden in ihrer Aufgeschlossenheit für die Nöte und Bedürfnisse der Welt vielleicht neue, effektivere Wege zu finden wissen. Wenn wir uns von ihnen nicht beschämen lassen wollen, müssen wir immer neu prüfen, wo soziale Verantwortung heute über die diakonischen Einrichtungen von damals hinausreichen muß, um einer Welt mit neuen und größeren Nöten den gleichen Dienst zu leisten, den die Väter damals erbringen konnten.

An der Übernahme sozialer und politischer Verantwortung kommen wir gar nicht vorbei, wenn wir unser Gebet für die Obrigkeit ernst nehmen und uns, nach biblischer Anweisung, daran beteiligen, für unsere Stadt das Beste zu suchen. Dazu kann gehören, daß wir den Stimmzettel in die politische Wahlurne werfen, ohne daß uns das Dilemma, in das wir als Christen bei einer solchen Wahl geraten können, erspart bleibt. Trotzdem wird es zu unserer Aufgabe gehören, daß wir wählen, wie es zur Aufgabe pietistischer Christen gehören kann, aktiv politische Verantwortung zu übernehmen und in Gemeinde und Staat mitzuarbeiten. Auf meiner täglichen Fürbitteliste stehen etliche Namen solcher Männer; ich halte ihre Aufgabe für nicht weniger wichtig als die des Pfarrers.

So gesehen, meine ich, der Pietismus böte uns eine Chance für die Zukunft. Ich bin nicht sicher, ob uns neue Bewegungen entscheidend helfen können; wir übersehen noch gar nicht, wohin sie sich letztlich entwickeln. Es scheint mir auch fraglich, ob sich unsere Erwartungen durch Anleihen bei anderen Völkern und durch die Verwendung uns im Grunde fremder Bezeichnungen erfüllen lassen, bei denen wir von vorn zu definieren beginnen müssen, was wir letztlich darunter verstehen. Und solange das nicht gelingt, reden wir trotz besten Willens immer wieder aneinander vorbei.

Ich frage mich, ob wir das alles brauchen. Werden wir denn neben der Bibel eine bessere theologische Basis finden als die Reformation, die nun einmal wesentlich mit unserem Land und Volk verbunden ist? Sie verweist uns allein an die Schrift, allein an die Gnade und durch den Glauben allein an Christus.

Geht es nicht um die Darstellung eines urbanisierten Pietismus, der sich im rechten Sinn gesundgeschrumpft hat und mit der Bekehrung zu Jesus zugleich die Hinwendung zur Welt vollzieht?

Die pietistischen Väter haben das reformatorische Erbe herausgelöst aus kirchlicher und dogmatischer Erstarrung. Sie haben uns auf den persönlichen Frömmigkeitstil verwiesen, den mit der Bekehrung beginnenden und in der Heiligung sich bewährenden verborgenen Umgang mit Gott. Was fehlt uns eigentlich mehr, als daß wir die ganze Hinwendung zur Schrift, die ungeteilte Hingabe an Christus, das absolute Vertrauen im Glauben ergänzen durch eine ebenso konsequente Öffnung und Hinwendung zur Welt? Nicht um uns ihr anzupassen, sondern um die ganze Hinwendung zur Schrift, die ganze Hinwendung zu Christus, das uneingeschränkte Vertrauen auf die Gnade auch den Menschen vor den Toren der Kirche, der Freikirche und der Gemeinschaftsbewegung anzubieten und verlockend zu machen.

Denn nur, wenn wir das Evangelium im Ausgesetztsein und in der Anfechtung der Welt weitergeben, werden wir selbst zu seiner umfassenden Annahme bereit werden. Im Getto werden wir notfalls mit einem Christentum auf Sparflamme und einer auf uns selbst konzentrierten Frömmigkeit auskommen, jedenfalls scheinbar.

Pietismus, reformatorisch gereinigt und im biblischen Wirklichkeitsverständnis gelebt — vielleicht ist das der Beitrag, den die Welt heute von uns erwartet?

Zum Bibelverständnis

Dieses Buch ist der Versuch eines Gesprächs mit dem Leser, kein Protokoll theologischer Diskussionen. Deshalb kann ich mich auch bei diesem Thema auf wenige Begegnungen und Erfahrungen beschränken, und dazu gehört ein Satz von Martin Kähler: »Das Neue Testament ist die kirchengründende Urkunde einer Gemeinde von Augenzeugen.«

Die Bibel ist eine Urkunde der Offenbarung, das Neue Testament nicht nur der älteste Predigtband oder lediglich ein Bekenntnisbuch. Die Bibel, und das ist ihr Geheimnis, ist ein Offenbarungsbuch, oder, wie Walter Zimmerli es bezeichnet hat, »verkündigender Geschichtsbericht«. Sie ist nicht einfach nur Protokoll, sondern Verkündigung; aber sie ist eben nicht nur dies, was wieder lediglich auf Bedeutsamkeit hinausliefe, sondern Weitergabe von Geschichte. Und ohne das Faktum der Geschichte gibt es kein Aktum des Glaubens.

Im Blick auf die Heilige Schrift habe ich viel von Walter Künneth gelernt, dem Mann, der schon im Dritten Reich den Mut bewies, gegen den Strom zu schwimmen, als er eine Gegendarstellung zu Rosenbergs »Mythos des 20. Jahrhunderts« wagte. Ein Mann, der im Kirchenkampf an führender Stelle tätig war und sich, ohne auf eventuelle Auswirkungen auf seinen Ruf an der Universität zu achten, bereits bei der ersten Kundgebung 1966 offen zur Bekenntnisbewegung gestellt hat.

Zwei Sätze von Künneth sind für mein eigenes Bibelverständnis wesentlich geworden: »Die Grenze zwischen prophetischer Bildrede und Sachaussage ist in der Bibel fließend.« Und: »Die Schöpfungsgeschichte ist nach rückwärts gewandte Prophetie.«

Auch die »Genesis« ist kein Protokoll. Und es gibt durchaus eine gewisse Unschärfe zwischen biblischen Tatsachen und biblischen Zeugnissen. Das schiebt jedem Versuch, die Bibel rational — verstandesmäßig zu erklären, einen Riegel vor. Gott lüftet das letzte Geheimnis über ihre Entstehung nicht und entzieht diese damit unserer Kenntnis.

Ein anderer Forscher hat das so ausgedrückt: Die Bibel ist nicht wie die Rollbahn eines Flugplatzes, in der quadratische Betonflächen fein säuberlich aneinanderstoßen, sondern sie gleicht einer Landschaft mit Höhen und Tiefen, die sich auch einmal überschneiden können. Das deckt sich mit der Aussage des christlichen Philosophen Johann Georg Hamann, der gesagt hat: Es gehört zur Selbstdemütigung Gottes, daß er in der Heiligen Schrift sein eigener Schriftsteller wurde.

Für mich besteht das Wunder des Heiligen Geistes gerade darin, daß er die Erinnerungsgrenzen und das Erinnerungsvermögen der biblischen Autoren gesteuert hat, einschließlich ihrer Erinnerungslücken und ihrer Erinnerungsverwischungen. Für mich ist das unsagbar tröstlich, denn wenn Gott das bei seinem eigenen Wort getan hat, dann darf auch ich kleiner Marschierer darauf hoffen und vertrauen, daß er mich gebrauchen kann, ohne daß ich aus Unkenntnis oder Unvermögen Christus falsch darstelle, auch wenn mir in Zeitanalysen und Gegenwartsbezügen eine Fehleinschätzung unterlaufen sollte. Die Grenze zwischen prophetischer Bildrede und Sachaussage ist in der Bibel fließend. Die Bibel ist norma normans, absolut gültiges Gotteswort, aber die göttliche Legitimation läßt sich auf dem intellektuellen Reißbrett nicht ausrechnen und darstellen, sondern bleibt, wie es bei göttlicher Inspiration nicht anders sein kann, hinter dem Schleier seines Geheimnisses verborgen.

Freundschaft zu Luther

Je älter ich werde, um so öfter finde ich mich bei Luther wieder. Nicht als Luther-Fan, der alle seine Aussagen kritiklos übernimmt, sondern als ein Mann, der, nachdem er älter geworden ist, in den theologischen Grundpositionen des Reformators sich selber findet: in der Rechtfertigung des Sünders allein aus Gnade, allein durch den Glauben. Vielleicht kann man erst in dieser Lebensphase ermessen, was es bedeutet, wenn Luther sagt: »Die Heiligen Gottes bleiben immer am Anfang«, oder: »Der Christ ist immer im Werden, niemals im Gewordensein.« Dann nämlich, wenn man bei sich selbst entdeckt, daß dies auch nach Vollendung des 65. Lebensjahres noch Gültigkeit hat.

Vielleicht versteht man dann auch den kritischen Hinweis an Melanchthon besser: »Du stehst in der Gefahr, vor lauter Angst schuldig zu werden, das nicht zu tun oder zu sagen, was Du eigentlich tun oder sagen müßtest.« Und wenn Luther den manchen vielleicht gefährlich erscheinenden Ausspruch wagt: »Pecca fortiter, sed crede fortius« = »Sündige tapfer, aber glaube noch tapferer« — so tut er das unter der Voraussetzung, daß man von den tiefen Verwurzelungen der Sünde im eigenen Leben schon zuviel begriffen hat, als daß man diesen Satz als eine frivole Aufforderung zu frisch-fromm-fröhlicher Nichtachtung göttlicher Gebote auffassen könnte. Dazu muß man erfahren haben, daß Nichtstun als Sünde schwerer wiegen kann als das Risiko, mit dem Mut zum Handeln auch die Möglichkeit falsch zu handeln in Kauf zu nehmen. Es gibt Situationen, aus denen wir in jedem Fall als Schuldige hervorgehen; aber wer wagt es schon, das angesichts unseres Verständnisses von Frömmigkeit auszusprechen? Denn der »tapferen Sünde« steht dann nicht »sündlose Feigheit« gegenüber, sondern Entschlußlosigkeit, die noch größere Schuld bedeuten kann. Dann gehört Tapferkeit dazu, angesichts der eigenen Erbärmlichkeit auf die umfassendere Barmherzigkeit Gottes zu vertrauen.

Man versteht dann auch, warum die Väter, die oft viel nüchterner waren als wir, Evangelium auch beschreiben konnten als »facultas standi extra me coram deo propter christum« = »als die gnädige Möglichkeit, um Christi willen außerhalb meiner selbst vor Gott zu stehen«.

Obwohl ich so bin, wie ich bin, um keinen Deut besser, meint Gott niemanden anderes und gerade mich. Ich darf mich selbst — den elenden Menschen, den ich verabscheue — zurücklassen, und außerhalb von mir, losgelöst von meiner Vergangenheit, meiner Gegenwart und meiner Biographie Gott gegenübertreten. Das ist »sola gratia«, unverdiente Gnade; das ist Reichtum seiner Barmherzigkeit; das ist Evangelium.

»Wenn ich Petrus malen könnte«, sagt Luther, »dann würde ich auf jedes Haar an seinem Kopf schreiben: ›Ich glaube an die Vergebung der Sünden‹.« Und jedes Haar steht dann für eine Regung seines Wesens, für einen Zug seines Charakters, für in seinem Herzen verwurzelte Gedanken. Liefert Luther die Erklärung selbst, wenn er feststellt: »Wir sind so voll Sünde wie der Hund voll Flöhe«?

In diesem Zusammenhang ist es berechtigt, von der »reichen Armut der evangelischen Kirche« zu reden. Und der Jubel über die »Herrlichkeit der Kinder Gottes« hindert Luther nicht daran, noch auf dem Sterbebett auch das andere niederzuschreiben: »Wir sind Bettler, das ist wahr.«

Luther mag sich in kirchenpolitischen Schlingen gefangen, den ekklesiologischen Durchbruch zur Sammlung der Kerngemeinde nicht gewagt haben. Er konnte Reformator werden, das Evangelium von kirchlicher Machtpolitik befreien und so rein und klar ausrichten, weil er etwas von der Grundverderbtheit der menschlichen Natur wußte. Nicht nur das Mißtrauen gegen die Kirche, auch das Mißtrauen gegen sich selbst und seine eigene Art muß ihn dazu geführt haben, allein auf die Gnade und allein auf die Schrift zu vertrauen.

Auf diesem Fundament kann auch ich auf die 60. Frage im Heidelberger Katechismus antworten, »daß Gott mich um Christi willen so ansieht, als hätte ich nie eine Sünde begangen noch gehabt, und all jenen Gehorsam geleistet, den Christus für mich vollbracht hat, obwohl ich selber keines der Gebote jemals gehalten habe und immer zu allem Bösen fähig und geneigt bin«. — Was im Angesicht Jesu vor Gott über mich gilt, das gilt wirklich: gegen jeden Augenschein, gegen mein eigenes Urteil ebenso wie gegen das anderer Menschen.

Das neue Leben aus Gott ist in mir verborgen. Es gibt keinen Maßstab, an dem Dritte ablesen können, wie weit es gediehen ist.

Mein neues Leben, das ist im tiefsten Grunde Jesus, und er wohnt in mir. Gott gebe, daß die anderen zeichenhaft immer mehr davon merken. Aber auch Paulus war Realist. »Euer Leben ist verborgen mit Christus in Gott«, schreibt er den Kolossern; erst zu den wunderbaren Dingen der neuen Welt Gottes wird gehören, daß dieses neue Leben in einer neuen Leiblichkeit voll offenbar wird.

Das heißt: »Leben aus dem Evangelium«, das bedeutet: »Ist jemand in Christus, so ist er eine neue Kreatur.« Dann werden wir auch Heiligung nicht länger mißverstehen als eine höhere Stufe der Rechtfertigung, sondern als das, was sie wirklich ist: als Rechtfertigung, für die wir immer neu zu danken haben. Und aus dem Dank wächst keimhaft das neue Leben. Die Rechtfertigung ist bereits vollkommen vor Gott; und nur was vor Gott gilt, gilt wirklich. Meine Jüngerschaft, meine Heiligung aber ist im Anfang, im Aufbruch; »incoepta« = sie liegt noch in den Windeln, sagten die Väter.

Der »elende Mensch« und alles, was Paulus in Römer 7 über ihn zu sagen hat, verfällt mit dem Tag meiner Bekehrung eben keineswegs unwiderbringlich der Vergangenheit und Vergessenheit, für immer ausgetauscht gegen den herrlichen Zustand von Römer 8; sondern zum Schicksal des Gerechten, der zu seiner Gerechtigkeit unterwegs ist, gehört die Gleichzeitigkeit von Elend und Gerechtigkeit. »Simul justus, simul peccator« = »gleichzeitig gerecht, gleichzeitig Sünder«, sagt Luther. Es ist unbarmherzig, ja grausam, wenn man hier in der Seelsorge die Dinge durcheinanderbringt und einen Menschen auf sich selbst zurückwirft.

Ist solche Gleichzeitigkeit ein Rückschritt? Im Gegenteil: nur durch sie kann ich Länge, Breite und Höhe der Liebe Gottes ermessen. Denn nur als gerechter Sünder und sündiger Gerechter begreife ich, was für eine Liebe das sein muß, wenn Gott mich, trotz meiner Sünde von heute um Christi willen so ansieht, als hätte ich nie eine Sünde begangen. Nur in der Spannung dieser Gleichzeitigkeit kann ich verstehen, daß meine eigene Schwäche mich in Christus stark, meine eigene Armut mich in Christus reich macht. Denn mein neues Leben ist Jesus. Ihm gehöre ich, und nun ist er dabei, das Neue, das bei Gott schon fertig ist, Stück für Stück in mir zu verwirklichen.

Gott behaftet mich nicht auf meine Biographie

In die Wichern'schen Anstalten wurde ein neuer Zögling eingeliefert; die Beurteilung der Jugendbehörde über ihn lag bereits vor. Abends bei Kerzenlicht führte Wichern mit diesem jungen Mann das erste Gespräch. Nachdem er ihm das Schreiben der Behörde vorgelesen hatte, sagte er zu ihm: »Du weißt jetzt, was die anderen von dir halten. Ich aber kenne dich von jetzt an nicht mehr nach deiner Vergangenheit, deine Beurteilung durch Dritte ist für mich nicht mehr maßgebend. In diesem Haus wird keiner auf seine Vergangenheit festgelegt, und ich verbiete dir, von jetzt an mit irgend jemandem über das Leben zu sprechen, das hinter dir liegt.«

Damit gab Wichern diesem jungen Mann die Chance eines echten Neuanfangs. Die gleiche Chance bietet Gott jedem von uns, wenn er uns um Christi willen so ansieht, als hätten wir nie eine Sünde begangen. Was war, ist bei Gott nicht nur vergeben, sondern um Christi willen ausgelöscht. Wir handeln unchristlich, wenn wir uns gegenseitig immer wieder auf unser Gestern festlegen. Trauen wir Gott nicht zu, daß er an uns sein Werk tut? Wenn er aber mit uns weiterkommt, gibt es dann ernsthaft jemanden, der unsympathischer, unerträglicher, der ein hoffnungsloserer Fall wäre als wir selbst?

Gott behaftet uns nicht auf unsere Biographie. Das macht es mir leicht, dieses Buch aus der Hand zu legen. Wenn es biographische Züge enthält, die zum Schmunzeln, zu Freude und Ermunterung Anlaß geben, dann danken Sie Gott. Sollten andere Ihr Mißfallen erregt haben, so bitte ich Sie, daran zu denken, daß die Sünde von gestern bei Gott bereits vergessen ist.

Morgen schon, das schenke uns Gott, werden wir alle mit seiner Hilfe nicht mehr ganz dieselben sein. Und was uns in unserer Lebensgestaltung, in unseren Auffassungen, in der Ausprägung unseres Lebensstils morgen von heute unterscheidet — das ist Anlaß zu neuem Dank oder zu neuer Erkenntnis unserer Unzulänglichkeit.

Wenn dieses Buch, das ich eigentlich nicht schreiben wollte, nun doch erscheint, so wünsche ich mir, daß für die »unaussprechliche Gabe« Jesus Christus, die uns gegeben ist, »durch viele Menschen viel Dank geschehe« (2. Kor. 2, 11); daß durch mich, den begnadigten Sünder, viele Menschen dazu geführt werden, Gott zu danken. Denn:

»Wer auch nur eines Menschen Herz bewegt hat, Gott zu danken, der hat nicht umsonst gelebt.« (Adolf Schlatter)

Walter Künneth

Lebensführungen

Der Wahrheit verpflichtet

300 Seiten, ABCteam-Geschenkband Bd. 620

Rückbesinnung auf Jahre des Werdens, des Kampfes für die Kirche in einem antichristlichen Staat, des Helfens und Wiederaufbaus an der Universität und neuem Einsatz für die »Fundamente des Glaubens«.

Wer ist Walter Künneth? Wie sieht er sich selbst — wie sieht er die andern — Karl Barth, Martin Niemöller, Eugen Gerstenmaier ...? Sein Kampf gegen Rosenberg im Dritten Reich brachte ihm Schreib- und Redeverbot ein — die Vernichtung seiner Existenz als Hochschullehrer — wie steht ein Mann das durch? Die Kindheit in einem kleinen Dorf in der Oberpfalz, Schul- und Universitätsjahre sind die Vorbereitung für den Dienst am Johannisstift in Berlin, an der Wilhelm-Humboldt-Universität. Der Kampf um biblisches Christentum wird mit gleicher Schärfe wie in der NS-Zeit in den sechziger Jahren wieder aufgenommen, als die Bultmannschule die Theologie beherrscht. Was wir diesem Mann verdanken, liest man zwischen den Zeilen dieses weitgespannten Erinnerungswerkes.

R. BROCKHAUS VERLAG WUPPERTAL